H. Kaiser · J. Kaiser · T. Kaiser | Die Zivilgerichtsklausur im Assessorexamen
Band II: Wiederholung und Vertiefung

D1703539

Andrea Kleiner

Die Zivilgerichtsklausur im Assessorexamen

Band II: Wiederholung und Vertiefung

Von

Horst Kaiser
Vorsitzender Richter am Landgericht Lübeck a. D.
Ehem. Arbeitsgemeinschaftsleiter für Referendare
Ehem. Mitglied des Gemeinsamen Prüfungsamtes Nord für das Assessorexamen
Seminarleiter bei den Kaiserseminaren

Jan Kaiser
Ehem. Richter am Landgericht Lüneburg
Wirtschaftsjurist (Univ. Bayreuth)
Geschäftsführender Gesellschafter der Kaiserseminare
Seminarleiter bei den Kaiserseminaren

Torsten Kaiser
Rechtsanwalt
Wirtschaftsjurist (Univ. Bayreuth)
Mitherausgeber der Juristischen Arbeitsblätter
Seminarleiter bei den Kaiserseminaren

7., neu bearbeitete Auflage 2021

Verlag Franz Vahlen

Zitierweise: *Kaiser/Kaiser/Kaiser* Zivilgerichtsklausur II

www.vahlen.de

ISBN 978 3 8006 6247 0

© 2021 Verlag Franz Vahlen GmbH
Wilhelmstraße 9, 80801 München
Druck: Druckerei C.H. Beck Nördlingen
(Adresse wie Verlag)

Satz: R. John + W. John GbR, Köln
Umschlaggestaltung: Martina Busch Grafikdesign, Homburg Saar

vahlen.de/nachhaltig

Gedruckt auf säurefreiem, alterungsbeständigem Papier
(hergestellt aus chlorfrei gebleichtem Zellstoff)

Inhaltsverzeichnis

Abkürzungsverzeichnis

Abwb.	Abwendungsbefugnis
Abs.	Absatz
aE	am Ende
AG	Arbeitsgemeinschaft
Agl.	Anspruchsgrundlage(n)
Alt.	Alternative
arg.	argumentum
Aufl.	Auflage
Az.	Aktenzeichen
BA	Beweisaufnahme
BGB	Bürgerliches Gesetzbuch
BGH	Bundesgerichtshof
Bl.	Blatt
BRAGO	Bundesrechtsanwaltsgebührenordnung
btr.	betreffend/e/r
bzgl.	bezüglich
bzw.	beziehungsweise
c.i.c.	culpa in contrahendo
d.A.	der Akten
dh	das heißt
EBV	Eigentümer-Besitzer-Verhältnis
EE	Erledigungserklärung
EGMR	Europäischer Gerichtshof für Menschenrechte
EGZPO	Gesetz betreffend die Einführung der Zivilprozessordnung
EMRK	Europäische Menschenrechtskonvention
EUR	Euro
eV	einstweilige Verfügung
evtl.	eventuell
f., ff.	folgende
GbR	Gesellschaft bürgerlichen Rechts
gem.	gemäß
GG	Grundgesetz
gg.	gegen
Ggfd.	Gegenforderung
ggf.	gegebenenfalls
ggü.	gegenüber
GKG	Gerichtskostengesetz
GmbH/GmbHG	Gesellschaft mit beschränkter Haftung/Gesetz betreffend die GmbH
GoA	Geschäftsführung ohne Auftrag
GVG	Gerichtsverfassungsgesetz
HGB	Handelsgesetzbuch
hM	herrschende Meinung
hRspr	herrschende Rechtsprechung
Hs.	Halbsatz

iG .... in Gründung
iHd/iHv .... in Höhe der/des/von
InsO .... Insolvenzordnung
iRd/iRe iRv..... im Rahmen der/des/einer/eines/von
iSd/iSv .... im Sinne der/des/von
iVm .... in Verbindung mit

KE .... Kostenentscheidung
KfH .... Kammer für Handelssachen
KG .... Kommanditgesellschaft

lat. .... lateinisch

NI .... Nebenintervention
Ni .... Nebenintervenient
NJW .... Neue Juristische Wochenschrift
Nr. .... Nummer

obj. .... objektiv
oHG .... offene Handelsgesellschaft
OLG .... Oberlandesgericht

PVV .... positive Vertragsverletzung

RBW .... Rechtsbindungswillen
Rn. .... Randnummer
Rspr. .... Rechtsprechung
RVG .... Gesetz über die Vergütung der Rechtsanwältinnen und Rechtsanwälte

S. .... Satz
s. .... siehe
SG .... Streitgenosse/n, Streitgenossenschaft
SiL .... Sicherheitsleistung
sog. .... sogenannte(r)
StGB .... Strafgesetzbuch
stRspr .... ständige Rechtsprechung
Str/StrVE .... Streitverkündung/Streitverkündungsempfänger
StVG .... Straßenverkehrsgesetz
StVO .... Straßenverkehrsordnung

usw. .... und so weiter
uU .... unter Umständen

TeilU .... Teilurteil

vgl. .... vergleiche
VB .... Vollstreckungsbescheid
VorbU .... Vorbehaltsurteil
VU .... Versäumnisurteil
vV .... vorläufige Vollstreckbarkeit

wg. .... wegen
zB .... zum Beispiel
ZPO .... Zivilprozessordnung
ZU .... Zustellungsurkunde
ZVG .... Gesetz über die Zwangsversteigerung und die Zwangsverwaltung
zzgl. .... zuzüglich

Literaturverzeichnis

Zur Förderung der Übersichtlichkeit und Lesbarkeit haben die Verfasser bewusst auf Fußnoten im Text verzichtet. Wer dies als Mangel ansieht, verkennt die Intention dieses Werks. Es geht um eine optimale Vorbereitung auf die Zivilgerichtsklausuren im Assessorexamen und nicht um eine wissenschaftliche Darstellung der Materie. Kein Referendar hat Zeit und Muße, die Fülle der Verweise in den einschlägigen Lehrbüchern nachzuschlagen. Dies ist auch wenig ratsam, da es dazu verleitet, sich in Einzelprobleme zu verstricken und den Blick auf das Wesentliche verwischt. Das Wesentliche wiederum ist in diesem Werk umfassend dargestellt.

Die Verfasser haben bei der Erstellung des Buches und seiner Neuauflage vor allem folgende Werke hinzugezogen:

Anders/Gehle, Das Assessorexamen im Zivilrecht, 14. Aufl. 2019

Baumbach/Lauterbach/Albers/Hartmann, Zivilprozessordnung, 79. Aufl. 2021

Büßer/Tonner, Das zivilrichterliche Dezernat, 2. Aufl. 2016

Dallmeyer, Zivilrechtliche Musterklausuren für die Assessorprüfung, 8. Aufl. 2019

Furtner, Das Urteil im Zivilprozess, 5. Aufl. 1985

Knöringer, Die Assessorklausur im Zivilprozess, 18. Aufl. 2020

Kurpat, Das Zivilurteil: Einführung in die Urteilstechnik, 8. Aufl. 2017

Lackmann, Der Zivilrechtsfall in Prüfung und Praxis, 2. Aufl. 2014

Münchener Kommentar zur Zivilprozessordnung, 6. Aufl. 2020

Musielak/Voit, Grundkurs ZPO, 15. Aufl. 2021

Musielak/Voit, Zivilprozessordnung, 16. Aufl. 2019

Oberheim, Zivilprozessrecht für Referendare, 13. Aufl. 2017

Olivet, Die Kostenverteilung im Zivilurteil, 4. Aufl. 2006

Olivet, Juristische Arbeitstechnik in der Zivilstation, 4. Aufl. 2010

Palandt, BGB, 79. Aufl. 2020

Rosenberg/Schwab/Gottwald, Zivilprozess, 18. Aufl. 2018

Schellhammer, Die Arbeitsmethode des Zivilrichters, 18. Aufl. 2019

Schellhammer, Zivilprozess, 16. Aufl. 2020

Schneider, Kostenentscheidung im Zivilurteil, 3. Aufl. 1997

Schuschke/Kessen/Höltje, Zivilrechtliche Arbeitstechnik im Assessorexamen, 35. Aufl. 2013

Schwab, Grundzüge des Zivilprozessrechts, 2. Aufl. 2007

Stein/Jonas, Kommentar zur Zivilprozessordnung, 21. Aufl. ab 1993, 22. Aufl. ab 2002, 23. Aufl. ab 2014

Theimer/Theimer, Mustertexte zum Zivilprozess Band I, 10. Aufl. 2020

Theimer/Theimer, Mustertexte zum Zivilprozess Band II, 8. Aufl. 2018

Thomas/Putzo, Zivilprozessordnung, 41. Aufl. 2020

van den Hövel, Die Tenorierung im Zivilurteil, 8. Aufl. 2020

van den Hövel, Richterliche Arbeitstechnik, 5. Aufl. 2013

Zimmermann, Klage, Gutachten und Urteil, 21. Aufl. 2019

Zöller, Zivilprozessordnung, 33. Aufl. 2019

Die Autoren dieses Lehrbuches bieten auch Crash-Kurse zu allen Klausurtypen des Assessorexamens an.

Nähere Informationen unter

www.kaiserseminare.com

Einführung

Das Zeitproblem beim Schreiben der Zivilgerichtsklausuren im »Zweiten« ist das Haupthindernis auf dem Weg zu einer gelungenen Arbeit, aber wem sagen wir das! Sie kennen das Gefühl. Sie hätten mehr schreiben können und besser abgeschnitten, wenn Sie mehr Zeit gehabt hätten. Mehr Zeit haben Sie aber nicht, also müssen Sie die vorgegebene Zeit besser nutzen. Das erreichen Sie, indem Sie sich auf die Aufgaben, die mit Sicherheit oder zumindest mit großer Wahrscheinlichkeit in einer Klausur vorkommen, so vorbereiten, dass Sie sie in kürzester Zeit zutreffend bewältigen können. Wer zB bei Aufbaufragen, gängigen Kostenentscheidungen oder Standardproblemen prozessualer Art länger nachdenken, das Gesetz oder gar den Kommentar heranziehen muss, hat sich nicht gut vorbereitet. Das muss aus dem Stand gehen! Und genau dabei soll Ihnen dieses Wiederholungs- und Vertiefungsheft helfen.

Es gibt prozessuale Konstellationen, die in den zivilgerichtlichen Examensklausuren erfahrungsgemäß besonders häufig vorkommen. Das sind unter anderem Fälle mit Aufrechnungen, Widerklagen, Hilfsanträgen, Klageänderungen, Klagenhäufungen, Feststellungsklagen, Erledigungserklärungen, Streitverkündungen oder Verfahren nach Einsprüchen gegen Versäumnisurteile oder Vollstreckungsbescheide.

Es handelt sich dabei um prozessuale Phänomene, die in unserem Buch »Die Zivilgerichtsklausur im Assessorexamen – Band I: Technik, Taktik Formulierungshilfen« an verschiedenen Stellen in Zusammenhang mit dem jeweils erörterten Teil des Urteils, also dem Rubrum, Tenor, Tatbestand oder den Entscheidungsgründen, bereits dargestellt worden sind. Diese Phänomene sollen Ihnen hier noch einmal nach Themen geordnet und konzentriert so aufbereitet werden, dass Sie die jeweiligen Besonderheiten – jetzt aus einem anderen Blickwinkel – zusammengefasst nachlesen können und durch regelmäßiges Wiederholen sofort erkennen, woran Sie im Ernstfall unbedingt denken müssen.

Die im Folgenden aufgelisteten, jeweils zu beachtenden Besonderheiten müssen Sie sich einprägen, um sie im Assessorexamen bereits beim Lesen eines der »Schlüsselwörter« auf Ihrem Merkzettel notieren zu können, ohne weiter nachdenken zu müssen. Das spart mehr als nur Zeit. Durch ein eingeübtes Vorgehen nach einem festen Schema können Sie verhindern, in der Hektik des Examens Entscheidendes zu übersehen.

Dasselbe gilt für die Teile der von Ihnen anzufertigenden Gerichtsentscheidung, die mit Sicherheit von Ihnen verlangt werden, also die Tenorierung zur Hauptsache und in aller Regel auch die prozessualen Nebenentscheidungen, wenn diese nicht erlassen sind.

Wie Band I legt auch dieses Arbeitsbuch seinen Fokus in erster Linie auf die zivilgerichtliche Urteilsklausur, die eine Leistungsklage in erster Instanz zum Gegenstand hat. Denn zum einen ist die Leistungsklage das »liebste Kind« der Prüfungsämter in der Zivilgerichtsklausur, wohingegen Feststellungsklagen seltener vorkommen und wenn, dann in aller Regel auch nicht statt, sondern nur neben einer Leistungsklage. Den prozessualen Gestaltungsklagen der Zwangsvollstreckung wiederum haben wir ein eigenes Lehrskript gewidmet. Und erstinstanzliche Urteile sind in Zivilgerichtsklausuren auch viel häufiger anzutreffen als Beschlussklausuren, die hier nur knapp skizziert werden, oder gar Berufungsklausuren in zweiter Instanz, deren Darstellung wir uns zur Begrenzung des Skriptumfangs komplett sparen.

Außerdem gehen wir in diesem Band II davon aus, dass Sie in Ihrer Klausur möglichst kein Hilfsgutachten schreiben wollen, auch wenn es der Bearbeitervermerk zulassen sollte. Denn entweder legen Sie in einem Bundesland Ihr Assessorexamen ab, in dem Hilfsgutachten vom Korrektor schlichtweg nicht gewollt sind und nur eine »salvatorische Klausel« im Bearbeitervermerk darstellen. Dies ist mehrheitlich in den nord-, west- und ostdeutschen Bundesländern der Fall. Oder Sie schreiben in Süddeutschland Ihr Assessorexamen, insbesondere in Bayern oder Baden-Württemberg, wo Hilfsgutachten häufiger anzutreffen sind, streben aber einen Lösungsweg entlang der Musterlösung möglichst ohne Hilfsgutachten an. Wenn Sie als süddeutscher Referendar trotz allem um ein Hilfsgutachten nicht umhin kommen, so lesen Sie bitte in Band I insbesondere unter Rn. 12a die typischen Fallkonstellationen sowie die Darstellung und Formulierung eines solchen »süddeutschen« Hilfsgutachtens nach. Bei den folgenden Wiederholungs- und Vertiefungsübungen soll es keine weitere Rolle spielen.

Wenn wir hier im Text die männliche Schreibweise verwenden, so dient dies nur dem Lesefluss. Es sind natürlich stets Vertreter/innen aller Geschlechter gemeint.

Die **Randziffern im Text** verweisen auf die Fundstellen in Band I des Lehrbuchs *Kaiser/Kaiser/Kaiser*, Die Zivilgerichtsklausur im Assessorexamen, 9. Aufl. 2021. Dort können Sie bei Bedarf nachschlagen.

A. Präsenzwissen zu häufig vorkommenden Klausurproblemen

Ausgehend von der Fragestellung

»Welchen Einfluss hat das betreffende Phänomen auf die einzelnen Teile meiner Klausur?«

ist dies das Prüfungsschema, das Sie stets einhalten müssen, um nichts zu übersehen.

Sie prüfen die Konsequenzen für:

- Rubrum
- Tenor
    - Hauptsacheentscheidung
    - Kostenentscheidung
    - Vorläufige Vollstreckbarkeit
- Tatbestand
    - Einleitungssatz
    - Unstreitiges
    - Streitiger Klägervortrag
    - Antragsbezogene Prozessgeschichte
    - Anträge
    - Streitiger Beklagtenvortrag
    - Allgemeine Prozessgeschichte
- Entscheidungsgründe
    - Einleitungssatz
    - Auslegung des Antrages
    - Zulässigkeit
    - Begründetheit
    - Zinsentscheidung
    - Sonstige Nebenforderungen
    - Prozessuale Nebenentscheidungen
- Rechtsbehelfsbelehrung
- Streitwertbeschluss
- Gegebenenfalls Hilfsgutachten (insbesondere in Bayern und Baden-Württemberg)

1. Aufbauschemata Tatbestand (Rn. 25 ff.)

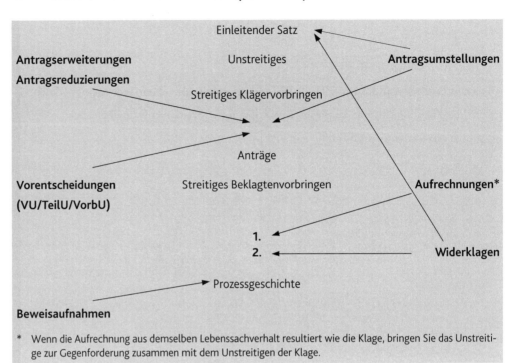

* Wenn die Aufrechnung aus demselben Lebenssachverhalt resultiert wie die Klage, bringen Sie das Unstreitige zur Gegenforderung zusammen mit dem Unstreitigen der Klage.

Grundschema:

- Einleitungssatz
- Unstreitiges
- Streitiges Klägervorbringen
- Anträge
- Streitiges Beklagtenvorbringen
- Allgemeine Prozessgeschichte (Zustelldaten, Beweisaufnahmen)

Mein Tatbestand

- Einleitungssatz
- Unstreitiges
- Streitiges Klägervorbringen
- Anträge
- Streitiges Beklagtenvorbringen
- Allgemeine Prozessgeschichte **mit Hinweis auf die Beweisaufnahme**

Meine Klausur

Beweisaufnahme

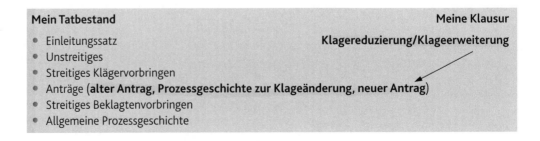

Mein Tatbestand

- Einleitungssatz
- Unstreitiges
- Streitiges Klägervorbringen
- Anträge **(alter Antrag, Prozessgeschichte zur Klageänderung, neuer Antrag)**
- Streitiges Beklagtenvorbringen
- Allgemeine Prozessgeschichte

Meine Klausur

Klagereduzierung/Klageerweiterung

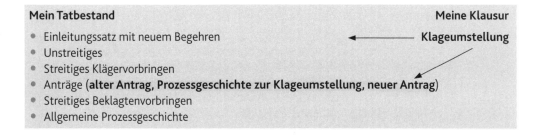

Mein Tatbestand   **Meine Klausur**

- Einleitungssatz mit neuem Begehren   ←——— Klageumstellung
- Unstreitiges
- Streitiges Klägervorbringen
- Anträge (**alter Antrag, Prozessgeschichte zur Klageumstellung, neuer Antrag**)
- Streitiges Beklagtenvorbringen
- Allgemeine Prozessgeschichte

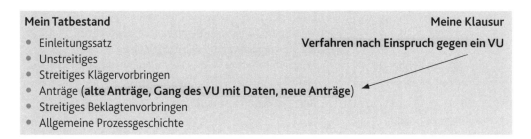

Mein Tatbestand   **Meine Klausur**

- Einleitungssatz   **Verfahren nach Einspruch gegen ein VU**
- Unstreitiges
- Streitiges Klägervorbringen
- Anträge (**alte Anträge, Gang des VU mit Daten, neue Anträge**)
- Streitiges Beklagtenvorbringen
- Allgemeine Prozessgeschichte

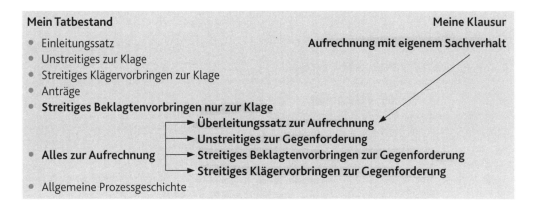

Mein Tatbestand   **Meine Klausur**

- Einleitungssatz   **Aufrechnung mit eigenem Sachverhalt**
- Unstreitiges zur Klage
- Streitiges Klägervorbringen zur Klage
- Anträge
- **Streitiges Beklagtenvorbringen nur zur Klage**
  - ► Überleitungssatz zur Aufrechnung
  - ► Unstreitiges zur Gegenforderung
- **Alles zur Aufrechnung** ► **Streitiges Beklagtenvorbringen zur Gegenforderung**
  - ► **Streitiges Klägervorbringen zur Gegenforderung**
- Allgemeine Prozessgeschichte

Wenn die Aufrechnung aus demselben Lebenssachverhalt resultiert wie die Klage, bringen Sie das Unstreitige zur Gegenforderung zusammen mit dem Unstreitigen der Klage.

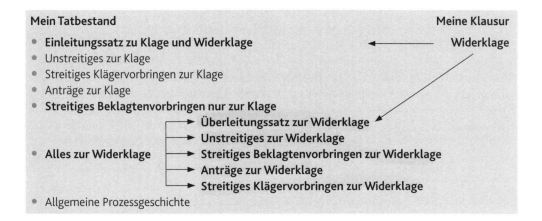

Mein Tatbestand   **Meine Klausur**

- **Einleitungssatz zu Klage und Widerklage**   ←——— Widerklage
- Unstreitiges zur Klage
- Streitiges Klägervorbringen zur Klage
- Anträge zur Klage
- **Streitiges Beklagtenvorbringen nur zur Klage**
  - ► Überleitungssatz zur Widerklage
  - ► Unstreitiges zur Widerklage
- **Alles zur Widerklage** ► **Streitiges Beklagtenvorbringen zur Widerklage**
  - ► **Anträge zur Widerklage**
  - ► **Streitiges Klägervorbringen zur Widerklage**
- Allgemeine Prozessgeschichte

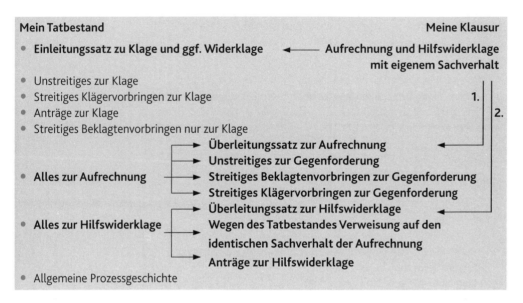

Wenn die Aufrechnung aus demselben Lebenssachverhalt resultiert wie die Klage, bringen Sie das Unstreitige zur Gegenforderung zusammen mit dem Unstreitigen der Klage.

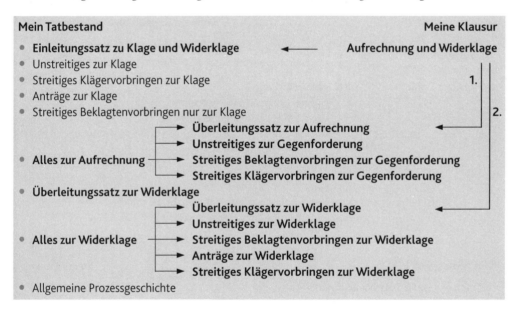

Wenn die Widerklage aus demselben Lebenssachverhalt resultiert wie die Klage (zB ein Verkehrsunfall), bringen Sie das Unstreitige der Widerklage zusammen mit dem Unstreitigen der Klage.

2. Aufbauschemata Entscheidungsgründe (Rn. 232 ff.)

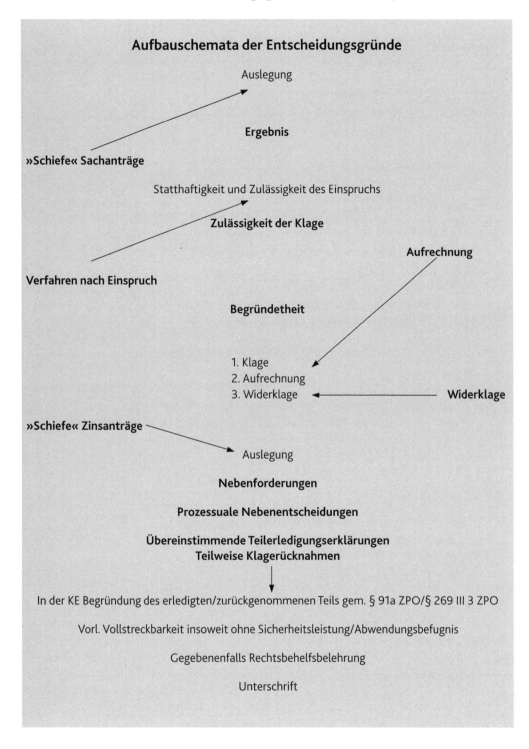

Aufbauschemata der Entscheidungsgründe

Auslegung

Ergebnis

»Schiefe« Sachanträge

Statthaftigkeit und Zulässigkeit des Einspruchs

Zulässigkeit der Klage

Aufrechnung

Verfahren nach Einspruch

Begründetheit

1. Klage
2. Aufrechnung
3. Widerklage   **Widerklage**

»Schiefe« Zinsanträge

Auslegung

Nebenforderungen

Prozessuale Nebenentscheidungen

Übereinstimmende Teilerledigungserklärungen
Teilweise Klagerücknahmen

In der KE Begründung des erledigten/zurückgenommenen Teils gem. § 91a ZPO/§ 269 III 3 ZPO

Vorl. Vollstreckbarkeit insoweit ohne Sicherheitsleistung/Abwendungsbefugnis

Gegebenenfalls Rechtsbehelfsbelehrung

Unterschrift

Grundschema:

- Ergebnis
- Zulässigkeit
- Begründetheit
- Nebenforderungen (Zinsen)
- Prozessuale Nebenentscheidungen (Kosten und vorläufige Vollstreckbarkeit)
- Gegebenenfalls Rechtsbehelfsbelehrung
- Unterschrift

Prüfübersicht der verschiedenen Konstellationen:

- **Klage begründet**
  - Begründetheit aus einer Anspruchsgrundlage
- **Klage unbegründet**
  - Fehlende Begründetheit aus allen in Betracht kommenden Anspruchsgrundlagen
- **Klage zum Teil begründet:**
  - Begründeter Teil aus einer Anspruchsgrundlage
  - Fehlende Begründetheit im Übrigen aus allen in Betracht kommenden Anspruchsgrundlagen
- **Klagen mit Hilfsanträgen bei unbegründetem Hauptantrag**
  - Zulässigkeit der Klage bezüglich des Hauptantrages
  - Fehlende Begründetheit des Hauptantrages
  - Zulässigkeit der Klage bezüglich des Hilfsantrages
  - Begründetheit des Hilfsantrages
- **Klagen mit einseitiger Teilerledigungserklärung**
  - Zulässigkeit (mit nachträgl. kumulativer Klagenhäufung + FI für Teilerledigungserkl.)
  - Begründetheit des verbliebenen Teils der ursprünglichen Klage
  - Begründetheit des für erledigt erklärten Teils der Klage
  - Einseitige Erledigungserklärungen sind erfolgreich, wenn der für erledigt erklärte Teil der Klage
    - ursprünglich zulässig und begründet war und
    - durch ein Ereignis nach Rechtshängigkeit
    - unzulässig oder unbegründet geworden ist.
- **Klagen mit übereinstimmenden Teilerledigungserklärungen**
  - Zulässigkeit (mit § 264 Nr. 2 ZPO wegen der Reduzierung)
  - Begründetheit des nicht erledigten Teils der Klage
  - Kostenentscheidung mit Begründung des erledigten Teils der Klage gem. § 91a ZPO
  - (Verweis nach oben oder selbstständige Begründung bei getrennten Ansprüchen)
  - Vorl. Vollstreckbarkeit mit § 794 I Nr. 3 ZPO
- **Klagen mit Teilrücknahmen nach § 269 III 3 ZPO**
  - laufen wie Klagen mit übereinstimmenden Teil-Erledigungserklärungen
- **Ursprünglich begründete Klagen mit erfolgreicher Aufrechnung**
  - Ursprüngliche Begründetheit der Klage aus einer Anspruchsgrundlage ⟵⟶ trennen
  - Ursprüngliche Begründetheit der Gegenforderung aus einer Anspruchsgrundlage
- **Ursprünglich begründete Klagen mit gescheiterter Aufrechnung**
  - Begründetheit der Klage aus einer Anspruchsgrundlage ⟵⟶ trennen
  - Unbegründetheit der Gegenforderung aus allen in Betracht kommenden Anspruchsgrundlagen
- **Klagen mit Hilfsaufrechnung und Hilfswiderklagen**
  - Klageforderung unbegründet
    1. Klage
    2. ~~Hilfsaufrechnung~~ – entfällt
    3. Hilfswiderklage
  - Klageforderung begründet

   1. Klage
   2. Hilfsaufrechnung
   3. ~~Hilfswiderklage~~ – entfällt

- **Klagen mit Hilfsaufrechnung + Hilfswiderklage + unbedingten Widerklagen**
  - Klageforderung begründet
    1. Klage
    2. Hilfsaufrechnung
    3. ~~Hilfswiderklage~~ – entfällt
    4. Unbedingte Widerklage   Zulässigkeit und Verweis auf die Hilfsaufrechnung
  - Klageforderung unbegründet
    1. Klage
    2. ~~Hilfsaufrechnung~~ – entfällt
    3. Hilfswiderklag   Zulässigkeit und Begründetheit zusammen darlegen
    4. Unbedingte Widerklage

- **Klagen mit Widerklagen**
  - Ergebnis von Klage und Widerklage
  - Zulässigkeit und Begründetheit der Klage   trennen
  - Zulässigkeit und Begründetheit der Widerklage

- **Klagen mit erfolgreichen petitorischen Widerklagen**
  - Ergebnis von Klage und Widerklage:
  - »Die Klage ist unbegründet, weil die zulässige Widerklage begründet ist.«
  - Zulässigkeit der Klage
  - Zulässigkeit der Widerklage
  - Begründetheit der Widerklage
  - Fehlende Begründetheit der Klage analog § 864 II BGB

3. Beschlussklausuren gem. § 91a ZPO/§ 269 III 3 ZPO

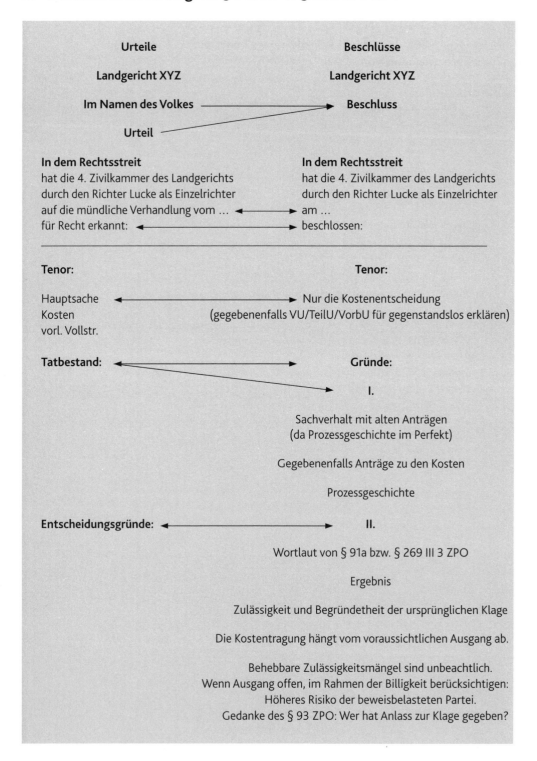

4. Aufrechnung, hilfsweise

a) Tenor

- **Kostenentscheidung** (Rn. 203 ff.)
  - Voller Erfolg der Hilfsaufrechnung = Kostenaufhebung (Rn. 206).
- **Vorläufige Vollstreckbarkeit**
  - Kostenquote = doppelte vorläufige Vollstreckbarkeit
  - Bei Klageabweisung müssen Sie die Kosten ausrechnen. Bei vollstreckbaren Kosten über 1.500 EUR greift § 709 ZPO, darunter greifen §§ 708 Nr. 11, 711 ZPO (Rn. 215 ff.).
  - Dabei wegen des Streitwertes § 45 III GKG beachten!

b) Tatbestand (Rn. 34)

- Bei Hilfsaufrechnung aus demselben Sachverhalt wie die Klage (zB Kaufpreisforderung und Gewährleistungsansprüche bezüglich der Kaufsache): Unstreitiges zusammen darstellen, Rest getrennt
- Bei Hilfsaufrechnung aus anderem Sachverhalt als die Klage: komplett getrennte Darstellung von Klage und Gegenforderung.

c) Entscheidungsgründe (Rn. 264)

- Zulässigkeit
  - Einleitungssatz bei erfolgreicher Hilfsaufrechnung:

    > Der dem Kläger ursprünglich zustehende Anspruch aus § ... ist durch die hilfsweise erklärte Aufrechnung erloschen, § 389 BGB. Dem Kläger stand [nicht: »steht«!] ein Anspruch aus ... zu.

  - Der Zuständigkeitsstreitwert bestimmt sich nur nach dem Streitwert der Klageforderung.
- Begründetheit
  - Auf richtige Terminologie achten! Die Forderung des Klägers heißt *»Klage-/Haupt- oder Aufrechnungsforderung«*, die des Beklagten *»Gegenforderung«*.
  - Zunächst kommen Ausführungen zur – ursprünglichen – Begründetheit der Klage.
  - Wenn die Klage schon unbegründet ist, wird die Hilfsaufrechnung mit keinem Wort erwähnt.
  - Bei vollständigem oder teilweisem – ursprünglichen – Bestehen der Klageforderung schreiben Sie eine Überleitung zur Hilfsaufrechnung.
  - Kurz auf Unschädlichkeit der Bedingung eingehen, da innerprozessual, § 253 II Nr. 2 ZPO; § 388 S. 2 BGB.
  - Neben der Aufrechnungslage auch die Aufrechnungserklärung als Prozesshandlung erwähnen.
  - An § 215 BGB denken (Aufrechnung mit verjährten Forderungen möglich).
- Zinsentscheidung
  - Wenn die Aufrechnung voll greift, gibt es gegebenenfalls nur Zinsen vom Verzugsbeginn bis zum Erlöschen der Forderung durch die Aufrechnung.
  - Vorsicht! An die Rückwirkungsfiktion des § 389 BGB denken.

- Prozessuale Nebenentscheidungen
  - Nach § 91 I 1 ZPO oder § 92 ZPO ist § 45 III GKG anzuführen, wenn über die Gegenforderung entschieden wird.

- Streitwertbeschluss
  - Wenn die Gegenforderung zum Zuge kommt, erhöht sich der Gebührenstreitwert in dem Maße, in dem über sie entschieden worden ist, § 45 III GKG. Bei mehreren zur Aufrechnung gestellten Forderungen erhöht sich der Streitwert mit jeder Forderung, über die entschieden wird.

d) Weitere Besonderheiten

- Die Bezeichnung »Primär- oder Hilfsaufrechnung« durch die Parteien kann irreführend sein. Eine Hilfsaufrechnung liegt unserer Ansicht nach nur dann vor, wenn der Beklagte den Tatsachenvortrag des Klägers bestreitet oder sich mit Einreden oder Einwendungen verteidigt. Verteidigt sich der Beklagte neben seiner Aufrechnung nur mit Rechtsansichten, liegt eine Primäraufrechnung vor, auch wenn der Beklagte erklärt, er rechne »hilfsweise« oder »vorsorglich« auf. Nach unserer Ansicht kann eine überflüssige Rechtsansicht den Charakter der Aufrechnung nicht ändern (Rn. 201 f.).
- Keine entgegenstehende Rechtskraft durch Aufrechnung im früheren Rechtsstreit (Rn. 387). Nur der Teil der Gegenforderung erwächst in Rechtskraft, über den entschieden worden ist, also maximal in Höhe der Klageforderung in dem früheren Rechtsstreit.
- Die Gegenforderung wird durch die Erklärung der Aufrechnung nicht rechtshängig.
- Aufrechnung und Erledigung: Wenn der Kläger nach einer Aufrechnung den Rechtsstreit in der Hauptsache für erledigt erklärt, hat der Beklagte die Kosten zu tragen, wenn die Klage ursprünglich zulässig und begründet war, weil das erledigende Ereignis die Erklärung der Aufrechnung ist, und nicht der gegebenenfalls vor Rechtshängigkeit liegende Zeitpunkt des Erlöschens der Forderungen durch Rückwirkung gem. § 389 BGB (Rn. 431).
- Denken Sie an die Möglichkeit eines Vorbehaltsurteils nach § 302 ZPO, wenn die Gegenforderung noch nicht entscheidungsreif ist.
- Nach stRspr des BGH kann eine Aufrechnung zurückgenommen und danach erneut erklärt werden.
- Aufrechnung mit Gegenforderung in anderer Währung nur zulässig bei Ersetzungsbefugnis.

S. ausführlich zu Klausuren mit Aufrechnungen unter F.II.

5. Aufrechnung, primär

a) Tenor

- Keine Besonderheiten.

b) Tatbestand (Rn. 33)

- Völlig getrennte Darstellung von Klage und Gegenforderung, wenn Gegenforderung aus einem eigenen Sachverhalt herrührt. Wenn Anlass zur Klage und Gegenforderung derselbe Sachverhalt ist (zB Kaufpreisforderung und Gewährleistungsansprüche), das Unstreitige von Klage und Gegenforderung zusammen darstellen.
- Es gibt kein streitiges Klägervorbringen, weil der Beklagte bei Primäraufrechnungen den Tatsachenvortrag des Klägers zur Klageforderung unstreitig stellt. Nebenforderungen können streitig sein. Zudem kann der Beklagte abweichende Rechtsansichten äußern.
- Nach den Anträgen folgt ein Überleitungssatz zur Aufrechnung, zB:

> Der Beklagte erklärt gegen die Klageforderung die Aufrechnung mit einem Anspruch aus ...

Dann folgen das Unstreitige, das streitige Beklagtenvorbringen und das streitige Klägervorbringen zur Gegenforderung des Beklagten und zuletzt die allgemeine Prozessgeschichte.

c) Entscheidungsgründe (Rn. 263)

- Zulässigkeit
  - Die Zuständigkeit bestimmt sich nur nach dem Streitwert der Klageforderung.
- Begründetheit
  - Auf richtige Terminologie achten! Die Forderung des Klägers heißt »Klage-/Haupt- oder Aufrechnungsforderung«, die des Beklagten heißt »Gegenforderung«.
  - Die Schlüssigkeit der Klage ist im Zweifel anzunehmen, muss aber kurz dargelegt werden.
  - Richtiges Tempus beachten: Sofern die Aufrechnung des Beklagten durchgreift, standen (nicht stehen!) den Parteien die nach § 389 BGB erloschenen Ansprüche zu.
  - Einleitungssatz bei erfolgreicher Aufrechnung:

  > Der dem Kläger ursprünglich zustehende Anspruch aus § ... ist durch die vom Beklagten erklärte Aufrechnung erloschen, § 389 BGB. Dem Kläger stand ein Anspruch aus § ... zu ...

  - Prozessuale Nebenentscheidungen (Rn. 202):
    - Der Gebührenstreitwert bestimmt sich nach dem Streitwert der Klage.
    - § 45 III GKG ist bei Primäraufrechnungen nicht anwendbar. Ausnahme: mehrere Aufrechnungen in Höhe der Klageforderung.
    - Bei gestaffelten Aufrechnungen sind alle nachrangigen Gegenforderungen, die nicht erforderlich sind, um die Klageabweisung zu erreichen, wenn vorrangige Gegenforderungen betragsmäßig bereits ausreichen könnten, Hilfsaufrechnungsforderungen, die gem. § 45 III GKG den Gebührenstreitwert erhöhen können.
    - Kostenentscheidung normal nach §§ 91 ff. ZPO

d) Weitere mögliche Besonderheiten

- Die Bezeichnung »Primär- oder Hilfsaufrechnung« durch die Parteien kann irreführend sein. Eine Hilfsaufrechnung liegt unserer Ansicht nach nur dann vor, wenn der Beklagte den Tatsachenvortrag des Klägers bestreitet oder sich mit Einreden oder Einwendungen verteidigt. Verteidigt sich der Beklagte neben seiner Aufrechnung nur mit Rechtsansichten, liegt eine Primäraufrechnung vor, auch wenn der Beklagte erklärt, er rechne »hilfsweise« oder »vorsorglich« auf. Nach unserer Ansicht kann eine überflüssige Rechtsansicht den Charakter der Aufrechnung nicht ändern (Rn. 201 f.).

- Aufrechnung und Erledigung: Der Zeitpunkt der Aufrechnungserklärung im Prozess ist das erledigende Ereignis und nicht der Zeitpunkt der Aufrechnungslage (Rn. 431).
- An die Möglichkeit eines Vorbehaltsurteils nach § 302 ZPO denken, wenn die Gegenforderung noch nicht entscheidungsreif ist.

6. Erledigungserklärungen im Überblick

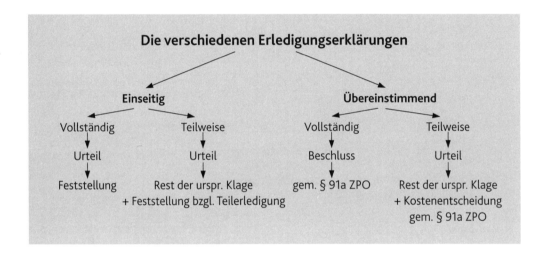

Anwendungsbereich der verschiedenen Klagereduzierungen

Grund: Wegfall des Klageanlasses
Wichtig: Zeitpunkt des Wegfalls

Klagerücknahme nach § 269 III 3 ZPO ⟶ Wegfall **vor** Rechtshängigkeit
Einseitige Erledigungserklärung ⟶ Wegfall **nach** Rechtshängigkeit
Übereinstimmende Erledigungserklärung ⟶ Zeitpunkt des Wegfalls **unerheblich**

Die verschiedenen Erledigungserklärungen

Einseitig | **Übereinstimmend**

Vollständig | Teilweise | Vollständig | Teilweise

Urteil | Urteil | Beschluss | Urteil

Feststellung | Rest der urspr. Klage + Feststellung bzgl. Teilerledigung | gem. § 91a ZPO | Rest der urspr. Klage + Kostenentscheidung gem. § 91a ZPO

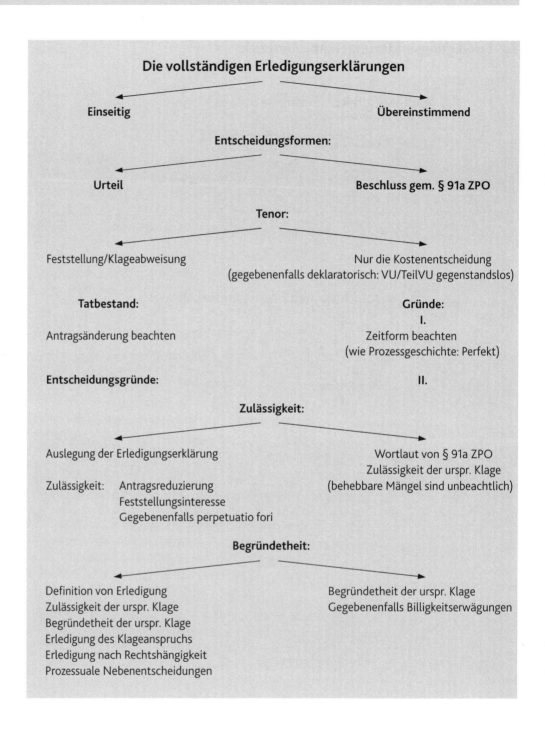

Die vollständigen Erledigungserklärungen

Einseitig ← → **Übereinstimmend**

Entscheidungsformen:

Urteil ← → **Beschluss gem. § 91a ZPO**

Tenor:

Feststellung/Klageabweisung ← → Nur die Kostenentscheidung
(gegebenenfalls deklaratorisch: VU/TeilVU gegenstandslos)

Tatbestand:

Antragsänderung beachten

Gründe:
I.
Zeitform beachten
(wie Prozessgeschichte: Perfekt)

Entscheidungsgründe:

II.

Zulässigkeit:

Auslegung der Erledigungserklärung ← → Wortlaut von § 91a ZPO
Zulässigkeit der urspr. Klage
Zulässigkeit: Antragsreduzierung (behebbare Mängel sind unbeachtlich)
Feststellungsinteresse
Gegebenenfalls perpetuatio fori

Begründetheit:

Definition von Erledigung ← → Begründetheit der urspr. Klage
Zulässigkeit der urspr. Klage Gegebenenfalls Billigkeitserwägungen
Begründetheit der urspr. Klage
Erledigung des Klageanspruchs
Erledigung nach Rechtshängigkeit
Prozessuale Nebenentscheidungen

7. Erledigungserklärung, einseitige, teilweise

Bei Eintritt eines teilweise erledigenden Ereignisses, zB Aufrechnung des Beklagten oder teilweise Erfüllung, kann der Kläger den Rechtsstreit im Umfang des Erlöschens seiner Forderung in der Hauptsache für erledigt erklären.

Bei teilweisem Wegfall des Klagegrundes **vor** Rechtshängigkeit steht ihm der Weg über eine teilweise Klagerücknahme gem. § 269 III 3 ZPO offen. Bei Wegfall am Tag der Klagezustellung gilt der Klagegrund analog § 187 BGB als **vor** Rechtshängigkeit weggefallen.

a) Tenor

* Bei Begründetheit der gesamten Klage einschließlich der Teilerledigungserklärung:
  – Ausspruch über den zuerkannten Rest des ursprünglichen Antrages. Danach:

    > Es wird festgestellt, dass der Rechtsstreit in der Hauptsache iHv ... erledigt ist.

  – Gegebenenfalls Abweisung im Übrigen (zB wegen eines Teils der Zinsen)
  – Kostenentscheidung und vorläufige Vollstreckbarkeit

* Bei Begründetheit des aufrechterhaltenen Teils der Klage und Unbegründetheit der Teil-erledigungserklärung:
  – Ausspruch über den zuerkannten Rest des ursprünglichen Antrages. Danach:

    > Im Übrigen wird die Klage abgewiesen.

  – Kostenentscheidung und vorläufige Vollstreckbarkeit

Achtung: Bei Antrag »abzüglich am ... gezahlter ...« auf korrekte Zuerkennung der Zinsen achten!

* Bei Abweisung der gesamten Klage:

  > Die Klage wird abgewiesen.

Kostenentscheidung und vorläufige Vollstreckbarkeit: keine Besonderheiten.

b) Tatbestand (Rn. 30)

* Der Einleitungssatz muss der Teilerledigungserklärung Rechnung tragen, zB:

  > Die Parteien streiten um restliche Ansprüche aus ... sowie darum, ob sich der Rechtsstreit iHv ... EUR in der Hauptsache erledigt hat.

* Alten und neuen Antrag anführen, den alten Antrag gegebenenfalls abkürzen.
* Sachverhalt zur teilweisen Erledigungserklärung (zB Zahlung, Untergang, Aufrechnung) zwischen dem ursprünglichen Antrag und den neuen Anträgen bringen.

c) Entscheidungsgründe (Rn. 266)

* Vor dem Obersatz zum Ergebnis Auslegung der Erledigungserklärung als teilweise Umstellung auf eine Feststellungsklage, dass der Rechtsstreit in der Hauptsache erledigt ist
* Zulässigkeitsprobleme (Rn. 426)
  – Klagebeschränkung bezüglich des Leistungsantrages gem. § 264 Nr. 2 ZPO
  – Feststellungsinteresse gem. § 256 I ZPO folgt aus Kostenfrage
  – Nachträgliche, objektive, kumulative Klagenhäufung (Leistungs- und Feststellungsantrag) nach §§ 261 II, 260 ZPO zulässig
  – Darin liegende Klageänderung nach § 263 Alt. 2 ZPO sachdienlich
  – Bei Klagen vor dem Landgericht bei Unterschreitung des Zuständigkeitsstreitwerts infolge der Beschränkung an § 261 III Nr. 2 ZPO (perpetuatio fori) denken.

- Begründetheit der Klage
  - Erörterung des aufrechterhaltenen Teils des ursprünglichen Antrages
  - Erörterung des für erledigt erklärten Teils des ursprünglichen Antrages
  - Definition der teilweisen Erledigung (ursprüngliche Klage war auch hinsichtlich des für erledigt erklärten Teils zulässig und begründet und ist durch ein Ereignis nach Rechtshängigkeit insoweit unzulässig oder unbegründet geworden)
  - Aufbau des Feststellungsantrages
  - Zulässigkeit des für erledigt erklärten Teils der ursprünglichen Klage
  - Ursprüngliche Begründetheit des für erledigt erklärten Teils der Klage
  - Erledigendes Ereignis
  - Eintritt der Erledigung nach Rechtshängigkeit
  - Umdeutung einer einseitigen Teilerledigungserklärung in eine Teilrücknahme gem. § 269 III 3 ZPO, wenn der Klageanlass teilweise **vor** Rechtshängigkeit weggefallen ist. Gleiches gilt für die vollständige einseitige Erledigungserklärung (Rn. 426).
  - Eventuell Sonderprobleme bei Aufrechnung im Prozess:
    - An Möglichkeit einer konkludenten Aufrechnung seitens des Klägers durch die Erledigungserklärung denken (Rn. 430).
    - Rückwirkungsfiktion der Aufrechnung ist ohne Belang, nach BGH ist die Erklärung der Aufrechnung das erledigende Ereignis (Rn. 431).
  - Rücknahme der Erledigungserklärung bis zur Zustimmung des Beklagten bzw. zur Entscheidung des Gerichts möglich.
  - Hilfsweise Erledigungserklärung nach hM zulässig: Erledigung als Haupt- und urspr. Begehren als Hilfsantrag.

- Prozessuale Nebenentscheidungen
  - Eventuell gesonderte Berechnung der Kostenquote erforderlich, wenn Kläger einen Teil zu Recht für erledigt erklärt hat und bezüglich des Rests unterliegt.
  - Gebührenstreitwert ab Teilerledigungserklärung nur Wert der restlichen Hauptsache plus Kosten des für erledigt erklärten Teils.

Achtung: Achten Sie auch bei einseitigen Teilerledigungserklärungen darauf, ob der informierte Beklagte gem. § 91a I 2 ZPO rechtzeitig innerhalb von zwei Wochen widersprochen hat. Wenn dies nicht der Fall ist, liegt eine übereinstimmende Teilerledigungserklärung vor. Hinsichtlich des erledigten Teils ist dann nur noch über die Kosten zu entscheiden (Rn. 439).

Beachte: Bei Wegfall des Klageanlasses vor Rechtshängigkeit hat der Kläger die Wahl zwischen einer Klagerücknahme mit Kostenentscheidung gem. § 269 III 3 ZPO und der Umstellung seiner Klage in eine Feststellungsklage auf Kostentragung des Beklagten aus Verzug.
Bei Wegfall des Klageanlasses nach Rechtshängigkeit hat der Kläger keine Wahl. Er muss den Rechtsstreit für erledigt erklären und sich bei Zustimmung des Beklagten mit der Billigkeitsentscheidung gem. § 91a ZPO begnügen.

8. Erledigungserklärung, einseitige, vollständige

Bei Eintritt eines erledigenden Ereignisses, zB Aufrechnung des Beklagten oder Erfüllung, kann der Kläger den Rechtsstreit in der Hauptsache für erledigt erklären.

Bei Wegfall des Klagegrundes **vor** Rechtshängigkeit steht ihm der Weg über eine teilweise Klagerücknahme gem. § 269 III 3 ZPO offen. Bei Wegfall am Tag der Klagezustellung gilt der Klagegrund analog § 187 BGB als **vor** Rechtshängigkeit weggefallen.

a) Tenor (Rn. 165)

* Bei Erfolg:

   Es wird festgestellt, dass der Rechtsstreit in der Hauptsache erledigt ist.

* Bei Misserfolg:

   Die Klage wird abgewiesen.

* **Achtung:** Nur die Kostenentscheidung ist vorläufig vollstreckbar. Für die richtige Einordnung unter § 709 oder § 708 Nr. 11 Alt. 2 ZPO (Rn. 215 f.) müssen Sie auf die Wertgrenze von 1.500 EUR achten und die Kosten gegebenenfalls ausrechnen. Für den Kläger greift ab Streitwert von mehr als 5.000 EUR § 709 ZPO, für den Beklagten ab Streitwert von mehr als 8.000 EUR.

b) Tatbestand (Rn. 31)

* Der Einleitungssatz muss der Erledigungserklärung Rechnung tragen, zB:

   Die Parteien streiten darum, ob sich der Rechtsstreit wegen … in der Hauptsache erledigt hat.

* Alten Antrag abgekürzt und Erledigungserklärung anführen – hier noch nicht auslegen!
* Sachverhalt zur Erledigung (zB Zahlung, Untergang, Aufrechnung) zwischen dem ursprünglichen Antrag und der Erledigungserklärung anführen (Rn. 72)

c) Entscheidungsgründe (Rn. 427)

* Auslegung der Erledigungserklärung als Antrag auf Feststellung der Erledigung des Rechtsstreits in der Hauptsache zu Beginn der Entscheidungsgründe vor den Zulässigkeitserwägungen.
* Zulässigkeitsprobleme
   - Klagebeschränkung gem. § 264 Nr. 2 ZPO ohne Einwilligung des Beklagten zulässig
   - Feststellungsinteresse gem. § 256 I ZPO wegen offener Kostenfrage stets gegeben
   - Bei Klagen vor dem Landgericht eventuell § 261 III Nr. 2 ZPO (perpetuatio fori) bei Absinken des Streitwerts infolge der Beschränkung
* Begründetheit der Klage
   - Obersatz Definition der Erledigung (ursprünglich zulässige und begründete Klage ist durch ein erledigendes Ereignis nach Rechtshängigkeit unzulässig oder unbegründet geworden)
   - Zulässigkeit der ursprünglichen Klage
   - Begründetheit der ursprünglichen Klage
   - Erledigendes Ereignis
   - Eintritt der Erledigung nach Rechtshängigkeit
   - Prozessuale Nebenentscheidungen
   - Eventuell Sonderprobleme bei Aufrechnung im Prozess

- An Möglichkeit einer konkludenten Aufrechnung seitens des Klägers durch die Erledigungserklärung denken, wenn Erledigung durch die Zahlung (zB wegen eines Vorbehalts) nicht eingetreten ist (Rn. 430).
- Rückwirkungsfiktion der Aufrechnung ist gem. § 389 BGB ohne Belang, die Aufrechnungserklärung ist das erledigende Ereignis (Rn. 431).
- Wenn der Erfolg einer einseitig gebliebenen Erledigungserklärung nur daran scheitern würde, dass das erledigende Ereignis bereits vor Rechtshängigkeit stattgefunden hat, ist nach neuerer Rspr. die Erledigungserklärung in einen Antrag nach § 269 III 3 ZPO oder in einen Antrag des Klägers auf Feststellung der Kostentragungspflicht des Beklagten aus Verzug oder wegen Veranlassung der Klageerhebung (Gedanke des § 93 ZPO) umzudeuten.

  Ersteres ist der Fall, wenn der Kläger irrig für erledigt erklärt, obwohl der Wegfall des Klageanlasses vor Rechtshängigkeit eingetreten ist. Letzteres ist bislang obergerichtlich entschieden für Fälle von verspätet abgegebenen Drittschuldnererklärungen (Einziehungsklagen) und bei Stufenklagen, wenn sich auf der ersten Stufe ergeben hat, dass der Kläger keinen Zahlungsanspruch hat und der Beklagte mit der Auskunft in Verzug war. Hier würde eine Erledigungserklärung nämlich scheitern, weil die ursprüngliche Klage, der Zahlungsantrag auf der dritten Stufe, von Anfang an unbegründet war (Rn. 424, vgl. auch *Kaiser/Kaiser/Kaiser* Anwaltsklausur Rn. 32 mwN).

  Wenn der Kläger eine materiell-rechtliche begründete einseitige Erledigungserklärung vor einem unzuständigen Gericht erklärt, müssen Sie zwei Fälle unterscheiden: Nach neuester Rspr. des BGH kommt eine Feststellung der Hauptsacheerledigung bei einer Klage vor einem unzuständigen Gericht nur in Betracht, wenn der Kläger **vor** dem erledigenden Ereignis einen Verweisungsantrag gestellt hat. Andernfalls ist seine Feststellungsklage als unbegründet abzuweisen (vgl. Rn. 427a).
- Prozessuale Nebenentscheidungen:
  - Der Gebührenstreitwert entspricht nach der Erledigung den gesamten Kosten des Rechtsstreits, also den Gerichtskosten und den außergerichtlichen Kosten beider Parteien.

Achtung: Wenn der informierte Beklagte nicht innerhalb einer Notfrist von zwei Wochen der Erledigungserklärung des Klägers widerspricht, ist gem. § 91a I 2 ZPO nur noch durch Beschluss über die Kosten zu entscheiden. Dann liegen auch übereinstimmende Erledigungserklärungen vor.

Beachte: Bei Wegfall des Klageanlasses vor Rechtshängigkeit hat der Kläger die Wahl zwischen einer Klagerücknahme mit Kostenentscheidung gem. § 269 III 3 ZPO und der Umstellung seiner Klage in eine Feststellungsklage auf Kostentragung des Beklagten aus Verzug.
Bei Wegfall des Klageanlasses nach Rechtshängigkeit hat der Kläger keine Wahl. Er muss den Rechtsstreit für erledigt erklären und sich bei Zustimmung des Beklagten mit der Billigkeitsentscheidung gem. § 91a ZPO begnügen.

9. Erledigungserklärung, übereinstimmende, teilweise

a) Tenor

- Kein Ausspruch bezüglich der Teilerledigung, da Klage insoweit nicht mehr rechtshängig.
- Der Teil der Kosten, der den erledigten Teil der Klage betrifft, ist ohne Sicherheit oder Abwendungsbefugnis für vorläufig vollstreckbar zu erklären. Also Kosten gesondert ausrechnen oder in Prozenten angeben und wie bei Teilanerkenntnis oder Teilrücknahme trennen (Grund: § 794 I Nr. 3 ZPO, vgl. Rn. 227).

b) Tatbestand

- Der Einleitungssatz muss der übereinstimmenden Teilerledigung Rechnung tragen:

  > Die Parteien streiten um Ansprüche aus einem Verkehrsunfall sowie darum, wer von ihnen die Kosten hinsichtlich eines übereinstimmend für erledigt erklärten Teils der Klage zu tragen hat.

- Alten und neuen Antrag anführen, den alten gegebenenfalls abkürzen.
- Sachverhalt zur teilweisen Erledigung (zB Zahlung oder Aufrechnung) zwischen dem ursprünglichen Antrag und dem neuen Antrag anführen.
- Die teilweise übereinstimmenden Erledigungserklärungen gehören vor den neuen Antrag.

c) Entscheidungsgründe

- Zulässigkeitsprobleme
  - Klagebeschränkung gem. § 264 Nr. 2 ZPO zulässig wegen Zustimmung des Beklagten.
  - Bei Klagen vor dem Landgericht eventuell § 261 III Nr. 2 ZPO (perpetuatio fori) wegen Reduzierung des Zuständigkeitsstreitwerts infolge der Beschränkung.

- Begründetheit
  - Nur den verbleibenden Teil der ursprünglichen Klage erörtern.

- Prozessuale Nebenentscheidungen
  - Begründung der Kostenentscheidung bezüglich des erledigten Teils, da Kostenentscheidung insoweit gem. § 91a II ZPO isoliert mittels sofortiger Beschwerde anfechtbar (Rn. 227).
  - Bei den Normen zur vorläufigen Vollstreckbarkeit § 794 I Nr. 3 ZPO mit anführen.
  - Streitwertbeschluss nach dem Urteil:

    > Der Streitwert beträgt bis zum ... (Datum der übereinstimmenden Teilerledigungserklärungen) ... EUR, ab dem (der darauf folgende Tag) ... EUR.

Achtung: Einseitige Teilerledigungserklärungen werden gem. § 91a I 2 ZPO wie übereinstimmende behandelt, wenn der informierte Beklagte nicht innerhalb von zwei Wochen widersprochen hat.

10. Erledigungserklärung, übereinstimmende, vollständige

- Vollständige, übereinstimmende Erledigungserklärungen liegen bei entsprechenden, gegebenenfalls auszulegenden Erklärungen der Parteien vor und bei Schweigen des Beklagten auf eine Erledigungserklärung des Klägers unter den Voraussetzungen von § 91a I 2 ZPO (Rn. 434).

a) Tenor

- Entscheidung durch Beschluss gem. § 91a I 1 ZPO (Parteien heißen Kläger und Beklagter)
- Der Tenor besteht grundsätzlich nur aus der Kostenentscheidung (formuliert wie in einem Urteil).
  - Ausnahme: Auf Antrag muss analog §§ 269 IV, 269 II 1 Hs. 2 ZPO tenoriert werden, dass zwischenzeitlich ergangene vollstreckbare Entscheidungen wie Zwischen-, Versäumnis-, Grund- und Teilurteile **gegenstandslos sind** (nicht aufgehoben werden).
  - Im Tenor steht nichts von der Erledigung oder der vorläufigen Vollstreckbarkeit.

b) Tatbestand

- Nach dem Tenor folgt die Überschrift »Gründe«. Die Gründe bestehen aus zwei Teilen, überschrieben mit I. und II. I. entspricht dem Tatbestand und II. entspricht den Entscheidungsgründen und enthält die Begründung der Kostenentscheidung.
- Im Tatbestand wird das Unstreitige im Präteritum, das Streitige und die erledigten Anträge werden im Perfekt dargestellt. Sonst bestehen keine Unterschiede zum Tatbestand eines Urteils.

c) Entscheidungsgründe (Rn. 434)

- Die Kostenentscheidung folgt aus der materiellen Rechtslage unter Berücksichtigung des bisherigen Sach- und Streitstandes nach billigem Ermessen. Die Frage der tatsächlichen Erledigung oder die des Zeitpunktes vor oder nach Rechtshängigkeit spielt, anders als bei einseitigen Erledigungserklärungen, bei übereinstimmenden keine Rolle.
- Die entscheidende Fragestellung lautet: Wie wäre der Rechtsstreit ohne die Erledigungserklärung ausgegangen, war die Klage also zulässig und begründet? Behebbare Zulässigkeitsmängel wie die sachliche oder örtliche Unzuständigkeit des Gerichts bleiben dabei unberücksichtigt, weil davon auszugehen ist, dass der Kläger nach einem erfolgten Hinweis des Gerichts den Mangel behoben hätte.
  Bei ungewissem Ausgang sollten Sie die Quote zuungunsten der beweisbelasteten Partei verschieben, weil diese das größere Risiko einer Niederlage trägt. Eine Quote von 2/3 zulasten der beweispflichtigen Partei erscheint sachgerecht.
- Der Streitwert entspricht bei übereinstimmenden Erledigungserklärungen ab dem Tag nach Abgabe der Erledigungserklärungen den gesamten Prozesskosten nach dem Streitwert der ursprünglichen Klage.

11. Feststellungsklage

a) Tenor (Rn. 165)

- Bei Stattgabe:

  Es wird festgestellt, dass ...

- Bei Abweisung:

  Die Klage wird abgewiesen.

- Vorläufige Vollstreckbarkeit
  - Da bei Feststellungsklagen immer nur wegen der Kosten vollstreckt werden kann, ist gegebenenfalls die exakte Höhe von Bedeutung:
    - Bei vollstreckbaren Kosten über 1.500 EUR greift § 709 ZPO.
    - Bei geringeren vollstreckbaren Kosten greift §§ 708 Nr. 11 Alt. 2, 711 ZPO.

b) Entscheidungsgründe

- Zulässigkeitsprobleme (Rn. 447 f.)

- Feststellungsinteresse gem. § 256 I ZPO:
  - Bei Begründetheit der Feststellungsklage erörtern,
  - Bei nur einem Antrag im Zweifel annehmen, weil Sie andernfalls nicht zur materiellen Rechtslage kämen.
  - Bei Unbegründetheit können Sie das Feststellungsinteresse als sog. qualifizierte Prozessvoraussetzung dahinstehen lassen, es reicht schlüssiger Vortrag.
  - Subsidiarität zur Leistungsklage bei einer Klage mit nur einem Feststellungsantrag nicht wahrscheinlich, weil Sie andernfalls nicht zur materiellen Rechtslage kämen.
  - Bei einem Feststellungsantrag neben anderen Anträgen Subsidiarität durchaus möglich.

- Streitwert
  - Für positive Feststellungsklagen 80%, für negative der volle Wert eines entsprechenden Leistungsantrages.

c) Mögliche Besonderheit

- Zwischenfeststellungswiderklage (Rn. 459)
  - Eine Zwischenfeststellungswiderklage ist gem. § 256 II ZPO zulässig, wenn das zu klärende Rechtsverhältnis vorgreiflich für die Hauptklage ist und in seiner Bedeutung über diese hinausgeht.

- Feststellungsinteresse bei Anträgen auf Feststellung des Vorliegens einer vorsätzlichen unerlaubten Handlung
  - Vollstreckungsvorteil
    - Insolvenz (§ 174 II iVm § 302 Nr. 1 InsO)
    - Pfändungsfreigrenzen gelten nicht (§ 850 f II ZPO)
  - Aufrechnungsverbot (§ 393 BGB)

- Feststellungsinteresse bei Antrag auf Feststellung des Annahmeverzuges
  - Bei Rückabwicklung von gegenseitigen Verträgen: Vollstreckungsurteil gem. §§ 756 I, 765 ZPO
  - Bei »einfachen« Ansprüchen auf Abholung einer Sache: Haftungsvorteil gem. § 300 BGB

Zulässig immer nur zusammen mit dem Zug-um-Zug-Antrag oder mit dem Antrag auf Abholung.

12. Folgeprozess

Folgeprozess = Rechtsstreit gegen frühere Nebenintervenienten oder Streitverkündungsempfänger (Rn. 385).

a) Tatbestand

* Streitverkündung im Vorprozess sowie die tragenden Feststellungen und die daraus resultierenden rechtlichen Schlussfolgerungen des Urteils im Vorprozess wegen der Interventionswirkung nach § 68 ZPO im Unstreitigen darstellen. Dabei weitgehend verweisen. Der streitige Klägervortrag vor den Anträgen wird aus der Bezugnahme auf die Urteilsgründe sowie aus der Rechtsmeinung bestehen, dass die Interventionswirkung greift.

b) Entscheidungsgründe

* Bei Wirksamkeit der Streitverkündung und Eingreifen der Interventionswirkung diese darlegen. Entscheidung auf der Grundlage des Vorprozesses sowohl in tatsächlicher als auch in rechtlicher Hinsicht. Die tragenden Gründe des Urteils im Vorprozess gelten fort.
* Bei Unwirksamkeit der Streitverkündung Mängel der Streitverkündung oder Gründe für die fehlende Interventionswirkung (§ 68 ZPO) darlegen und auf der Grundlage der in diesem Rechtsstreit zugrunde zu legenden Tatsachen entscheiden.

c) Klausurtaktik

* Eine »Vermutung des ersten Anscheins« spricht im Examen gegen eine umfassende Interventionswirkung, da die Arbeit dann zu einfach wäre, weil sich die rechtlichen Ausführungen in der Darlegung der Interventionswirkung erschöpfen würden. Eine Interventionswirkung, die nur Teile der geltend gemachten Ansprüche des Klägers erfasst, ist hingegen realistisch.
  Neben der Zulässigkeit der Streitverkündung gem. § 72 ZPO ist zu prüfen, ob die Streitverkündung im Vorprozess ordnungsgemäß war, § 73 ZPO. Also Vollständigkeit des Verkündungsschriftsatzes (alle erforderlichen Anlagen übersandt, unterzeichnet, bei Klagen vor dem LG durch den RA, durch das Gericht zugestellt etc.).

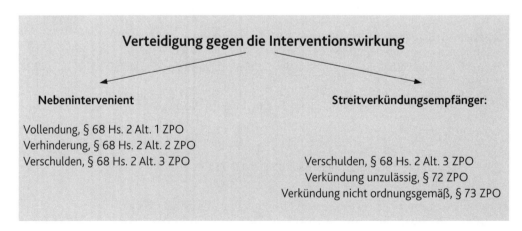

Verteidigung gegen die Interventionswirkung

Nebenintervenient

Vollendung, § 68 Hs. 2 Alt. 1 ZPO
Verhinderung, § 68 Hs. 2 Alt. 2 ZPO
Verschulden, § 68 Hs. 2 Alt. 3 ZPO

Streitverkündungsempfänger:

Verschulden, § 68 Hs. 2 Alt. 3 ZPO
Verkündung unzulässig, § 72 ZPO
Verkündung nicht ordnungsgemäß, § 73 ZPO

13. Klageänderungen im Überblick (Rn. 404 ff.)

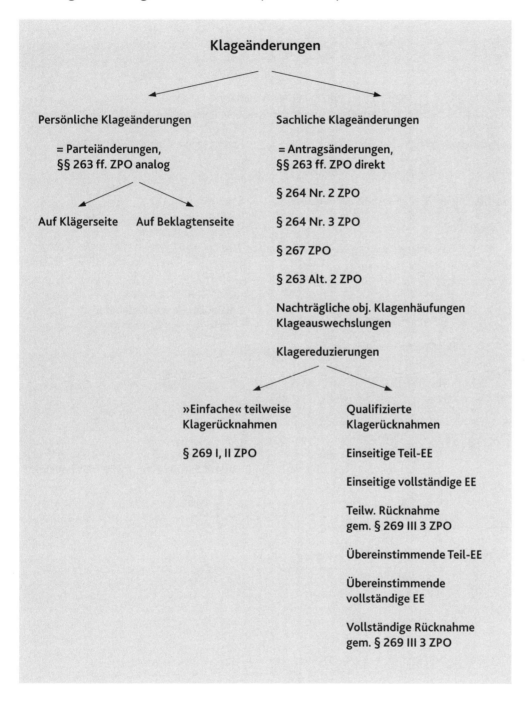

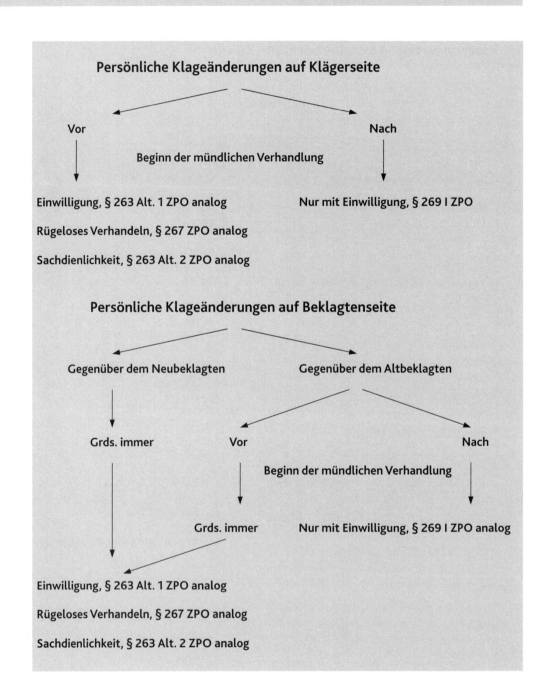

Persönliche Klageänderungen auf Klägerseite

Vor — Beginn der mündlichen Verhandlung — Nach

Einwilligung, § 263 Alt. 1 ZPO analog

Rügeloses Verhandeln, § 267 ZPO analog

Sachdienlichkeit, § 263 Alt. 2 ZPO analog

Nur mit Einwilligung, § 269 I ZPO

Persönliche Klageänderungen auf Beklagtenseite

Gegenüber dem Neubeklagten — Gegenüber dem Altbeklagten

Grds. immer

Vor — Beginn der mündlichen Verhandlung — Nach

Grds. immer

Nur mit Einwilligung, § 269 I ZPO analog

Einwilligung, § 263 Alt. 1 ZPO analog

Rügeloses Verhandeln, § 267 ZPO analog

Sachdienlichkeit, § 263 Alt. 2 ZPO analog

14. Klageänderung, persönliche (Parteiänderung)

a) Rubrum

- Im Fall des erfolgreichen Parteiwechsels neue Partei statt der alten aufnehmen.

> **Ausnahme:** Die ursprüngliche Partei ist noch vom Urteil (meist von der Kostenentscheidung) betroffen. Dann ist die alte Partei als Beklagter zu 1) im Rubrum zu lassen und die neue als Beklagter zu 2) zusätzlich aufzunehmen.

- Im Fall des Parteibeitritts: Neue Partei zusätzlich ins Rubrum aufnehmen und durchnummerieren (Beklagter zu 2) usw.).
- Im Fall des gescheiterten Parteiwechsels: Neue Partei neben der alten Partei ins Rubrum aufnehmen. Gegen sie wird durch klageabweisendes Prozessurteil entschieden.

b) Tatbestand

- Alten und neuen Antrag anführen, alten Antrag sofern möglich abkürzen.
- Prozessgeschichte zu Parteiwechsel/-beitritt zwischen dem alten und dem neuen Antrag bringen.

c) Entscheidungsgründe

Zulässigkeitsprobleme (Rn. 405 ff.)

- Zulässigkeit der Parteiänderung durch:
  - Einwilligung analog § 263 Alt. 1 ZPO
  - Mutmaßliche Einwilligung analog § 267 ZPO
  - Sachdienlichkeit analog § 263 Alt. 2 ZPO

- Für Parteiwechsel nach Beginn der mündlichen Verhandlung ist die Einwilligung des ursprünglichen Beklagten analog § 269 I ZPO erforderlich. Widerspricht der alte Beklagte, bleibt er im Verfahren. Aus dem angestrebten Parteiwechsel wird dann eine nachträgliche Streitgenossenschaft.

- Sonderfall bei Parteiwechsel:
  Wenn der neue Beklagte der Verwertung der bisherigen Prozessergebnisse erfolgreich widerspricht, ist der Parteiwechsel nicht sachdienlich. Die Klage gegen ihn ist durch Prozessurteil abzuweisen. In der Sache wird dann nur gegen den alten Beklagten entschieden.

15. Klageänderung, sachliche

a) Tatbestand

- Klageauswechslung
  - Wenn der Beklagte der Klageauswechslung nicht widersprochen hat, ist der nicht mehr aufrechterhaltene Sachverhalt stark verkürzt darzustellen (Rn. 62 f.).
  - Wenn der Beklagte widersprochen hat und der ursprüngliche Sachverhalt hilfsweise aufrechterhalten wird, müssen beide Sachverhalte vollständig dargestellt werden.
- Antragsänderung
  - Antragsbezogene Prozessgeschichte gehört grundsätzlich zwischen die Anträge des Klägers.
  - Bei Antragsänderungen alte und neue Anträge aufnehmen, den nicht mehr aufrechterhaltenen aber, sofern möglich, abkürzen.
- Der eventuelle Widerspruch des Beklagten gehört an den Anfang seines streitigen Vorbringens und nicht schon vor seinen Antrag!

b) Entscheidungsgründe

Zulässigkeitsprobleme (Rn. 409 ff.):

- Zulässigkeit der Klageänderung durch:
  - § 264 Nr. 2 ZPO, stets zulässige Klageänderung
  - § 264 Nr. 3 ZPO, stets zulässige Klageänderung
  - § 263 Alt. 1 ZPO, Einwilligung
  - § 267 ZPO, mutmaßliche Einwilligung
  - § 263 Alt. 2 ZPO, Sachdienlichkeit durch rügeloses Verhandeln
- Klagereduzierung durch Teilrücknahme vor Beginn der mündlichen Verhandlung
  - Ohne Zustimmung des Beklagten oder Prüfung der Sachdienlichkeit möglich.
  - Über den zurückgenommenen Betrag wird nicht mehr entschieden.
  - Nur bei der Kostenentscheidung ist die Teilrücknahme zu berücksichtigen.
  - § 269 III 3 ZPO (Wegfall des Klagegrundes) beachten!
- Klagereduzierung durch Teilrücknahme nach Beginn der mündlichen Verhandlung
  - Grundsätzlich ist die Einwilligung des Beklagten gem. § 269 I ZPO erforderlich. Ausnahme: Kläger erfährt vom Wegfall des Klageanlasses erst nach Beginn der mündlichen Verhandlung (Rn. 420).

Wichtig ist, ob die angekündigten Anträge bereits gestellt sind oder noch nicht:

- Vor dem Stellen der bisher nur angekündigten Anträge:
  - Mit Einwilligung zu behandeln wie Teilrücknahme vor Beginn der mündlichen Verhandlung, also keine inhaltliche Entscheidung über den zurückgenommenen Teil.
  - Ohne Einwilligung muss bezüglich des unwirksam zurückgenommenen Teils durch Teilversäumnisurteil und bezüglich des aufrechterhaltenen Teils der Klage durch Endurteil entschieden werden. Die Überschrift des Urteils lautet:

      Teilversäumnis- und Endurteil

- Nach dem Stellen der Anträge:
  - Einwilligung des Beklagten nach § 269 I ZPO für die Reduzierung erforderlich
  - Bei Einwilligung keine inhaltliche Entscheidung mehr über den zurückgenommenen Teil
  - Ohne Einwilligung ergeht ein normales Urteil über den gesamten gestellten Antrag

> **Achtung:** Wenn der Kläger nach einer Teilrücknahme mit der restlichen Klage zumindest noch teilweise Erfolg hat, sind die Kosten zu quoteln und gegebenenfalls auch gesondert zu berechnen.

Bei Wegfall des Klagegrundes vor Rechtshängigkeit an § 269 III 3 ZPO denken.

Bei Erledigungserklärungen, vollständigen Klageauswechslungen und bei Wegfall des Klagegrundes vor Rechtshängigkeit gem. § 269 III 3 ZPO greift § 269 I ZPO nicht.

16. Klagenhäufung, echte, eventuelle

a) Tenor

- Wenn nur der Hilfsantrag vollständig oder teilweise Erfolg hat, Klageabweisung im Übrigen nicht vergessen.
- Kosten bei Erfolg des Hilfsantrages im Verhältnis zum in der Regel höherwertigen Hauptantrag quoteln (Rn. 191).

b) Tatbestand

- Der Einleitungssatz muss inhaltlich alle Anträge umfassen.
- Da Haupt- und Hilfsantrag in der Regel einem einheitlichen Sachverhalt entspringen, wird der Tatbestand wie gewohnt aufgebaut.

c) Entscheidungsgründe (Rn. 254 ff.)

- Gesamtergebnis von Haupt- und gegebenenfalls Hilfsantrag im Einleitungssatz voranstellen

- Zunächst nur Zulässigkeit des Hauptantrages

- Der höhere Einzelwert bestimmt die sachliche Zuständigkeit (Rn. 372).

- Begründetheit des Hauptantrages

- Nur bei Scheitern des Hauptantrages Zulässigkeit des Hilfsantrages erörtern.
  - Unschädlichkeit innerprozessualer Bedingungen, § 253 II Nr. 2 ZPO
  - Zusammenhang zwischen Haupt- und Hilfsantrag
  - § 260 ZPO als besondere Sachurteilsvoraussetzung des Hilfsantrages (Rn. 372)

- Begründetheit des Hilfsantrages (gegebenenfalls Auslegung der Bedingung, Rn. 256)

- Prozessuale Nebenentscheidungen:
  - Für den Gebührenstreitwert gilt § 45 I 2 GKG (Rn. 191).
  - In der Regel keine Streitwertaddition, da wirtschaftlich derselbe Gegenstand
  - Einzelstreitwert des höheren Antrages ist Gebührenstreitwert
  - Bei Erfolg des geringwertigeren Hilfsantrages Kosten quoteln und an doppelte vorläufige Vollstreckbarkeit denken.

d) Mögliche Besonderheiten

Wenn der Hauptantrag teilweise begründet ist, müssen Sie darstellen, ob der Kläger einen Teilerfolg seines Hauptantrages oder eine Entscheidung über den Hilfsantrag vorzieht, Rn. 256. Dabei dürfte in der Regel der wirtschaftliche Wert den Ausschlag geben.

17. Klagenhäufung, unechte, eventuelle (Rn. 323)

a) Tenor

- Nur wenn der Hauptantrag Erfolg hat, soll über den Hilfsantrag entschieden werden.
- Bei Misserfolg des Hauptantrages wird die Klage abgewiesen, ohne über den Hilfsantrag zu entscheiden.

b) Tatbestand

- Der Einleitungssatz muss inhaltlich alle Anträge umfassen.
- Zunächst das Unstreitige zu beiden Anträgen, dann das streitige Klägervorbringen zu beiden Anträgen, die Anträge und dann das streitige Beklagtenvorbringen zu beiden Anträgen des Klägers.

c) Entscheidungsgründe

- Bei Erfolg der Klage Gesamtergebnis von Haupt- und Hilfsantrag im Einleitungssatz bringen.

- Am Anfang der Entscheidungsgründe nur Zulässigkeit des Hauptantrages darlegen (Zulässigkeit des Hilfsantrages kommt erst vor dessen Begründetheit).
  - Bei Klagen vor dem Landgericht gegebenenfalls darlegen, dass die Summe der Einzelstreitwerte die sachliche Zuständigkeit begründet, § 5 Hs. 1 ZPO iVm §§ 23 Nr. 1, 71 I GVG.

- Begründetheit des Hauptantrages

- Bei Erfolg des Hauptantrages Zulässigkeit des Hilfsantrages darlegen.
  - Unschädlichkeit innerprozessualer Bedingungen, § 253 II Nr. 2 ZPO
  - Zusammenhang zwischen Haupt- und Hilfsantrag
  - § 260 ZPO als besondere Sachurteilsvoraussetzung des Hilfsantrages (Rn. 372)

- Begründetheit des Hilfsantrages

- Prozessuale Nebenentscheidungen:
  - Für den Gebührenstreitwert gilt § 45 I 2 GKG, also Addition bei Erfolg des Hauptantrages.

18. Klagenhäufung, uneigentliche, eventuelle (Rn. 323a)

a) Tenor

- Häufigste Examenskonstellation einer Klage auf künftige Leistung gem. §§ 257 ff. ZPO: Herausgabe, Fristsetzung gem. § 255 ZPO, Schadensersatz nach Fristablauf gem. § 259 ZPO. »Uneigentliche« Klagenhäufung, weil kumulative Verurteilung, aber alternative Vollstreckung, deshalb auch »Ersatzverurteilung« genannt.

  Wenn der Kläger sich nicht vorbehält, auch nach Fristablauf noch alternativ vollstrecken zu können, hat er mit der Antragstellung sein Wahlrecht gem. § 281 IV BGB ausgeübt und kann nach Fristablauf nur noch den Schadensersatzanspruch, aber nicht mehr die Herausgabe vollstrecken.

  Ohne Vorbehalt lautet der Tenor:

  > **Formulierungsbeispiel:**
  >
  > 1. Der Beklagte wird verurteilt den Pkw ... an den Kläger herauszugeben.
  > 2. Dem Beklagten wird für die Herausgabe eine Frist von vier Wochen ab Zustellung des Urteils gesetzt.
  > 3. Der Beklagte wird verurteilt, an den Kläger nach fruchtlosem Ablauf der Frist 10.000 EUR nebst Zinsen ... zu zahlen.

  Mit Vorbehalt lautet Ziff. 3.:

  > **Formulierungsbeispiel:**
  >
  > Der Beklagte wird verurteilt, an den Kläger nach fruchtlosem Ablauf der Frist 10.000 EUR nebst Zinsen ... zu zahlen, **wenn der Kläger statt der Herausgabe Zahlung verlangt.**

- Streitwert = der höhere Wert von Herausgabe oder Schadensersatz + 500 bis 1.000 EUR für Antrag nach § 255 ZPO

b) Entscheidungsgründe (Rn. 323a)

- Rechtsschutzinteresse bei Klage auf künftige Leistung folgt aus berechtigter Besorgnis der Nichterfüllung, § 259 ZPO. Diese besteht, wenn der Schuldner nicht leisten will. Sie kann sich schon aus dem Klageabweisungsantrag ergeben.

  Klage auf künftige Leistung mit Fristbestimmung im Urteil, §§ 255, 259 ZPO, ist Sonderfall einer objektiven kumulativen Klagenhäufung nach § 260 ZPO.

- Begründetheitsprobleme:
  Zinsen dürfen in der Regel erst ab dem künftigen Fälligkeitszeitpunkt und nicht schon ab Zustellung der Klage zuerkannt werden.

19. Klagenhäufung, nachträgliche, objektive, kumulative

a) Tatbestand (Rn. 28)

- Der Einleitungssatz muss inhaltlich alle Anträge umfassen.

- Aufbau:

  - Gemeinsame Darstellung bei einheitlichem Lebenssachverhalt
  - Getrennte Darstellung bei unterschiedlichen Lebenssachverhalten

- Bei nachträglicher kumulativer Klagenhäufung muss der Teil der Prozessgeschichte, der für das Verständnis der Anträge und die Tatsache der Erweiterung erforderlich ist, vor den zuletzt gestellten Anträgen gebracht werden (Rn. 66 ff., 72).

- Auf Unterschied zwischen dem angekündigten und dem in der mündlichen Verhandlung gestellten Antrag achten.

- Alten und neuen Antrag anführen, dabei alten Antrag gegebenenfalls verkürzen (Rn. 64 f.).

b) Entscheidungsgründe

- Zulässigkeitsprobleme (Rn. 414)
  - §§ 261 II, 260 ZPO
  - Klageänderung nach § 263 ZPO
  - Eventuell sachliche Zuständigkeit (Streitwertaddition, § 5 Hs. 1 ZPO, §§ 23 Nr. 1, 71 I GVG)

- Prozessuale Nebenentscheidungen:
  - Die Summe der Einzelstreitwerte bildet den Streitwert (§ 5 ZPO).
  - Der Gebührenstreitwert entspricht dem Zuständigkeitsstreitwert.

Beachte: Einseitige Teilerledigungserklärungen sind nachträgliche, objektive, kumulative Klagenhäufungen.

20. Klagenhäufung, ursprüngliche, objektive, kumulative

a) Tatbestand (Rn. 28)

- Der Einleitungssatz muss inhaltlich alle Anträge umfassen.

- Aufbau:

> – Gemeinsame Darstellung bei einheitlichem Lebenssachverhalt wie im Normalfall.
> – Getrennte Darstellung bei verschiedenen Lebenssachverhalten (zB Ansprüche aus zwei getrennten Verträgen). Zu jedem Anspruch zunächst das Unstreitige und dann das betr. streitige Klägervorbringen, dann die Anträge und das streitige Beklagtenvorbringen zu jedem einzelnen Anspruch des Klägers:
> – Einleitungssatz
> – Unstreitiges zum 1. Vertrag
> – Streitiges Klägervorbringen zum 1. Vertrag
> – Unstreitiges zum 2. Vertrag
> – Streitiges Klägervorbringen zum 2. Vertrag
> – Anträge
> – Streitiges Beklagtenvorbringen zum 1. Vertrag
> – Streitiges Klägervorbringen zum 2. Vertrag
> – Allgemeine Prozessgeschichte

- Grundsätzlich kein Unterschied zwischen ursprünglicher und nachträglicher, kumulativer Klagenhäufung. Bei nachträglicher kumulativer Klagenhäufung muss der auf die Erweiterung entfallende Teil der Prozessgeschichte vor den zuletzt gestellten Anträgen gebracht werden.

b) Entscheidungsgründe

- Zulässigkeitsprobleme (Rn. 319 f.)
  - Eventuell sachl. Zuständigkeit (Streitwertaddition, § 5 ZPO iVm §§ 23 Nr. 1, 71 I GVG)
  - Grundsätzlich § 260 ZPO zwischen Zulässigkeit und Begründetheit ansprechen (Rn. 369).
  - Wenn die Zuständigkeit des Landgerichts erst durch Addition der Einzelstreitwerte erreicht wird, ist § 260 ZPO im Rahmen von § 5 ZPO anzusprechen (Rn. 371).

- Begründetheit für jeden Antrag bzw. Anspruch gesondert prüfen und auf Unterschiede achten.

- Prozessuale Nebenentscheidungen
  - Die Summe der Einzelstreitwerte bildet den Streitwert (§ 5 ZPO).
  - Der Gebührenstreitwert entspricht dem Zuständigkeitsstreitwert.

21. Klagerücknahme, teilweise gem. § 269 III 3 ZPO

a) Tenor

- Entscheidung ergeht nur noch über den nicht zurückgenommenen Teil der Klage
  - Kostenentscheidung über die gesamten Kosten des Rechtsstreits
  - Vorläufige Vollstreckbarkeit: Die Kosten, die auf den zurückgenommenen Teil der Klage entfallen, sind von der Sicherheitsleistung und der Abwendungsbefugnis auszunehmen (Rn. 227).

b) Tatbestand

- Der Einleitungssatz muss der Teilrücknahme Rechnung tragen.
- Alten und neuen Antrag anführen, den alten Antrag gegebenenfalls abkürzen (Rn. 64 f.).
- Sachverhalt zum Grund der Teilrücknahme (zB Zahlung, Untergang, Aufrechnung) zwischen dem angekündigten Antrag und den gestellten Anträgen bringen (Rn. 72).

c) Entscheidungsgründe

- Besondere Zulässigkeitsprobleme
  - Zulässige Klagebeschränkung gem. §§ 264 Nr. 2, 269 III 3 ZPO
  - Bei Klagen vor dem Landgericht bei Unterschreitung des Zuständigkeitsstreitwerts infolge der Beschränkung an § 261 III Nr. 2 ZPO (perpetuatio fori) denken.
- Begründetheit der Klage
  - Erörterung des aufrechterhaltenen Teils des ursprünglichen Antrages.
- Prozessuale Nebenentscheidungen
  - Begründung der Kostenentscheidung bezüglich des zurückgenommenen Teils wie bei übereinstimmenden Teilerledigungserklärungen, da Kostenentscheidung – sofern Beschwer mehr als 200 EUR, § 567 II ZPO – isoliert mittels sofortiger Beschwerde anfechtbar.
  - Bei den Normen zur vorläufigen Vollstreckbarkeit § 794 I Nr. 3 ZPO mit anführen.
- Klausurprobleme:
  - Wegfall des Klageanlasses nach Rechtshängigkeit unschädlich, sofern fehlende Kenntnis unverschuldet.
  - Wegfall des Klageanlasses vor Klageerhebung unschädlich, sofern Kenntnisnahme unverschuldet erst nach Klageerhebung.
  - Widerspruch des Beklagten nach Beginn der mündl. Verhandlung wie bei Erledigungserklärungen unbeachtlich, wenn Kläger erst in der Verhandlung Kenntnis vom Wegfall erlangt, § 269 I ZPO greift dann nicht.
  - Umstellung der Klage bei Wegfall des Klageanlasses auf Feststellung der Kostentragungspflicht des Beklagten möglich, gegebenenfalls durch Auslegung zu ermitteln. Anders bei übereinstimmenden Erledigungserklärungen gem. § 91a ZPO.

Beachte: § 91a ZPO ist zwingend, § 269 III 3 ZPO ist fakultativ.

22. Klagerücknahme, vollständige gem. § 269 III 3 ZPO

Möglichkeit des Klägers bei Wegfall des Klagegrundes **vor** Rechtshängigkeit, eine Kostenentscheidung zulasten des Beklagten zu erlangen (Rn. 423 f.). Bei Wegfall des Klagegrundes **nach** Rechtshängigkeit steht ihm die Erledigungserklärung offen. Bei Wegfall am Tag der Klagezustellung gilt Klagegrund analog § 187 BGB als **vor** Rechtshängigkeit weggefallen.

Nach BGH keine Auslegung der Erklärung möglich. Wenn der Kläger bezüglich des Zeitpunkts des Wegfalls des Klagegrundes das falsche Rechtsinstitut wählt, verliert er und trägt die Kosten ohne Berücksichtigung der materiellen Rechtslage.

a) Tenor

- Entscheidung durch Beschluss gem. § 269 III 3 ZPO (Parteien heißen Kläger und Beklagter).
- Der Tenor besteht grundsätzlich nur aus der Kostenentscheidung (formuliert wie in einem Urteil).
  - Ausnahme: Auf Antrag muss analog §§ 269 IV, 269 II 1 Hs. 2 ZPO tenoriert werden, dass zwischenzeitlich ergangene vollstreckbare Entscheidungen wie Zwischen-, Versäumnis-, Grund- und Teilurteile wirkungslos **sind** (nicht aufgehoben werden).
  - Keine vorläufige Vollstreckbarkeit, weil Beschlüsse immer ohne besonderen Ausspruch vollstreckbar sind, § 794 I ZPO.

b) Tatbestand (= Gründe I.)

- Nach dem Tenor folgt die Überschrift »Gründe«. Diese besteht aus zwei Teilen, überschrieben nur mit I. und II.
  - I. entspricht dem Tatbestand.
  - II. entspricht den Entscheidungsgründen und enthält die Begründung der Kostenentscheidung.
- Im Tatbestand wird das Unstreitige im Präteritum, das Streitige und die erledigten Anträge werden im Perfekt dargestellt. Sonst bestehen keine Unterschiede zum Tatbestand eines Urteils.

c) Entscheidungsgründe (= Gründe II.)

- Die Kostenentscheidung folgt wie bei einer Entscheidung nach § 91a ZPO aus der materiellen Rechtslage unter Berücksichtigung des bisherigen Sach- und Streitstandes nach billigem Ermessen.
- Die entscheidende Fragestellung lautet: Wie wäre der Rechtsstreit ohne die Klagerücknahme ausgegangen, war die Klage also zulässig und begründet? Behebbare Zulässigkeitsmängel wie die sachliche oder örtliche Unzuständigkeit des Gerichts bleiben dabei unberücksichtigt, weil davon auszugehen ist, dass der Kläger nach einem erfolgten Hinweis des Gerichts gem. § 139 ZPO den Mangel behoben hätte.
- Bei ungewissem Ausgang sollten Sie die Quote zuungunsten der beweisbelasteten Partei verschieben, weil diese das größere Risiko einer Niederlage trägt. Eine Quote von 2/3 zulasten der beweispflichtigen Partei erscheint sachgerecht.

Beachte: Anders als bei einer Erledigungserklärung, bei der die Entscheidung nach § 91a ZPO zwingend ist, sobald der Beklagte zustimmt, muss der Kläger bei Wegfall des Klagegrundes seine Klage nicht zurücknehmen und so den Weg öffnen für einen Beschluss nach § 269 III 3 ZPO mit den Risiken einer Billigkeitsentscheidung. Er kann seine Klage auch umstellen auf die Feststellung, dass der Beklagte verpflichtet ist, die Kosten des Rechtsstreits aus Verzug zu tragen. Dann wird der Rechtsstreit – gegebenenfalls auch mit einer Beweisaufnahme – zur Klärung der Rechtslage fortgesetzt.

23. Klausuren mit Beweisaufnahmen

a) Tatbestand (Rn. 73 f.)

- Die Tatsache, dass eine Beweisaufnahme stattgefunden hat, am Ende des Tatbestandes anführen
- Nur Angabe des Beweismittels erforderlich, Beweisthema und Ergebnis der BA nicht angeben
- Sie schreiben nur:

> Das Gericht hat Beweis erhoben durch Vernehmung des Zeugen A / Einholung eines Sachverständigengutachtens.
> Wegen des Ergebnisses der Beweisaufnahme wird auf die Sitzungsniederschrift vom ... / das Gutachten des Sachverständigen Bl. ... d.A. Bezug genommen.

b) Entscheidungsgründe (Rn. 281 ff.)

aa) Beweisaufnahme durch Sachverständige (Rn. 291)

- Voranstellen des Ergebnisses bezüglich der streitigen Tatsache.
- Ergebnis der Beweisaufnahme, dh Ergebnis des Gutachtens, gestrafft wiedergeben.
- Bei Kritik am Ergebnis des Gutachtens schreiben Sie grundsätzlich:
  - Der Sachverständige ist durch seine Ausbildung qualifiziert.
  - Der Sachverständige ist von den richtigen Anknüpfungstatsachen ausgegangen.
  - Das Gutachten ist in sich schlüssig, widerspruchsfrei und – soweit für einen Laien nachvollziehbar – überzeugend.
  - Der Kern der Feststellung des Sachverständigen entzieht sich einer Kritik des Gerichts mangels Sachkunde.

bb) Beweisaufnahme mit Zeugenvernehmung (Rn. 284)

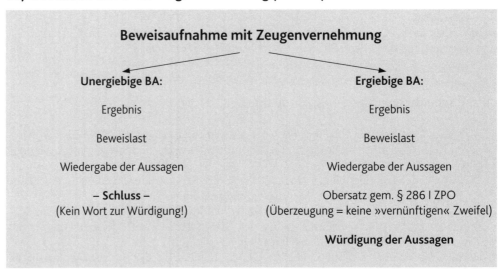

Darstellung und Aufbau

- Voranstellen des Ergebnisses bezüglich der streitigen Tatsache
- Ergebnis der Beweisaufnahme, dh Inhalt der Zeugenaussage/n gestrafft wiedergeben
- Wertungen vermeiden. Es darf nicht heißen: »Der Zeuge konnte nicht sehen, ob«, sondern:

> Der Zeuge hat bekundet, er habe nicht sehen können, ob ...

- **Beweiswürdigung bei zumindest einem positiv ergiebigen Beweismittel (aber nur dann!)**
  - Wahrnehmungsmöglichkeit, -fähigkeit, -bereitschaft der Zeugen
  - Vorhandensein oder Fehlen möglicher eigener Interessen
  - Persönliche Nähe des Zeugen zu einer Partei oder seine »Neutralität«
  - Plausibilität der Schilderung, Lebensnähe
  - Detailwissen des Zeugen, Erinnerungslücken, Antworten auf Nachfragen
  - Bei Beweisnot des Beweispflichtigen nach sog. Vieraugengesprächen (eine Partei und ein Zeuge der Gegenseite) wiegt die Aussage der Partei nach einer Anhörung gem. § 141 ZPO grundsätzlich genauso schwer wie die des Zeugen, arg. Art. 103 I, 20 III GG, Art. 6 I EMRK; Rn. 285.
  - Gleiches gilt für Sechsaugengespräche (beide Parteien und ein Zeuge).
  - Bei Parteianhörungen sprechen Sie abschließend vom Ergebnis der »Verhandlungswürdigung«.

- **Beweisverwertungsfragen**
  - Ein Zeuge hat ein Gespräch der Parteien unbemerkt mit angehört.
    - Unschädlich bei zufälligem Mithören
    - Unverwertbar, wenn der Zeuge dazu von einer Partei bestimmt worden ist
  - Ein Zeuge wird durch Parteierweiterung nach seiner Aussage Partei.
    - Aussage verwertbar, bei der Würdigung mögliche eigene Interessen berücksichtigen.
  - Beweisaufnahme ohne Beweisantrag
    - Zulässig in Fällen der §§ 142 ZPO ff.:
      - Augenschein
      - Aktenbeiziehung
      - Anordnung der Vorlage von Urkunden
      - Einholung von Gutachten

- **Formulierungen mit »Stallgeruch«:**
  - Nach dem Ergebnis der BA steht zur Überzeugung der Kammer fest, dass ...
  - Jedenfalls bestehen keine vernünftigen Zweifel an der Richtigkeit der Aussage, denn ...
  - Das Gericht ist davon überzeugt, dass ...
  - Die Aussagen sind glaubhaft, denn ...
  - Für wahrheitsgemäße Aussagen spricht auch, dass ...
  - Die Aussage weist originelle Details auf, die für ein wahres Erleben sprechen ...
  - Unabhängig von den geschilderten Wahrheitssignalen ist die Aussage schlüssig und lebensnah.
  - Es ist plausibel, dass ...
  - Einleuchtend ist auch, dass ...
  - Das Gericht hat bei seiner Würdigung sehr wohl gesehen, dass ...
  - Der Zeuge hat freimütig Erinnerungslücken und Unsicherheiten eingeräumt ...

24. Klausuren ohne Beweisaufnahme

Im Examen sollten Sie von Folgendem ausgehen (Rn. 93 ff.):

»Ein Rechtsstreit ohne Beweisaufnahme ist auch ohne Beweisaufnahme entscheidungsreif!«

Wenn nach Ihrer Analyse des Falles aber eine Beweisaufnahme erforderlich ist, die nicht durchgeführt worden ist, kann dies auf Folgendem beruhen:

- Ihre Lösung ist richtig, aber eine Beweisaufnahme ist nicht erforderlich.
- Ihre Lösung ist ganz oder teilweise falsch.

Auf keinen Fall dürfen Sie auf der Grundlage des üblichen Bearbeitervermerks, etwaige Hinweise und Sachverhaltsermittlungen seien erfolglos geblieben, ungeprüft die ergebnislose Durchführung einer Beweisaufnahme unterstellen. Dies ist in der Regel ein schwerer Fehler, weil das Fehlen einer Beweisaufnahme ein sicheres Indiz dafür ist, dass der Rechtsstreit ohne Beweisaufnahme entscheidungsreif ist.

Woran kann es liegen, dass die Annahme, eine Beweisaufnahme sei erforderlich, falsch ist?

1. Sie sollten Ihre Lösung summarisch überprüfen. Wenn Sie bei Ihrem Ergebnis bleiben, folgt:
2. Woran kann es liegen, dass bei meiner Lösung eine Beweisaufnahme nicht erforderlich ist?

Überprüfen Sie die verschiedenen denkbaren Gründe anhand des Schemas:

- **Es liegt kein Beweisantrag vor.**
- **Es liegt zwar ein Beweisantrag vor, aber nicht von der beweisbelasteten Partei.**
- **Der Beweisantritt der beweisbelasteten Partei ist nicht ordnungsgemäß.**
  - Der Zeuge wird als »N.N.« oder als »ein noch zu benennender Mitarbeiter« benannt.
  - Die beweisbelastete Partei reagiert auch nicht nach Fristsetzung, § 356 ZPO.
  - Sie hat den Gebührenvorschuss entweder nicht oder zu spät gezahlt, § 379 ZPO.
  - Für das Gutachten eines Sachverständigen fehlt es an Anknüpfungstatsachen.
  - Der angebotene »Zeuge« ist Partei.
  - Der einfache Streitgenosse wird zu einer »gemeinsamen« Tatsache als Zeuge benannt.
  - Der streitgenössische Nebenintervenient ist als Zeuge benannt.
- **Die Beweisaufnahme ist unzulässig.**
  - Die Beweiserhebung wäre ein unzulässiger Ausforschungsbeweis.
  - Die eigene Parteivernehmung ist ohne Zustimmung des Gegners unzulässig, § 447 ZPO.
  - Der Antrag betrifft Tatsachen, deren Gegenteil das Gericht für erwiesen hält, § 445 II ZPO.
  - Der Zeuge hat ohne Wissen des Gegners am Telefon mitgehört.
  - Der Beklagte ist gem. § 296 iVm § 276 I 2 ZPO präkludiert.
- **Die Beweisaufnahme ist überflüssig.**
  - Der Gegner des Beweispflichtigen hat die einfachere Beweisführung vereitelt.
  - Es liegt ein Fall von § 287 ZPO vor.
  - Die behauptete Tatsache ist schon bewiesen.
  - Es liegen offenkundige Tatsachen vor.
  - Es greifen gesetzliche oder tatsächliche Vermutungen ein.
  - Es greifen die Grundsätze der sog. Hilfstatsachen.
  - Eine Ortsbesichtigung ist nicht zum Verständnis erforderlich, § 144 ZPO.

Wenn das auch erfolglos bleibt:

Erst wenn Sie bei Ihrer Lösung keine Möglichkeit gefunden haben, eine Beweisaufnahme zu umgehen, sollten Sie Ihre Lösung neu durchdenken mit dem Ziel, bei den entscheidenden Weichenstellungen zu einem Ergebnis zu kommen, bei dem eine Beweisaufnahme nicht erforderlich ist.

25. Klausurtaktische Rückschlüsse (Rn. 80 ff.)

Ausgehend von der bisherigen Machart der zivilrechtlichen Urteilsklausuren stehen drei Dinge grundsätzlich fest:

* **Der Rechtsstreit ist entscheidungsreif**
* **Die Vorlage ist vollständig.**
* **Eine Beweisaufnahme war zum Erreichen der Entscheidungsreife erforderlich.**

Daraus lassen sich zB folgende Rückschlüsse ziehen:

Fehlende Angaben zu einem Hilfsantrag sind unbeachtlich,
wenn der Hauptantrag schon begründet ist.

Fehlender Vortrag zu einer Hilfsaufrechnung ist bedeutungslos,
wenn die Klageforderung schon nicht besteht.

Unvollständige Angaben zur Anspruchshöhe besagen,
dass der Partei der Anspruch schon dem Grunde nach nicht zusteht.

Keine Beweisaufnahme zu streitigen Tatsachen besagt,
dass diese Tatsachen für die Lösung irrelevant sind.

Eine Beweisaufnahme nur auf Antrag einer Partei besagt,
dass diese Partei auch die Beweislast trägt.

Aus einer Beweisaufnahme zur Höhe einer Forderung folgt,
dass der Anspruch dem Grunde nach gegeben ist.

Eine Beweisaufnahme nur zu rechtsvernichtenden Einwendungen besagt,
dass die Klage ansonsten – ganz oder zum Teil – begründet ist.

Eine unergiebige Beweisaufnahme zu anspruchsbegründenden/-vernichtenden Tatsachen besagt, dass die beweisbelastete Partei verliert.

Eine Beweisaufnahme zu Tatsachen, mit denen die Partei lt. Kommentar präkludiert ist, legt nahe, dass die Präklusion in Ihrem Fall ausnahmsweise nicht greift. Begründung: meine Klausurkonstellation.

Wenn eine Voraussetzung einer relevanten Norm streitig ist, aber kein Beweis erhoben wird, folgt daraus, dass zumindest eine andere Voraussetzung definitiv nicht vorliegt und die Norm schon deshalb nicht greift. Die Beweisaufnahme wäre sinnlos, weil sie am Ergebnis nichts ändern würde.

Wenn mehrere Voraussetzungen einer Norm streitig sind, aber nur über eine Voraussetzung Beweis erhoben wird, folgt daraus, dass die anderen Voraussetzungen, also auch die streitigen – unabhängig vom Streit der Parteien – vorliegen und die Norm greift, wenn die eine streitige Voraussetzung, über die Beweis erhoben wird, bewiesen wird. Wenn der Streit der Parteien über die anderen Voraussetzungen relevant wäre, müsste ja auch darüber Beweis erhoben werden, sonst wäre der Rechtsstreit nicht entscheidungsreif.

Eine Beweisaufnahme zu einer Gegenforderung besagt,

* dass die Klageforderung besteht,
* dass deren Höhe feststeht (sie muss ja entweder zuerkannt werden oder es muss feststehen, in welcher Höhe sie bei Erfolg der Aufrechnung erloschen ist),
* dass nach der Beweisaufnahme feststeht, ob und – wenn ja – in welcher Höhe die Gegenforderung besteht, weil nur konkrete Beträge gegeneinander aufgerechnet werden können, § 322 II ZPO.

26. Kostenentscheidung

Entscheidende Fragen

- Wie hoch ist der Kosten-/Gebührenstreitwert?
- Kommt § 45 GKG ins Spiel?
- Wer hat von dem Kosten-/Gebührenstreitwert wie viel verloren?

a) Tenor (Rn. 176 ff.)

- Kostenausspruch bei einheitlicher Kostengrundentscheidung
  - bei vollem Unterliegen einer Partei (§ 91 I 1 ZPO) und
  - bei nahezu vollem Unterliegen einer Partei (§ 92 II Nr. 1 ZPO):

  > Die Kosten des Rechtsstreits trägt der Kläger/der Beklagte.

- Bei Kostenaufhebung (§ 92 I 1 Alt. 1 ZPO):

  > Die Kosten des Rechtsstreits werden gegeneinander aufgehoben.

- Bei Kostenteilung nach den jeweiligen Unterliegensquoten (§ 92 I 1 Alt. 2 ZPO):

  > Von den Kosten des Rechtsstreits trägt der Kläger ..., der Beklagte ...

Achtung: Kostenteilung = Teilabweisung und doppelte vorläufige Vollstreckbarkeit!

- Kostenausspruch in gesetzlich geregelten Fällen der Kostentrennung
  - Kosten der Säumnis, wenn auf Einspruch die säumige Partei obsiegt (§ 344 ZPO), zB:

  > Der Kläger trägt die Kosten des Rechtsstreits mit Ausnahme der durch die Säumnis des Beklagten im Termin vom ... entstandenen Kosten. Diese trägt der Beklagte.

  - Wenn die säumige Partei nach Einspruch verliert, lautet der Kostenausspruch zB:

  > Der Beklagte trägt auch die weiteren Kosten des Rechtsstreits.

  - Kosten der Anrufung eines örtlich unzuständigen Gerichts bei Obsiegen des Klägers nach Verweisung an das örtlich zuständige Gericht (§ 281 III 2 ZPO):

  > Der Beklagte trägt die Kosten des Rechtsstreits mit Ausnahme der Kosten, die durch die Anrufung des örtlich unzuständigen Gerichts entstanden sind. Diese trägt der Kläger.

  - Wenn zB zwei Beklagte voll verurteilt werden, B 1) durch Versäumnisurteil und B 2) nach streitiger Verhandlung, lautet die Kostenentscheidung:

  > Die Kosten des Rechtsstreits tragen die Beklagten mit Ausnahme der durch die streitige Verhandlung verursachten Mehrkosten. Diese trägt der Beklagte zu 2).

Achtung: Bei Kostentrennung den ausgenommenen Teil der anderen Partei auferlegen!
Auch in diesen Fällen an die doppelte vorläufige Vollstreckbarkeit denken!

b) Tatbestand

- Keine Kostenanträge aufnehmen. Die Kostenentscheidung ergeht von Amts wegen, § 308 II ZPO. Ausnahme: Bei vollständigen übereinstimmenden Erledigungserklärungen werden Kostenanträge üblicherweise angeführt:

  > Die Parteien haben daraufhin den Rechtsstreit in der Hauptsache für erledigt erklärt und stellen wechselseitige Kostenanträge.

c) Entscheidungsgründe

Prozessuale Nebenentscheidungen:

Jeweils die einschlägige Norm zur Begründung der Kostengrundentscheidung mit Angabe von Absatz, Satz und Alternative zitieren. Ferner führen Sie an in Fällen mit

- Widerklagen § 45 I 1 und 3 GKG (Regelfall: Streitwertaddition),
- Haupt- und Hilfsanträgen § 45 I 2 und 3 GKG (Regelfall: keine Streitwertaddition),
- Hilfsaufrechnungen mit bestrittenen Gegenforderungen § 45 III GKG,
- Teilrücknahmen § 269 III 2 oder 3 ZPO,
- Kostentrennung gegebenenfalls §§ 100 III, 344, 281 III 2 ZPO oder § 96 ZPO,
- sofortigen Teilanerkenntnissen § 93 ZPO.

Eine weitere Begründung der Kostenentscheidung ist weder üblich noch erforderlich.

Ausnahme: Bei übereinstimmender Teilerledigungserklärung und teilweiser Klagerücknahme mit Kostenantrag muss der Teil der Kostenentscheidung, der auf § 91a ZPO oder § 269 III 3 ZPO beruht, im Rahmen der Kostenentscheidung begründet werden.

Bezüglich der vorläufigen Vollstreckbarkeit ist der Teil der Kosten, der auf § 91a ZPO oder § 269 III 3 ZPO beruht, auszurechnen oder in Prozenten anzugeben und ohne Sicherheit oder Abwendungsbefugnis für vorläufig vollstreckbar zu erklären.

Übungsfälle finden Sie in Kapitel C.

d) Besonderheiten

Eine Besonderheit besteht bei teilweisem Obsiegen und Unterliegen in Fällen, in denen der Kläger einer Leistungsklage den geforderten Betrag offenlassen darf, weil dessen Höhe im Ermessen des Gerichts steht (Rn. 316). Am häufigsten sind dies Schmerzensgeldklagen. Nach hRspr ist der Kläger hier bis zu einem Verlustanteil von 20% gem. § 92 II Nr. 2 ZPO nicht mit anteiligen Kosten zu belasten, bei einer höheren Zuvielforderung soll hingegen nach § 92 I 1 Alt. 2 ZPO anteilig gequotelt werden. Streitig ist dabei, ob dem Kläger bei einer höheren Zuvielforderung der Verlustanteil von 20% zugutegehalten wird oder nicht (s. Rn. 186a).

Kostenentscheidungen bei unterschiedlichem Ausgang eines Rechtsstreits mit mehreren Klägern oder Beklagten, die nach der sog. Baumbach'schen Formel zu treffen sind, werden im Examen in der Regel erlassen. Sie finden sie unter Rn. 208 und im Thomas/Putzo unter § 100 ZPO.

27. Nebenintervention (Rn. 385)

- Zulässig bei rechtlichem Interesse am Sieg der unterstützten Partei.
- Prüfung der Zulässigkeit nur auf Rüge.
- Bei Streit Entscheidung durch sog. Zwischenurteil, § 71 ZPO, bei Entscheidungsreife (also im Examen) integriert in das abschließende Urteil.

a) Rubrum

- Überschrift unverändert
- Nebenintervenienten unter der unterstützten Partei anführen.

b) Tenor

- Bei Streit um Nebenintervention vor der Kostenentscheidung:

  Die Nebenintervention des … wird zugelassen / wird nicht zugelassen.

- Der Gegner trägt die Kosten des Nebenintervenienten, soweit er unterliegt, § 101 ZPO (Rn. 209).
- Soweit die unterstützte Partei verliert, eigene Kosten anteilig dem Nebenintervenienten auferlegen.
- Vorläufige Vollstreckbarkeit auch für Nebenintervenienten aussprechen, wenn er gegen den Gegner einen Kostenerstattungsanspruch hat

c) Tatbestand

- Den Vortrag des Nebenintervenienten nur dann bringen, wenn er vom Vortrag der unterstützten Partei abweicht.
- Den Beitritt des Nebenintervenienten mit Daten in der Prozessgeschichte am Ende des Tatbestandes erwähnen

d) Entscheidungsgründe

- Nur der Vortrag der Partei wird Entscheidungsgrundlage.
- Bei Streit um Zulässigkeit der Nebenintervention das rechtl. Interesse des Nebenintervenienten vor der Kostenentscheidung begründen, § 66 ZPO.
- Bei der Kostenentscheidung § 101 ZPO neben den anderen Kostennormen anführen.
- Bei Kostenerstattungsanspruch des Nebenintervenienten eigene vorläufige Vollstreckbarkeit für den Nebenintervenienten aussprechen.

Beachte: Der Nebenintervenient kann Zeuge sein.
Widerklage gegen den Nebenintervenienten als Drittwiderklage zulässig
Ohne Beitritt wird ein Streitverkündungsempfänger im Urteil nicht erwähnt.

28. Prozessstandschaft im Überblick (Rn. 350 ff.)

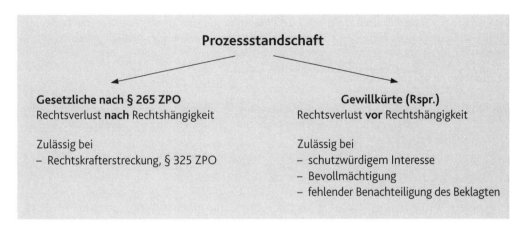

Prozessstandschaft

Gesetzliche nach § 265 ZPO
Rechtsverlust **nach** Rechtshängigkeit

Zulässig bei
– Rechtskrafterstreckung, § 325 ZPO

Gewillkürte (Rspr.)
Rechtsverlust **vor** Rechtshängigkeit

Zulässig bei
– schutzwürdigem Interesse
– Bevollmächtigung
– fehlender Benachteiligung des Beklagten

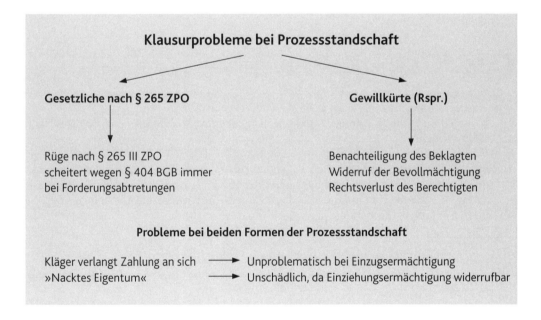

Klausurprobleme bei Prozessstandschaft

Gesetzliche nach § 265 ZPO

Rüge nach § 265 III ZPO
scheitert wegen § 404 BGB immer
bei Forderungsabtretungen

Gewillkürte (Rspr.)

Benachteiligung des Beklagten
Widerruf der Bevollmächtigung
Rechtsverlust des Berechtigten

Probleme bei beiden Formen der Prozessstandschaft

Kläger verlangt Zahlung an sich ⟶ Unproblematisch bei Einzugsermächtigung
»Nacktes Eigentum« ⟶ Unschädlich, da Einziehungsermächtigung widerrufbar

29. Prozessstandschaft, gesetzliche gem. § 265 ZPO (Rn. 350 f.)

Gesetzliche Prozessstandschaft gem. § 265 ZPO liegt vor bei Abtretung usw. **nach** Rechtshängigkeit, gewillkürte Prozessstandschaft bei Abtretung usw. **vor** Rechtshängigkeit.

a) Tenor

Im Tenor ist die Zahlung oder die andere Leistung des Beklagten in der Regel nicht an den Kläger, sondern an den materiellen Rechtsinhaber mit genauer Anschrift auszusprechen. Ausnahme: Kläger hat Inkassovollmacht.

b) Tatbestand

- Den alten und neuen Antrag anführen, den alten Antrag gegebenenfalls abkürzen (Rn. 65).
- Antragsbezogenen Sachverhalt und Prozessgeschichte zur Veräußerung der streitbefangenen Sache oder Abtretung der Forderung nach Rechtshängigkeit gehört zwischen alten Antrag des Klägers (Leistung an ihn) und neuen Antrag (Leistung an neuen Rechtsinhaber) (Rn. 72).

c) Entscheidungsgründe (Rn. 350 f.)

- Zulässigkeitsprobleme:
  - Prozessführungsbefugnis nach § 265 II 1 ZPO gegeben.
  - Klageänderung durch Antragsumstellung als qualitative Modifizierung nach § 264 Nr. 2 ZPO zulässig.
  - Nur bei Rüge der Prozessführungsbefugnis §§ 265 III, 325 ZPO erörtern (die Rüge muss in der Regel klausurtaktisch wegen »Bösgläubigkeit« des Zessionars, dh Kenntnis oder grob fahrlässiger Unkenntnis von der Rechtshängigkeit, scheitern; bei Forderungsabtretungen ist die Kenntnis des Zessionars unerheblich, da es ohnehin keinen gutgläubigen Erwerb von Forderungen gibt, § 404 BGB) (Rn. 352).

- Begründetheit:
  - Auf Formulierung achten. Bei Erfolg der Klage muss es heißen:

    > Dem Kläger steht der geltend gemachte Anspruch auf Zahlung an den materiellen Rechtsinhaber aus § … zu.

  - Abtretungsurkunde genau lesen! Sind Zinsen mit abgetreten? Andernfalls anhand des Antrages auslegen.

> **Achtung:** Bei Vorliegen einer Inkassovollmacht durch den materiellen Rechtsinhaber kann der Kläger auch Zahlung an sich beantragen (Rn. 350).
> Das Argument, bei einer Inkassovollmacht liege unzulässiges »nacktes Eigentum« vor, zieht nicht, weil die Inkassovollmacht jederzeit widerrufen werden kann.

30. Prozessstandschaft, gewillkürte (Rn. 353 f.)

Gewillkürte Prozessstandschaft liegt vor bei Veräußerung oder Abtretung **vor** Rechtshängigkeit, gesetzliche Prozessstandschaft bei Abtretung usw. **nach** Rechtshängigkeit, § 265 ZPO.

a) Tenor

* Beachten, dass Urteil auf Zahlung oder andere Leistung des Beklagten in der Regel nicht an den Kläger, sondern an den materiellen Rechtsinhaber mit genauer Anschrift lauten muss.

> **Ausnahme:** Kläger hat vom Rechtsinhaber eine Einzugsermächtigung erhalten.

b) Tatbestand

* Tatsache und Umstände der Veräußerung der streitbefangenen Sache oder Abtretung der Forderung vor Rechtshängigkeit im Unstreitigen darstellen.

c) Entscheidungsgründe

* Zulässigkeitsprobleme (Rn. 353 f.)
    - Prozessführungsbefugnis aufgrund gewillkürter Prozessstandschaft
    - Ermächtigung durch materiellen Rechtsinhaber (Widerruf der Ermächtigung ist analog § 265 II 1 ZPO ohne Einfluss auf den Rechtsstreit)
    - Eigenes schutzwürdiges Interesse des Klägers
    - Keine Benachteiligung des Beklagten (auch insolventer Prozessstandschafter kann auftreten, da allgemeines Lebensrisiko, von einem vermögenslosen Kläger verklagt zu werden; Ausnahme: Missbrauch)
    - Eventuell Sonderfall der nachträglichen gewillkürten Prozessstandschaft nach einer gescheiterten gesetzlichen Prozessstandschaft. Nach erfolgreicher Rüge gem. §§ 265 III, 325 ZPO kann der »gutgläubige« jetzige Rechtsinhaber den früheren Rechtsinhaber ermächtigen und ihn so zum gewillkürten Prozessstandschafter machen.

* Begründetheit
    - Auf Formulierung achten. Bei Erfolg der Klage ohne Inkassovollmacht muss es heißen:

      > Dem Kläger steht der geltend gemachte Anspruch auf Zahlung an den materiellen Rechtsinhaber aus ... zu.

    - Abtretungsurkunde genau lesen! Sind Zinsen mit abgetreten? Andernfalls anhand des Antrages auslegen.

> **Achtung:** Bei Vorliegen einer Inkassovollmacht durch den materiellen Rechtsinhaber kann der Kläger Zahlung an sich beantragen (Rn. 353).
> Das Argument, bei einer Inkassovollmacht liege unzulässiges »nacktes Eigentum« vor, zieht nicht, weil die Inkassovollmacht jederzeit widerrufen werden kann.
> Der Widerruf der Ermächtigung zum Auftreten in gewillkürter Prozessstandschaft ist ebenso wie der Rechtsverlust des materiellen Rechtsinhabers analog §§ 265 II 1, 261 III Nr. 1 ZPO ohne Einfluss auf den Rechtsstreit.

Erwirbt ein Dritter in einem laufenden Rechtsstreit den streitbefangenen Gegenstand von einer der Parteien zu Eigentum und schließt diese Partei dann im weiteren Verlauf des Prozesses einen Vergleich, so muss der Dritte diesen Prozessvergleich später nach §§ 265 II 1, 325 I ZPO gegen sich gelten lassen, wenn und soweit der Inhalt des Vergleichs auch das Ergebnis eines Urteils in dem damaligen Prozess hätte sein können (s. Rn. 356a).

Zum anderen hat der BGH eine wichtige Streitfrage zur Reichweite des § 325 II ZPO entschieden. Demnach soll diese Vorschrift nur beim Erwerb vom Nichtberechtigten gelten und damit eine sog. doppelte Gutgläubigkeit voraussetzen. Die Rechtskraft eines Urteils erstreckt sich also nur dann gem. § 325 II ZPO nicht auf den Rechtsnachfolger, wenn sich dessen guter Glaube sowohl auf die Rechtsinhaberschaft des Veräußerers als auch auf die fehlende Rechtshängigkeit bezog.

31. Rubrum

Was ändert sich im Rubrum (Rn. 152 ff.),

- **wenn in der Klausurakte ausdrücklich der Beruf einer Partei angegeben ist?**
  Dann kann man das bei der Partei mit aufnehmen, zwingend ist es aber nicht.

- **wenn zB das Amtsgericht Bonn, 24. Abteilung, entscheidet?**
  »... hat das Amtsgericht Bonn durch ...«, ohne Angabe der Abteilung

- **wenn im schriftlichen Verfahren nach § 128 ZPO entschieden worden ist?**
  »... hat ... durch ... im schriftlichen Verfahren mit Erklärungsfrist bis zum ... für Recht erkannt:«

- **wenn eine Widerklage Teil Ihrer Klausur ist?**
  Parteibezeichnungen anpassen: *»Klägers und Widerbeklagten«; »Beklagten und Widerkläger«*

- **wenn eine Drittwiderklage Teil Ihrer Klausur ist?**
  Drittwiderbeklagten nach dem Kläger in das Rubrum aufnehmen
  »Klägers und Widerbeklagten«, »Drittwiderbeklagter«, »Beklagter und Widerkläger«

- **wenn der Beklagte eine Hilfswiderklage erhoben hat?**
  Parteibezeichnungen anpassen (ohne Hilfs-), wenn über die Hilfswiderklage entschieden wird.

- **wenn eine Streitverkündung vorliegt?**
  Nur ins Rubrum aufnehmen, wenn der Streitverkündete beigetreten ist. Dann nach der beigetretenen Partei rechtsbündig aufführen: *»Nebenintervenient« oder »Streithelfer«*

- **wenn Streit wegen einer Nebenintervention besteht?**
  Vor der Kostenentscheidung über die Zulässigkeit der Nebenintervention entscheiden: *»Die Nebenintervention des ... wird/wird nicht zugelassen.«*

- **wenn mehrere Kläger oder Beklagte klagen oder verklagt werden?**
  Parteien mit arabischen Ordnungsziffern durchnummerieren *»Klägers zu 1« oder »... zu 1)«*

- **wenn die Klage gegen einen von mehreren Beklagten zurückgenommen wurde?**
  Wenn die ausgeschiedene Partei noch vom Urteil wg. der Kostenentscheidung betroffen ist, ist sie ganz normal mit aufzunehmen, zB *»Beklagte zu 2)«*, nicht *»frühere Beklagte«*. Andernfalls wird die ausgeschiedene Partei im Rubrum nicht erwähnt.

- **wenn Ihre Entscheidung aus einem VU und einem streitigen Urteil besteht?**
  Überschrift anpassen: *»Teilversäumnis- und Endurteil«*

- **wenn eine Klage nach §§ 771, 767 ZPO gegeben ist?**
  Es heißt *»In dem Rechtsstreit«* und nicht *»In der Zwangsvollstreckungssache«*.

- **wenn im Termin ein Terminvertreter für den bevollmächtigten Anwalt aufgetreten ist?**
  Nur der Hauptvertreter wird aufgeführt, nicht der Terminvertreter.

- **wenn alle Anwälte einer Kanzlei bevollmächtigt worden sind?**
  Nur den auf dem Briefkopf zuerst genannten Anwalt mit dem Zusatz *»pp.«* oder *»und Partner«* anführen.

32. Streitgenossenschaft (Rn. 334)

a) Rubrum (Rn. 156)

- Streitgenossen als Parteien mit aufsteigenden arabischen Ziffern aufführen, zB Kläger zu 1), ... Kläger zu 2) usw.

b) Tenor

- Im Hauptsachetenor bei Antrag auf die Verurteilung »als Gesamtschuldner« achten.
- Bei Verurteilung als Teilschuldner Klageabweisung im Übrigen nicht vergessen, wenn Verurteilung als Gesamtschuldner beantragt war.
- Kein Ausspruch über die Art der Haftung in der Kostenentscheidung; sie folgt aus § 100 I oder IV ZPO.
- Bei unterschiedlichem Ausgang bezüglich mehrerer Streitgenossen erfolgt die Kostenentscheidung nach der sog. Baumbach'schen Formel (Rn. 208).

c) Tatbestand

Bei einfacher Streitgenossenschaft den Sachverhalt nur dann einheitlich darstellen, wenn keinerlei Unterschiede bestehen. Andernfalls getrennt darstellen. Im Zweifel besser trennen.

d) Entscheidungsgründe

- Zulässigkeitsprobleme (Rn. 334)
  - Die Zulässigkeit der einfachen Streitgenossenschaft folgt aus §§ 59, 60 iVm § 260 ZPO analog und ist zwischen Zulässigkeit und Begründetheit darzustellen.
  - Die Zulässigkeit der notwendigen Streitgenossenschaft folgt aus materiellem Recht.
  - Bei einfacher Streitgenossenschaft folgt die sachliche Zuständigkeit aus der Summe der Einzelstreitwerte, sofern es sich um unterschiedliche Ansprüche handelt.
  - Einfache Streitgenossenschaft, §§ 59, 60 ZPO, § 260 ZPO analog:
    - OHG/Außen-GbR und Gesellschafter, Hauptschuldner und Bürge, Schuldner und dinglicher Sicherungsgeber, Versicherungsnehmer und Pflichtversicherer, Gesamtschuldner, Gesamtgläubiger, Miterben bei § 2039 BGB und Bruchteilseigentümer im Aktivprozess.
  - Notwendige Streitgenossenschaft, § 62 ZPO, § 260 ZPO analog iVm der materiellrechtlichen Norm:
    - Prozessrechtlich notwendige Streitgenossenschaft liegt bei gesetzlicher Rechtskrafterstreckung vor, zB §§ 327, 640h, 856 II, IV ZPO, §§ 1495, 1496, 2342, 2344 BGB.
    - Materiell-rechtlich notwendige Streitgenossenschaft liegt vor bei Gestaltungsklagen des HGB, bei Aktivprozessen von Gesamthandsgemeinschaften und bei Passivprozessen gegen mehrere Berechtigte.
    - Bei Passivprozessen gegen materiell-rechtliche Streitgenossen müssen nur alle Streitgenossen verklagt werden, wenn sie auch gemeinsam berechtigt sind, zB Klage auf Wegerecht gegen mehrere Miteigentümer oder Grundbuchberichtigungsanspruch gegen Erbengemeinschaft.
      Wenn der geltend gemachte Anspruch aber auch von einzelnen notwendigen Streitgenossen erfüllt werden kann (zB Schadensersatz), müssen nicht alle Streitgenossen verklagt werden.
  - VU gegen säumigen einfachen Streitgenossen möglich
  - Kein VU gegen säumigen notwendigen Streitgenossen wg. § 62 I ZPO
  - Der einfache Streitgenossen kann außer bei gemeinsamen Tatsachen Zeuge des anderen Streitgenossen sein.

- Prozessuale Nebenentscheidungen § 100 I bzw. IV ZPO beachten und zitieren (Rn. 181 f.)
  - Mehrere unterlegene Kläger haften gem. § 100 I ZPO immer nur als Teilschuldner.

– Mehrere unterlegene Beklagte haften für die Kosten nach § 100 IV ZPO als Gesamtschuldner, wenn sie in der Hauptsache als Gesamtschuldner verurteilt worden sind, andernfalls nach § 100 I ZPO als Teilschuldner.
– Ein gesonderter Ausspruch »… als Gesamtschuldner« ist nicht erforderlich.

33. Streitverkündung im laufenden Verfahren (Rn. 385)

a) Rubrum

* Streitverkündeten nur im Falle seines Beitritts unter der Partei aufnehmen, der er beigetreten ist.
* Wenn er nicht beigetreten ist, wird der Streitverkündete im Rubrum nicht erwähnt (Rn. 156).

b) Tenor

* Der Gegner trägt die außergerichtlichen Kosten des Streitverkündeten in dem Umfang, in dem er unterlegen ist, § 101 I Hs. 1 ZPO.
* Die unterstützte Partei trägt nie Kosten des Streithelfers. Wenn die unterstützte Partei ganz oder teilweise unterliegt, trägt der Streithelfer im Umfang des Unterliegens der unterstützten Partei seine außergerichtlichen Kosten selbst, § 101 I Hs. 2 ZPO. Das muss ausnahmsweise tenoriert werden (Rn. 209).

c) Tatbestand

* Im Fall des Beitritts gehört die Prozessgeschichte zur Streitverkündung und zum Beitritt mit Daten an das Ende des Tatbestandes.
* Wenn kein Beitritt erfolgt ist, wird die Streitverkündung nicht erwähnt.
* Gegebenenfalls eigenen Vortrag des Streithelfers kenntlich machen und auf Reaktion der unterstützten Partei hinweisen (widersprochen/nicht widersprochen).

d) Entscheidungsgründe

* Prozessuale Nebenentscheidungen
  - Eventuell Streitverkündeten im Hinblick auf § 101 ZPO in der Kostenentscheidung berücksichtigen und § 101 ZPO bei den Nebenentscheidungen nach § 91 I 1 oder § 92 ZPO anführen.

34. Streitwert

Der Streitwertbeschluss ist als gesonderter Beschluss nach dem Urteil abzufassen und nicht im Tenor oder als letzter Satz des Urteils nach den prozessualen Nebenentscheidungen zu bringen:

> Beschluss in pp. (volles Rubrum)
> Der Streitwert wird gem. §§ 4, 5 ZPO iVm § 45 III GKG auf … EUR festgesetzt.
> Unterschriften der erkennenden Richter

(Die obige Anmerkung [»volles Rubrum«] ist hier eine Anweisung an den Schreibdienst und bedeutet nicht, dass Sie in der Klausur noch einmal das volle Rubrum schreiben sollen.)

Die beiden maßgeblichen Streitwertarten sind (Rn. 176):

* **Zuständigkeitsstreitwert** (§§ 1 bis 9 ZPO) regelt die Abgrenzung der sachlichen Zuständigkeit von Amts- und Landgerichten, §§ 23 und 71 GVG. Der Zuständigkeitsstreitwert bei mehreren kumulativ gestellten Anträgen ergibt sich aus § 5 ZPO.
* **Gebührenstreitwert** (vorrangig §§ 39 ff. GKG, subsidiär die §§ 3 bis 9 ZPO) ist maßgeblich für die Berechnung der Gerichts- und Rechtsanwaltsgebühren.

In Ihrem Streitwertbeschluss entscheiden Sie über den Gebührenstreitwert.
Der Gebührenstreitwert ist wichtig für die Kostenentscheidung, insbesondere bei Widerklagen, Haupt- und Hilfsanträgen sowie Hilfsaufrechnungen.

Der Zuständigkeits- und Gebührenstreitwert von positiven Feststellungsanträgen beträgt in der Regel 80% des entsprechenden Leistungsantrages, bei negativen Feststellungsanträgen ist er gleich hoch wie der des entsprechenden Leistungsantrages.

Besonders wichtig ist § 45 GKG.

* **Bei Klage und Widerklage** ist der Gebührenstreitwert gem. § 45 I 1 GKG in der Regel die Summe der Einzelstreitwerte (Rn. 187 ff.).
* **Bei Haupt- und Hilfsanträgen** ist der Gebührenstreitwert nach § 45 I 2 und 3 GKG grundsätzlich der höhere Streitwert der beiden Anträge. Das wird in der Regel der Wert des Hauptantrages sein (Rn. 191).
* **Bei Primäraufrechnungen** ist der Gebührenstreitwert grundsätzlich der normale Streitwert der Klage. § 45 III GKG gilt nur für Hilfsaufrechnungen.
* **Bei Hilfsaufrechnungen** erhöht sich nach § 45 III GKG der Gebührenstreitwert in dem Umfang, in dem über die streitige Gegenforderung eine der Rechtskraft fähige Entscheidung ergeht.

Grundsätzlich kann sich der Streitwert der Klage durch eine Hilfsaufrechnung nur verdoppeln.

> **Ausnahme:** Die Gegenforderung des Beklagten besteht aus mehreren die Aufrechnungsforderung übersteigenden Teilbeträgen, über die entschieden wird.

Wenn die Klage bereits scheitert, weil sie unschlüssig ist oder der Beklagte mit seinen in erster Linie vorgebrachten Einreden oder Einwendungen durchdringt, kommt die Hilfsaufrechnung gar nicht zum Zuge. § 45 III GKG greift nicht. Es bleibt beim Streitwert der Klage.

Das gleiche gilt, wenn die Hilfsaufrechnung aus prozessualen Gründen scheitert, zB wegen Verstoßes gegen § 253 II Nr. 2 ZPO (fehlende Bestimmtheit), wegen fehlender Rechtswegzuständigkeit oder aufgrund von Präklusion.

> **Beachte:** Wenn § 45 GKG den Gebührenstreitwert beeinflusst, müssen Sie die Vorschrift bei den prozessualen Nebenentscheidungen neben der Kostennorm und auch im Streitwertbeschluss zitieren.

35. Stufenklage (Rn. 321)

Die beiden examensrelevanten Konstellationen bei Erhebung einer Stufenklage sind:

1. Entscheidung nur über Antrag auf Auskunft oder Abgabe der eV neben anderen Anträgen
2. Leistungsklage nach erteilter Auskunft und/oder eV

Zu 1)   Entscheidung nur über Antrag auf Auskunft oder Abgabe der eV neben anderen Anträgen

a) Tenor

- Entscheidung über Anspruch auf Auskunft/eV ergeht als Teilurteil (Rubrum!)
- Bei Erfolg Auskunftspflicht/Inhalt eV so konkret wie möglich bezeichnen.
- Keine Kostenentscheidung bezüglich des Teilurteils, sondern:

> Die Kosten des Rechtsstreits trägt ... Wegen der Verurteilung zur Auskunft über ... bleibt die Kostenentscheidung dem Schlussurteil vorbehalten.

- Bei Erfolg Entscheidung über vorläufige Vollstreckbarkeit erforderlich.
- Beschwer = Aufwand des Beklagten für Erteilung der Auskunft, also die Arbeitszeit

b) Tatbestand

- Keine Besonderheiten.

c) Entscheidungsgründe

- Zulässigkeit
  - Antrag auf 1. oder 2. Stufe zusammen mit dem unbezifferten Antrag auf 3. Stufe nach § 254 ZPO zulässig als Sonderfall der objektiven, kumulativen Klagenhäufung gem. § 260 ZPO.
  - Streitwert Auskunft oder eV je 1/4 des vom Kläger vermuteten Zahlungsanspruchs, gegebenenfalls Schätzung gem. § 3 ZPO.

- Begründetheit
  - Die wichtigsten Anspruchsgrundlagen des Auskunftsanspruchs:
    - § 402 BGB Zedent
    - § 666 BGB Beauftragter
    - § 2027 BGB Erbschaftsbesitzer
    - § 2057 BGB Miterbe
    - § 2127 BGB Nacherbe
    - § 2314 BGB Erbe ggü. Pflichtteilsberechtigtem
    - § 242 BGB subsidiär aus der Natur des Rechtsverhältnisses
  - Bei unvollständiger Auskunft kein Anspruch auf weitere Auskunft, nur Anspruch auf eV
  - **Anspruch auf eV gem. §§ 259 ff. BGB**, wenn mangelnde Sorgfalt der Auskunftserteilung durch bestimmte Anhaltspunkte belegbar ist (zB wenn Auskunft mehrfach berichtigt wurde).

Sonderfall: Der Beklagte erteilt nach Klageerhebung die Auskunft, bevor ein Teilurteil ergeht:

- **Aus der Auskunft ergibt sich, dass ein Anspruch auf 3. Stufe nicht besteht.**
  Problem: Der Kläger erklärt den gesamten Rechtsstreit für erledigt.
  - Schließt sich Beklagter an, ergeht ein Beschluss gem. § 91a ZPO über die Kosten.
  - Der Kläger gewinnt, wenn der Anspruch auf Auskunft bestand und der Beklagte mit der Auskunft in Verzug war.

- Schließt sich der Beklagte nicht an, ist nach der Rspr. die – unbegründete – Erledigungs-erklärung (unbegründet, weil der Leistungsanspruch ja zu keiner Zeit bestand) dahin-gehend auszulegen, dass Kläger die Feststellung der Ersatzpflicht des Beklagten für nutzlos aufgewendete Kosten begehrt.
- Klageänderung ist sachdienlich und Klage begründet, wenn Beklagter mit Auskunft in Verzug war und Kläger nicht wissen konnte, ob und in welcher Höhe ihm Zahlungs-anspruch zusteht. Zudem Gedanke des § 93 ZPO: Bekl. hat Veranlassung zur Klage-erhebung gegeben.
- Tenor zB:

> Es wird festgestellt, dass der Beklagte verpflichtet ist, dem Kläger die Kosten zu ersetzen, die durch die ursprünglich erhobenen Klageanträge zu 1) und 2) angefallen sind.

- **Aus der Auskunft ergibt sich, dass ein Anspruch auf 3. Stufe besteht.**
  Problem: Der Kläger erklärt den Auskunftsanspruch für erledigt.
  - Wenn sich Beklagter anschließt, keine separate Entscheidung über 1. Stufe. Über Kosten der 1. Stufe wird in der Kostenentscheidung des Schlussurteils gem. § 91a ZPO mit ent-schieden.
  - Kläger gewinnt, wenn Anspruch auf Auskunft bestand und Beklagter insoweit in Ver-zug war.
  - Schließt sich Beklagter nicht an, müsste nach einer Ansicht ein klageabweisendes Teil-urteil ergehen. Danach ist die »Erledigung« der ersten beiden Stufen im Rechtssinn nicht möglich, weil sie nur prozessuale Hilfsmittel, aber keine echten Klagebegehren sind. Dies erscheint unbillig, da selbst eine unbegründete Erledigungserklärung be-züglich des gesamten Rechtsstreits (s. oben) nach der Rspr. in einen Feststellungs-antrag bezüglich der Kostentragungspflicht des Beklagten umzudeuten ist und der Kläger gewinnt, wenn der Beklagte in Verzug war. Auch hier ist deshalb unseres Erachtens eine Umdeutung in einen Kostenantrag angemessen.

Zu 2)   Leistungsklage nach Auskunft und/oder eidesstattl. Versicherung

a) Tenor

- Keine Besonderheiten.
- Wenn zuvor Teilurteile über die Auskunftspflicht und/oder über die Abgabe der eV ergangen sind, ist das Urteil als »Schlussurteil« zu überschreiben.

b) Tatbestand

- Im Tatbestand des Schlussurteils müssen Sie die auf der 1. und gegebenenfalls 2. Stufe er-gangenen Teilurteile oder das freiwillige Erteilen der Auskunft/Rechnungslegung als Prozess-geschichte vor bzw. bei Antragsänderungen zwischen den Anträgen anführen.

c) Entscheidungsgründe

- Zulässigkeit
  - Ansprechen, dass es sich um eine Stufenklage nach § 254 ZPO handelt, die als Sonderfall der objektiven, kumulativen Klagenhäufung nach § 260 ZPO zulässig ist.
  - Bezifferung oder Erhöhung des Betrages/Umfangs des Anspruchs ist keine »normale« Klageänderung, sie fällt unter § 264 Nr. 2 ZPO.
  - Für den Zuständigkeitsstreitwert gilt § 5 ZPO (Zusammenrechnung).
  - Auskunft und eV je ¼ der Höhe des vom Kläger vermuteten Zahlungsanspruchs
  - Leistung: Höhe des von dem Kläger vermuteten Zahlungsanspruches, gegebenenfalls Schätzung gem. § 3 ZPO
- Begründetheit
  - Verjährungsunterbrechung gem. § 204 I Nr. 1 BGB durch Erhebung der Stufenklage gilt für den gesamten im Laufe des Verfahrens bezifferten Anspruch.
  - Ansonsten keine Besonderheiten.

36. Urteile, mit Teilanerkenntnis

Überschrift: Teilanerkenntnis- und Endurteil

a) Tenor

- Hauptsachetenor ohne Besonderheiten
- Kostenentscheidung über die gesamten Kosten des Rechtsstreits
- Vorläufige Vollstreckbarkeit: Die Kosten, die auf den anerkannten Teil der Klage entfallen, sind von der Sicherheitsleistung und der Abwendungsbefugnis auszunehmen (Rn. 227).

b) Tatbestand

- Der Einleitungssatz muss gegebenenfalls das Anerkenntnis berücksichtigen.
- Anerkenntnis und gegebenenfalls Grund dafür zwischen dem ursprünglichen und dem neuen Antrag anführen.

c) Entscheidungsgründe

- Besondere Zulässigkeitsprobleme
  - Bei Klagen vor dem Landgericht bei Unterschreitung des Zuständigkeitsstreitwerts infolge des Anerkenntnisses an perpetuatio fori denken.

- Begründetheit der Klage
  - Erörterung des streitigen Teils der Klage

- Prozessuale Nebenentscheidungen
  - Begründung der Kostenentscheidung (sofortig ja/nein) bezüglich des anerkannten Teils wie bei übereinstimmenden Teilerledigungserklärungen und teilweisen Klagerücknahmen.
  - Bei den Normen zur vorläufigen Vollstreckbarkeit § 794 I Nr. 3 ZPO mit anführen.

- Klausurproblem:
  - War Teilanerkenntnis »sofortig« iSv § 93 ZPO?

37. Urteile, voll abweisende

Bei allen Urteilen Reihenfolge der Überschrift beachten:

Gericht

Im Namen des Volkes

Urteil

In dem Rechtsstreit

a) Tenor (Rn. 159 ff.)

- Kostenausspruch in der Regel:

  Die Kosten des Rechtsstreits trägt der Kläger.

- Ausnahme bei einer erfolgreichen Hilfsaufrechnung wegen § 45 III GKG:

  Die Kosten des Rechtsstreits werden gegeneinander aufgehoben (Rn. 206).

b) Entscheidungsgründe

- Aufbau bei einem Antrag oder bei objektiver kumulativer Klagenhäufung:

  - Pauschales Voranstellen des Ergebnisses
  - Ausführungen zur Zulässigkeit der Klage (auch bei kumulativer Klagenhäufung grundsätzlich alle Zulässigkeitsaspekte zusammen vor der Begründetheit ansprechen)
    - Das Vorliegen sog. qualifizierter Prozessvoraussetzungen kann offen bleiben, wenn sie schlüssig vorgetragen sind und die Klage in der Sache erfolglos ist.

      | **Beispiele:** Unbegründete Feststellungsklagen/Unbegründete Klagen am Gerichtsstand der unerlaubten Handlung
  - Ausführungen zur fehlenden Begründetheit der Klage aus allen in Betracht kommenden Anspruchsgrundlagen je Antrag; dabei grundsätzlich nur jeweils diejenige Tatbestandsvoraussetzung der Norm darlegen, die nicht vorliegt und nichts zu den anderen sagen. Doppel- oder Hilfsbegründungen sind aber erlaubt und gegebenenfalls erforderlich, jedoch nur, soweit sie andere, ebenfalls fehlende Voraussetzungen der Norm betreffen.
  - Gegebenenfalls Ausführungen dazu, dass dem Kläger unter Berücksichtigung von § 308 I ZPO auch kein »Minus« zusteht.
  - Prozessuale Nebenentscheidungen

- Aufbau bei eventueller Klagenhäufung (Rn. 253 ff.):
  Da wegen des Misserfolges des Hauptantrages über den Hilfsantrag zu entscheiden ist, machen Sie nach den Ausführungen zur fehlenden Begründetheit des Hauptantrages Ausführungen zur Zulässigkeit des Hilfsantrages.

  - Pauschales Voranstellen des Ergebnisses
  - Ausführungen zur Zulässigkeit der Klage hinsichtlich des Hauptantrages
  - Ausführungen zur fehlenden Begründetheit des Hauptantrages aus allen Anspruchsgrundlagen
  - Ausführungen zur Zulässigkeit des Hilfsantrages
    (Ausführungen zur Zulässigkeit der eventuellen Klagenhäufung gem. § 260 ZPO als besondere Sachurteilsvoraussetzung des Hilfsantrages sind im Rahmen der Zulässigkeit des Hilfsantrages anzusprechen.)
  - Ausführungen zur fehlenden Begründetheit des Hilfsantrages aus allen Anspruchsgrundlagen
  - Prozessuale Nebenentscheidungen

38. Urteile, voll zusprechende

a) Tenor (Rn. 159 ff.)

Kostenausspruch:

Die Kosten des Rechtsstreits trägt der Beklagte.

b) Entscheidungsgründe

Aufbau (Rn. 233 ff.):

- Pauschales Voranstellen des Ergebnisses
- Ausführungen zur Zulässigkeit der Klage (Bei eventuellen Klagenhäufungen sollten Sie keine Ausführungen zur Zulässigkeit des Hilfsantrages machen, da über diesen Antrag bei vollem Erfolg des Hauptantrages nicht entschieden wird.)
- Ausführungen zur Begründetheit der Klage aus einer Anspruchsgrundlage je Antrag (alle Tatbestandsvoraussetzungen der Anspruchsgrundlage sind darzustellen)
- Ausführungen zu Nebenforderungen
- Prozessuale Nebenentscheidungen
  - Die Kostenentscheidung folgt bei vollem Erfolg grundsätzlich immer aus § 91 I 1 ZPO.
    - Einschränkung: Fälle der Kostentrennung, zB § 344 ZPO (Rn. 177 ff.)
  - Die Entscheidung über die vorläufige Vollstreckbarkeit beruht auf § 709 ZPO oder §§ 708 Nr. 11 Alt. 1, 711 ZPO, abhängig von der Höhe des vollstreckbaren Betrages (Rn. 215 ff.).

39. Urteile, teilweise zusprechende

a) Tenor

- Nach dem zuerkannten Teil die Teilabweisung im Übrigen nicht vergessen. Das gilt bei der kleinsten Teilabweisung!

> Der Beklagte wird verurteilt, an den Kläger ...
> Im Übrigen wird die Klage abgewiesen.

- Die Kostenentscheidung folgt aus einer der drei Varianten von § 92 ZPO (Rn. 183 f.).
- Geteilte Kostenentscheidung bedeutet doppelte vorläufige Vollstreckbarkeit.

b) Entscheidungsgründe (Rn. 250 ff.)

- Aufbau bei einem Antrag:

  - Pauschales Voranstellen des Ergebnisses
  - Ausführungen zur Zulässigkeit der Klage
  - Ausführungen zur teilweisen Begründetheit der Klage aus einer Anspruchsgrundlage je Antrag mit allen Voraussetzungen der Norm
  - Ausführungen zur fehlenden Begründetheit im Übrigen aus allen Anspruchsgrundlagen unter Darlegung nur der Voraussetzung, an der die Norm scheitert (gegebenenfalls Doppelbegründungen)
  - Ausführungen zu Nebenforderungen
  - Prozessuale Nebenentscheidungen

- Aufbau bei objektiver kumulativer Klagenhäufung:

  - Nach möglichen »echten« Zulässigkeitsaspekten folgt die Darlegung der Zulässigkeit der Klagenhäufung gem. § 260 ZPO unmittelbar vor der Begründetheit.
  - Wenn der Kläger mehrere Sachanträge stellt und nicht voll obsiegt, sind die einzelnen Anträge in derselben Reihenfolge abzuhandeln, in der sie gestellt worden sind. Innerhalb der einzelnen Anträge zunächst den zuerkannten Teil darstellen und danach darlegen, warum dem Kläger der Rest nicht zusteht.
  - Wenn noch ein Hilfsantrag hinzukommt, gilt insoweit das Folgende entsprechend.

- Aufbau bei objektiver eventueller Klagenhäufung:

  - Ausführungen zum Hilfsantrag nur bei Misserfolg des Hauptantrages
  - Zulässigkeitsaspekte bezüglich des Hilfsantrages erst unmittelbar vor den Ausführungen zur Begründetheit des Hilfsantrages

- Wenn der Hauptantrag abgewiesen und dem Hilfsantrag stattgeben wird:

  - Pauschales Voranstellen des Ergebnisses
  - Ausführungen zur Zulässigkeit der Klage hinsichtlich des Hauptantrages
  - Ausführungen zur Unbegründetheit des Hauptantrages aus allen Anspruchsgrundlagen
  - Ausführungen zur Zulässigkeit des Hilfsantrages
    (Ausführungen zur Zulässigkeit der eventuellen Klagenhäufung gem. § 260 ZPO als besondere Sachurteilsvoraussetzung des Hilfsantrages im Rahmen der Zulässigkeit des Hilfsantrages ansprechen.)
  - Ausführungen zur Begründetheit des Hilfsantrages aus einer Anspruchsgrundlage
  - Ausführungen zu Nebenforderungen
  - Prozessuale Nebenentscheidungen

- Wenn dem Hauptantrag überwiegend stattgegeben wird:
  - Bei Teilerfolg des Hauptantrages müssen Sie gegebenenfalls durch Auslegung klären, ob die Bedingung für die Entscheidungsbefugnis über den Hilfsantrag eingetreten ist oder ob der Kläger den Teilerfolg des Hauptantrages vorzieht. Dabei ist von vernünftigen wirtschaftlichen Erwägungen auszugehen, wenn sich aus der Vorlage nichts anderes ergibt (Rn. 255).

40. Urteile nach Einspruch gegen ein Versäumnisurteil

In welcher Form kommt ein VU in der Klausur in der Regel vor?

Urteil nach Einspruch gg. ein VU	Urteil mit VU gg. einen einfachen Streitgenossen
Klage	Klage mit Erwiderung
Keine Verteidigungsanzeige oder	
Säumnis im Termin	Ein Beklagter ist säumig im Termin
VU	
Einspruch	
Termin	
Ende Ihrer Klausurvorlage	Ende Ihrer Klausurvorlage
Ihre Aufgabe:	**Ihre Aufgabe:**
Urteil mit Tenor gem. § 343 ZPO	Teilversäumnis- und Endurteil
KE ggf. mit § 344 ZPO	KE mit § 100 III ZPO
VV ggf. mit § 709 S. 3 ZPO	VV mit § 708 Nr. 2 ZPO
Vor der Zulässigkeit § 341 ZPO	

a) Tenor (Rn. 167)

- Nach vorangegangenem Versäumnisurteil gegen den Beklagten

  - Bei Scheitern der Klage:

    > Das Versäumnisurteil vom ... wird aufgehoben. Die Klage wird abgewiesen. Die Kosten des Rechtsstreits trägt der Kläger mit Ausnahme der Kosten der Säumnis des Beklagten im Termin vom ... Diese trägt der Beklagte.

    Doppelte vorläufige Vollstreckbarkeit abhängig von den vollstreckbaren Kosten über 1.500 EUR nach § 709 ZPO oder bis maximal 1.500 EUR nach §§ 708 Nr. 11, 711 ZPO.

  - Bei Erfolg der Klage:

    > Das Versäumnisurteil vom ... wird aufrechterhalten.

    > Der Beklagte trägt **auch die weiteren Kosten** des Rechtsstreits.

    Einmal vorläufige Vollstreckbarkeit nach §§ 708 Nr. 11, 711 ZPO oder § 709 ZPO.

Achtung: Bei der vorläufigen Vollstreckbarkeit nach § 709 ZPO an § 709 S. 3 ZPO denken!

> Nur gegen Leistung dieser Sicherheit darf die Zwangsvollstreckung aus dem Versäumnisurteil fortgesetzt werden.

Bei Ausspruch nach §§ 708 Nr. 11, 711 ZPO greift § 709 S. 3 ZPO nicht.

  - Bei Teilerfolg der Klage:

    > Das Versäumnisurteil vom ... wird iHv ... EUR nebst Zinsen iHv ...% seit dem ... aufrechterhalten.

    > Im Übrigen wird das Versäumnisurteil aufgehoben und die Klage abgewiesen.

    > Von den Kosten des Rechtsstreits trägt der Kläger ..., der Beklagte ..., mit Ausnahme der Kosten der Säumnis des Beklagten im Termin vom ... Diese trägt der Beklagte.

An doppelte vorläufige Vollstreckbarkeit denken und § 709 S. 3 ZPO beachten!

- Vorläufige Vollstreckbarkeit (Rn. 226)

  Bei Ausspruch nach § 709 S. 1 oder 2 ZPO an § 709 S. 3 ZPO denken:

  - Bei Erweiterung der erfolgreichen Klage:

    > Das Versäumnisurteil vom ... wird aufrechterhalten.

    > Der Beklagte wird darüber hinaus verurteilt, an den Kläger ...

    > Der Beklagte trägt auch die weiteren Kosten des Rechtsstreits.

  - Bei Änderung der erfolgreichen Klage (zB von Herausgabe auf Schadensersatz):

    > Das Versäumnisurteil vom ... wird mit der Maßgabe aufrechterhalten, dass der Beklagte verurteilt wird, ...

    > Der Beklagte trägt auch die weiteren Kosten des Rechtsstreits.

b) Tatbestand

- Nach dem Unstreitigen und dem streitigen Klägervorbringen kommt der ursprünglich angekündigte oder gestellte Antrag des Klägers.
- Danach kommt die Prozessgeschichte zum Zustandekommen des Versäumnisurteils, unterschiedlich je nachdem, ob das VU im schriftlichen Vorverfahren oder nach Säumnis des Beklagten im Termin ergangen ist.
- Danach kommen die Zustellungs- und Einspruchsdaten.

> **Achtung:** Bei VU im schriftlichen Vorverfahren wegen § 310 III ZPO auch das Datum der Zustellung an den Kläger aufnehmen, weil die Einspruchsfrist erst mit der letzten Zustellung zu laufen beginnt.

- Danach kommt der neue Antrag des Klägers, in der Regel

  > das Versäumnisurteil vom ... aufrechtzuerhalten.
  > das Versäumnisurteil vom ... mit der Maßgabe aufrechtzuerhalten, dass ...
  > das Versäumnisurteil vom ... aufrechtzuerhalten und den Beklagten darüber hinaus zu verurteilen, ...

- Danach kommt der Antrag des Beklagten, in der Regel

  > das Versäumnisurteil vom ... aufzuheben und die Klage abzuweisen.

- Danach bringen Sie den streitigen Vortrag des Beklagten.
- Danach folgt eine eventuelle Erwiderung des Klägers.
- Am Schluss kommt die allgemeine Prozessgeschichte.

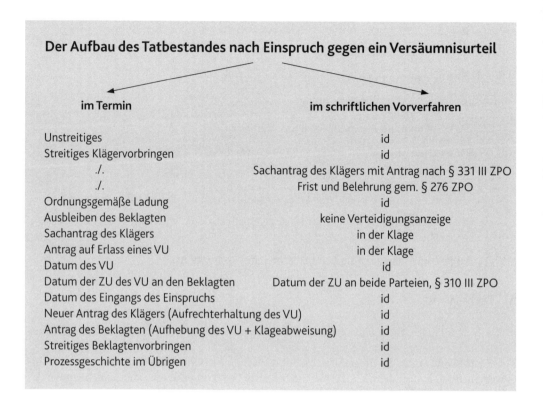

Der Aufbau des Tatbestandes nach Einspruch gegen ein Versäumnisurteil

im Termin	im schriftlichen Vorverfahren
Unstreitiges	id
Streitiges Klägervorbringen	id
./.	Sachantrag des Klägers mit Antrag nach § 331 III ZPO
./.	Frist und Belehrung gem. § 276 ZPO
Ordnungsgemäße Ladung	id
Ausbleiben des Beklagten	keine Verteidigungsanzeige
Sachantrag des Klägers	in der Klage
Antrag auf Erlass eines VU	in der Klage
Datum des VU	id
Datum der ZU des VU an den Beklagten	Datum der ZU an beide Parteien, § 310 III ZPO
Datum des Eingangs des Einspruchs	id
Neuer Antrag des Klägers (Aufrechterhaltung des VU)	id
Antrag des Beklagten (Aufhebung des VU + Klageabweisung)	id
Streitiges Beklagtenvorbringen	id
Prozessgeschichte im Übrigen	id

c) Entscheidungsgründe (Rn. 464 f.)

- Aufbau:

- Pauschales Gesamtergebnis
  - Statthaftigkeit und
  - Zulässigkeit des Einspruchs:
    - Zuständigkeit
    - Form und Frist (Aufpassen: bei VU im schriftlichen Vorverfahren beginnt die Frist erst mit der letzten Zustellung des VU, § 310 III ZPO).
  - Wiedereinsetzung in den vorigen Stand nach Versäumung der Einspruchsfrist
- Erfolg der Klage
  - Zulässigkeit der Klage
  - Begründetheit der Klage (weiterer Aufbau vom Ergebnis bzw. Sonderkonstellationen wie Haupt- und Hilfsantrag abhängig)
- Prozessuale Nebenentscheidungen (Rn. 177, 226):
  - Bei Scheitern der Klage Kostentrennung beachten.
    - Die Kosten der Säumnis sind gem. § 344 ZPO dem obsiegenden Beklagten aufzuerlegen, sofern das Versäumnisurteil »in gesetzlicher Weise« ergangen ist.
    - Bei den prozessualen Nebenentscheidungen ist § 344 ZPO hinter § 91 I 1 ZPO oder § 92 ZPO anzuführen.
  - § 709 S. 3 ZPO im Hinblick auf die vorläufige Vollstreckbarkeit beachten (Rn. 226).
- Unterschiede zum Verfahren nach Einspruch gegen einen Vollstreckungsbescheid
  - Das Aktenzeichen des Vollstreckungsbescheides ist anzuführen, weil es anders als bei einem Versäumnisurteil nicht mit dem des Rechtsstreits identisch ist.

    ▎ Der Vollstreckungsbescheid des Amtsgerichts ... (Az.: ...) vom ... wird ...

  - Gegebenenfalls Auslegung eines Widerspruchs gegen einen Mahnbescheid als Einspruch gegen einen Vollstreckungsbescheid

S. ausführlich zu Klausuren mit Säumnisproblemen unter F.I.

41. Urteile nach Säumnis eines einfachen Streitgenossen im Termin

Bei Säumnis eines notwendigen Streitgenossen ergeht kein VU, da er gem. § 62 I ZPO durch die Erschienenen als vertreten gilt. Anders bei einfachen Streitgenossen:

a) Die Überschrift

Wenn gegenüber einem säumigen Streitgenossen durch VU entschieden wird, muss die Überschrift lauten »Teilversäumnis- und Endurteil«.

b) Tenor (Rn. 167)

- Hauptsache:
    - Keine Besonderheiten. Der säumige Streitgenosse wird bei Schlüssigkeit der Klage antragsgemäß verurteilt, der erschienene je nach dem Ergebnis der Verhandlung.

- Kosten (Rn. 179 ff.):
    - Werden beide Streitgenossen verurteilt, muss der größere Kostenanteil dem erschienenen Streitgenossen (hier B 2) auferlegt werden, weil er mehr Kosten verursacht hat als der säumige (hier B 1), § 100 II ZPO.

    > Die Beklagten tragen die Kosten des Rechtsstreits als Gesamtschuldner mit Ausnahme der Kosten, die durch die mündliche Verhandlung vom ... entstanden sind. Diese trägt B 2) alleine.

- Vorläufige Vollstreckbarkeit
    - Gegenüber dem säumigen Streitgenossen B 1) ohne Abwehrbefugnis und ohne Sicherheitsleistung gem. § 708 Nr. 2 ZPO, gegenüber dem erschienenen Streitgenossen B 2) je nach Höhe gem. §§ 708 Nr. 11, 711 ZPO oder § 709 ZPO
    - Beispiel bei vollem Erfolg des Klägers gegen beide Beklagte gem. § 709 ZPO:

    > Das Urteil ist vorläufig vollstreckbar, ggü. B 1) ohne Sicherheitsleistung, ggü. B 2) gegen Sicherheitsleistung iHv 110% des jeweils zu vollstreckenden Betrages (alternativ ein bestimmter Geldbetrag).

    > (oder gem. §§ 708 Nr. 11, 711 ZPO:)

    > Das Urteil ist vorläufig vollstreckbar. B 2) darf die Zwangsvollstreckung durch Sicherheitsleistung iHv 110% des aufgrund des Urteils vollstreckbaren Betrages abwenden, wenn der Kläger nicht vor der Vollstreckung Sicherheit iHv 110% des jeweils zu vollstreckenden Betrages leistet (alternativ ein bestimmter Geldbetrag).

c) Tatbestand

- Das gegebenenfalls streitige Vorbringen des säumigen Streitgenossen wird nicht erwähnt.
- Neben dem Sachantrag des Klägers muss der Antrag auf Entscheidung durch VU gegen den säumigen Streitgenossen aufgenommen werden
- In die Prozessgeschichte vor die Anträge müssen die Zustellungs- und Ladungsdaten sowie die Säumnis des B 1) rein.

d) Entscheidungsgründe

- Die Entscheidungsgründe befassen sich nur mit der Rechtslage Kläger – erschienener Streitgenosse.
- Vor den prozessualen Nebenentscheidungen können Sie einen Satz zum VU gegen den säumigen Streitgenossen schreiben:

    > Aufgrund der schlüssigen Klage war gegen den säumigen B 1) durch VU zu entscheiden.

- Bei der Kostenentscheidung neben der Kostennorm bezüglich des erschienenen B 2) auch § 100 II ZPO anführen.
- Die vorläufige Vollstreckbarkeit folgt ggü. B 1) aus § 708 Nr. 2 ZPO und ggü. B 2) je nach Höhe des vollstreckbaren Betrages aus §§ 708 Nr. 11, 711 ZPO oder aus § 709 ZPO.

42. Vorläufiger Rechtsschutz: Der dingliche Arrest

Entscheidungen im Beschlusswege ohne mündliche Verhandlung, die bei Arrestverfahren gem. § 922 ZPO die Regel sind, sind ohne entgegenstehende Hinweise im Bearbeitervermerk keine geeignete Klausuraufgabe, weil stattgebende Beschlüsse, die im Inland vollstreckt werden sollen, nicht begründet werden müssen (Umkehrschluss aus § 922 I 2 ZPO). Zudem liegen dann auch keine Erwiderungen des Gegners vor, mit denen Sie sich auseinandersetzen müssten.

Deshalb dürfte im Examen eine Entscheidung über den Arrestantrag nach einer mündlichen Verhandlung verlangt werden, die gem. § 922 I 1 Alt. 1 ZPO durch Urteil ergeht oder ein Urteil nach Widerspruch gegen einen bereits im Beschlusswege ergangenen Arrest gem. § 925 ZPO.

Besonderheiten gegenüber einem »normalen« Urteil

a) Rubrum

- Es muss zur Klarstellung, dass es sich um ein Eilverfahren handelt, heißen: »*In dem Arrestverfahren*« statt »In dem Rechtsstreit«
- Die Parteien sind als »*Arrestkläger*«/»*Arrestbeklagter*« zu bezeichnen.
- Anwälte werden wie sonst auch als »Prozessbevollmächtigte« angeführt.

b) Tenor

aa) Allgemeines

- Die Kostenentscheidung ergeht nach §§ 91 ff. ZPO.
- Es muss »*Kosten des Verfahrens*« und nicht »Kosten des Rechtsstreits« heißen.
- Ein Ausspruch zur vorläufigen Vollstreckbarkeit ergeht nur, wenn der Antrag durch Urteil zurückgewiesen wird (§ 708 Nr. 6 ZPO). Bei Anordnung oder Bestätigung des Arrests ergeht keine Entscheidung über die vorläufige Vollstreckbarkeit, sie folgt ohne Ausspruch aus der Natur der Eilentscheidung.
- In der Entscheidung muss der Geldbetrag angegeben werden, durch dessen Hinterlegung die Vollziehung des Arrests gehemmt wird, § 923 ZPO.
- Gemäß § 926 I ZPO ist auf Antrag anzuordnen, dass binnen einer best. Frist Klage zu erheben ist.

bb) Tenor bei einem Urteil über den Arrestantrag

- Anordnung des Arrests »*in das Vermögen*« des Antragsgegners/Arrestbeklagten, nicht in konkrete Vermögenswerte
- Arrestforderung (gegebenenfalls mit Nebenforderungen) genau bezeichnen.
- Festsetzung eines Betrages erforderlich, durch dessen Hinterlegung der Gegner die Vollziehung des Arrests abwenden kann (§ 923 ZPO).

Beispiel eines Tenors:

Zur Sicherung der Forderung des Arrestklägers auf … aus … einschließlich Kosten und Nebenforderungen iHv … wird der dingliche Arrest in das Vermögen des Arrestbeklagten angeordnet.
Der Arrestbeklagte darf die Vollziehung des Arrests durch Hinterlegung von … EUR abwenden.
Es wird angeordnet, dass der Arrestkläger bis zum … Klage zu erheben hat.
Der Arrestbeklagte trägt die Kosten des Verfahrens.

cc) Tenor bei einem Urteil nach Widerspruch gegen einen Arrestbeschluss

- Bei Bestätigung:

    Der Arrest vom … wird bestätigt.

- Bei Teilbestätigung:

  > Der Arrest vom ... wird insoweit bestätigt, als ...
  >
  > (oder:)
  >
  > Der Arrest vom ... wird teilweise abgeändert und wie folgt neu gefasst: ...

- Bei Erfolg des Widerspruchs:

  > Der Arrestbeschluss vom ... wird unter Zurückweisung des auf seinen Erlass gerichteten Antrags aufgehoben.

- Kostenentscheidung je nach Erfolg/Misserfolg des Arrestantrages.
- Vorläufige Vollstreckbarkeit nur bei Aufhebung des Arrestbeschlusses oder bei Kostenquote

c) Entscheidungsgründe

- Voranstellen des Ergebnisses
- Zulässigkeit des Antrages
  - Grundsätzlich Zulässigkeit nach § 916 ZPO
  - Zuständigkeit des angerufenen Gerichts gem. § 919 ZPO
  - Schlüssiger Vortrag zum Arrestanspruch und Arrestgrund (qualifizierte Prozessvoraussetzung)
- Begründetheit des Antrages
  - Arrestanspruch, § 916 ZPO
  - Arrestgrund, § 917 ZPO
  - Glaubhaftmachung darlegen
  - Bei Beweisaufnahmen: Erfolg der Glaubhaftmachung wie eine normale Beweiswürdigung darlegen, aber Vorsicht: Sie dürfen nicht schreiben, etwas sei »bewiesen«, sondern nur, es sei erfolgreich glaubhaft gemacht.
- Prozessuale Nebenentscheidungen, gegebenenfalls mit Rechtsbehelfsbelehrung

43. Vorläufiger Rechtsschutz: Einstweilige Verfügung

Entscheidungen im Beschlusswege ohne mündliche Verhandlung, die bei einstweiligen Verfügungen gem. § 937 II ZPO die Regel sind, sind ohne entgegenstehende Hinweise im Bearbeitervermerk keine geeignete Klausuraufgabe, weil stattgebende Beschlüsse, die im Inland vollstreckt werden sollen, nicht begründet werden müssen (Umkehrschluss aus §§ 936, 922 I 2 ZPO). Zudem läge dann auch keine Erwiderung des Gegners vor, mit der Sie sich auseinandersetzen müssten.

Deshalb dürfte im Examen eine Entscheidung nach einer mündlichen Verhandlung verlangt werden, die gem. §§ 936, 922 I 1 Alt. 1 ZPO durch Urteil ergeht oder ein Urteil nach Widerspruch gegen eine bereits im Beschlusswege ergangene einstweilige Verfügung.

Besonderheiten gegenüber einem »normalen« Urteil

a) Rubrum

- Es muss zur Klarstellung, dass es sich um ein Eilverfahren handelt, heißen:

  In dem einstweiligen Verfügungsverfahren (statt: »In dem Rechtsstreit«)

- Die Parteien sind als »*Verfügungskläger*«/»*Verfügungsbeklagter*« zu bezeichnen.
- Anwälte werden wie sonst auch als »Prozessbevollmächtigte« angeführt.

b) Tenor

aa) Allgemeines

- Das Gericht bestimmt die Anordnung gem. § 938 ZPO nach freiem Ermessen, ist also nicht an den Antrag gebunden.
- Die Kostenentscheidung ergeht normal nach §§ 91 ff. ZPO.
- Es muss »*Kosten des Verfahrens*« und nicht »Kosten des Rechtsstreits« heißen.
- Ein Ausspruch zur vorläufigen Vollstreckbarkeit ergeht nur, wenn der Antrag durch Urteil zurückgewiesen wird (§ 708 Nr. 6 ZPO). Bei Anordnung oder Bestätigung der eV ergeht keine Entscheidung über die vorläufige Vollstreckbarkeit, da sie ohne Ausspruch schon aus der Natur der Eilentscheidung folgt.
- Gemäß §§ 936, 926 I ZPO ist auf Antrag anzuordnen, dass binnen einer bestimmten Frist Klage zu erheben ist.

bb) Tenor bei Urteil über Antrag auf Erlass einer einstweiligen Verfügung

- **Bei Erfolg:**

  Beispiel eines Tenors:

  Dem Verfügungsbeklagten wird aufgegeben, vom 1.10. bis zum 30.4. eines Jahres täglich von … bis … Uhr die Heizung im Hause … so zu betreiben, dass in der Wohnung des Verfügungsklägers eine durchschnittliche Raumtemperatur von … Grad erreicht wird.
  Es wird angeordnet, dass der Verfügungskläger bis zum … Klage zu erheben hat.
  Der Verfügungsbeklagte trägt die Kosten des Verfahrens.

- **Bei Misserfolg:**

  Der Antrag des Verfügungsklägers auf … wird zurückgewiesen.

  Der Verfügungskläger trägt die Kosten des Verfahrens.

  (Die vorläufige Vollstreckbarkeit folgt aus §§ 708 Nr. 8, 711 ZPO.)

cc) Tenor bei einem Urteil über den Widerspruch gegen eine einstweilige Verfügung

- Bei Bestätigung:

  > Die einstweilige Verfügung vom ... wird bestätigt.

- Bei Teilbestätigung:

  > Der einstweilige Verfügung vom ... wird insoweit bestätigt, als ...
  >
  > (oder:)
  >
  > Die einstweilige Verfügung vom ... wird teilweise abgeändert und wie folgt neu gefasst: ...

- Bei Erfolg des Widerspruchs:

  > Der Beschluss vom ... wird unter Zurückweisung des Antrags auf Erlass einer eV aufgehoben.

- Kostenentscheidung je nach Erfolg/Misserfolg der einstweiligen Verfügung normal nach §§ 91 ff. ZPO.
- Vorläufige Vollstreckbarkeit nur bei Aufhebung der einstweiligen Verfügung.

c) Entscheidungsgründe

- Voranstellen des Ergebnisses
- Zulässigkeit des Antrages
  - Gemäß §§ 935 oder 940 ZPO
    Differenzierung in Sicherungs-, Regelungs-, Leistungsverfügung
  - Zuständigkeit des angerufenen Gerichts gem. § 937 ZPO
  - Schlüssiger Vortrag zum Verfügungsanspruch und Verfügungsgrund
    (qualifizierte Prozessvoraussetzung)
- Begründetheit des Antrages
  - Verfügungsanspruch
  - Verfügungsgrund = drohende Veränderung, die die Durchsetzung des Anspruchs vereiteln oder wesentlich erschweren würde
    - entbehrlich bei verbotener Eigenmacht, Palandt/*Herrler* BGB § 861 Rn. 12
  - Glaubhaftmachung
    - Entbehrlich bei eV auf Eintragung einer Vormerkung für Bauhandwerkersicherungshypothek gem. §§ 648, 885 II BGB
    - Eintragung eines Widerspruchs wegen Unrichtigkeit des Grundbuchs gem. §§ 892, 899 II BGB
    - Behauptung verbotener Eigenmacht
    - Bei Beweisaufnahmen: Erfolg der Glaubhaftmachung wie eine normale Beweiswürdigung darlegen, aber Vorsicht: Sie dürfen nicht schreiben, etwas sei »*bewiesen*«, sondern nur, es sei erfolgreich glaubhaft gemacht.
  - Keine Vorwegnahme der Hauptsache – Ausnahme Leistungsverfügungen
- Prozessuale Nebenentscheidungen, gegebenenfalls mit Rechtsbehelfsbelehrung

44. Vorläufige Vollstreckbarkeit (Rn. 215 ff.)

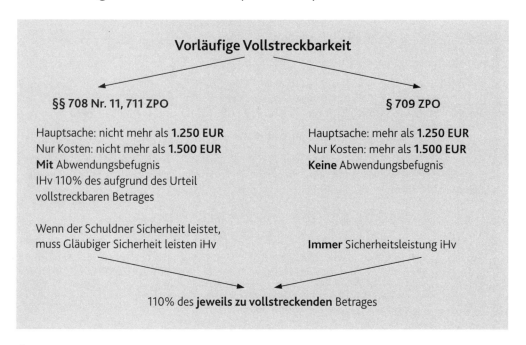

Übungsfälle finden Sie in Kapitel D.

a) Entscheidende Vorfragen

- Wer kann was gegen wen vollstrecken?
- Greift §§ 708 Nr. 11, 711 ZPO oder § 709 S. 1 ZPO?
  (Wertgrenzen: 1.250 EUR Hauptsache/1.500 EUR Kosten)
- Schließt § 713 ZPO die Anwendung von § 711 ZPO aus?
- Wie hoch ist die Sicherheitsleistung oder kann gem. § 709 S. 2 ZPO tenoriert werden?

Wenn nur Kosten vollstreckt werden können, folgt die vorläufige Vollstreckbarkeit für den Kläger bei Streitwerten über 5.000 EUR aus § 709 ZPO, für den Beklagten bei Streitwerten über 8.000 EUR.

b) Tenor (Rn. 215 ff.)

aa) Die vorläufige Vollstreckbarkeit im Fall der §§ 708 Nr. 11, 711 ZPO

Das Urteil ist vorläufig vollstreckbar. Der Kläger/Beklagte darf die Vollstreckung durch Sicherheitsleistung iHv ... EUR abwenden, wenn der ... (jeweils andere) nicht vor der Vollstreckung Sicherheit in gleicher Höhe leistet.

Alternativ (nach § 711 S. 2 iVm § 709 S. 2 ZPO, wenn ausschließlich Geldforderungen vollstreckt werden):

Das Urteil ist vorläufig vollstreckbar. Der Kläger/Beklagte darf die Vollstreckung durch Sicherheitsleistung iHv 110% des aufgrund des Urteils vollstreckbaren Betrages abwenden, wenn der ... (jeweils andere) nicht vor der Vollstreckung Sicherheit iHv 110% des jeweils zu vollstreckenden Betrages leistet.

Bei doppelter Abwendungsbefugnis:

Das Urteil ist vorläufig vollstreckbar. Der jeweilige Vollstreckungsschuldner darf die Vollstreckung durch Sicherheitsleistung iHv 110% des aufgrund des Urteils vollstreckbaren Betrages abwenden, wenn der jeweilige Vollstreckungsgläubiger nicht vor der Vollstreckung Sicherheit iHv 110% des jeweils zu vollstreckenden Betrages leistet.

bb) Die vorläufige Vollstreckbarkeit im Fall des § 709 S. 1 ZPO

> Das Urteil ist gegen Sicherheitsleistung iHv ... EUR vorläufig vollstreckbar.

Alternativ nach § 709 S. 2 ZPO bei der Vollstreckung von Geldforderungen:

> Das Urteil ist gegen Sicherheitsleistung iHv 110% des jeweils zu vollstreckenden Betrages vorläufig vollstreckbar.

cc) Die Kombination von §§ 708 Nr. 11 Alt. 2, 711 S. 1 ZPO und § 709 S. 1 ZPO

> Das Urteil ist vorläufig vollstreckbar, für den Kläger jedoch nur gegen Sicherheitsleistung iHv ... EUR.
>
> Der Kläger darf die Vollstreckung durch Sicherheitsleistung iHv ... EUR abwenden, wenn der Beklagte nicht vor der Vollstreckung Sicherheit in gleicher Höhe leistet.

Alternativ nach § 709 S. 1, 2 iVm §§ 708 Nr. 11 Alt. 2, 711 S. 1, 2 iVm § 709 S. 2 ZPO:

> Das Urteil ist vorläufig vollstreckbar, für den Kläger jedoch nur gegen Sicherheitsleistung iHv 110% des jeweils zu vollstreckenden Betrages. Der Kläger darf die Vollstreckung durch Sicherheitsleistung iHv 110% des aufgrund des Urteils vollstreckbaren Betrages abwenden, wenn der Beklagte nicht vor der Vollstreckung Sicherheit iHv 110% des jeweils zu vollstreckenden Betrages leistet.

dd) Die vorläufige Vollstreckbarkeit bei Bestätigung eines stattgebenden Versäumnisurteils in den Fällen des § 709 ZPO

> Das Urteil ist gegen Sicherheitsleistung von 110% des jeweils zu vollstreckenden Betrages vorläufig vollstreckbar. Die Vollstreckung aus dem Versäumnisurteil darf nur gegen Leistung dieser Sicherheit fortgesetzt werden.

Sie müssen hier an § 709 S. 3 ZPO denken!

ee) Die vorläufige Vollstreckbarkeit bei Bestätigung eines stattgebenden Versäumnisurteils in den Fällen des §§ 708 Nr. 11, 711 ZPO

Wenn die vorläufige Vollstreckbarkeit nach § 708 Nr. 11 ZPO zu tenorieren ist, gibt es nach Einspruch gegen ein Versäumnisurteil keine Besonderheit.

> Das Urteil ist vorläufig vollstreckbar. Der Beklagte darf die Vollstreckung durch Sicherheitsleistung iHv 110% des aufgrund des Urteils vollstreckbaren Betrages abwenden, wenn der Kläger nicht vor der Vollstreckung Sicherheit iHv 110% des jeweils zu vollstreckenden Betrages leistet.

ff) Die vorläufige Vollstreckbarkeit nach übereinstimmenden Teilerledigungserklärungen

In diesen Fällen muss der auf den für erledigt erklärten Teil entfallende Kostenanteil ausgerechnet und isoliert ohne Sicherheitsleistung für vorläufig vollstreckbar erklärt werden (Beispiel unter Rn. 227). Bei Zeitnot reicht es, wenn Sie den Betrag der Größenordnung nach angeben (zB 1/3 der Gesamtkosten).

Wenn § 709 ZPO greift lautet die vorläufige Vollstreckbarkeit:

> Das Urteil ist vorläufig vollstreckbar, hinsichtlich eines beizutreibenden Betrages iHv ... EUR ohne Sicherheitsleistung, im Übrigen nur gegen Sicherheitsleistung iHv 110% des jeweils zu vollstreckenden Betrages.

Diese Tenorierung gilt auch in Fällen von § 269 III 3 ZPO.

In Fällen, in denen sich die vorläufige Vollstreckbarkeit nach §§ 708 Nr. 11, 711 ZPO richtet, lautet die vorläufige Vollstreckbarkeit:

Das Urteil ist vorläufig vollstreckbar, hinsichtlich eines beizutreibenden Betrages iHv ... EUR ohne Sicherheitsleistung. Im Übrigen darf der Beklagte die Zwangsvollstreckung durch Sicherheitsleistung iHv 110% des aufgrund des Urteils vollstreckbaren Betrages abwenden, wenn nicht der Kläger vor der Vollstreckung Sicherheit iHv 110% des jeweils zu vollstreckenden Betrages leistet.

c) Tatbestand

- Grundsätzlich keine Anträge der Parteien nach §§ 708 Nr. 11, 711 ZPO bzw. § 709 ZPO aufnehmen. Die Entscheidung über die vorläufige Vollstreckbarkeit ergeht von Amts wegen.
- Nur die besonderen Vollstreckungsschutzanträge des Schuldners (§§ 712, 714 ZPO) bzw. des Gläubigers (§§ 710, 711 S. 3 ZPO) und den Vortrag zur Glaubhaftmachung aufnehmen.

d) Entscheidungsgründe

Prozessuale Nebenentscheidungen:
- Jeweils einschlägige Normen, auf denen die Entscheidung über die vorläufige Vollstreckbarkeit beruht, präzise zitieren.
- Gegebenenfalls Entscheidung über besondere Vollstreckungsschutzanträge kurz darlegen. (Auf Glaubhaftmachung gem. § 714 II ZPO achten.)

45. Widerklage (Rn. 453 ff.)

a) Rubrum

● Parteibezeichnungen anpassen: »*Kläger und Widerbeklagter*«; »*Beklagter und Widerkläger*«

b) Tenor

● Hauptsachetenor jeweils zu Klage und Widerklage (bei Geldforderungen keine Saldierung!)
● Einheitliche Kostengrundentscheidung für Klage und Widerklage (Rn. 188)
  – Einzelstreitwerte addieren und nach Verlustanteilen quoteln

c) Tatbestand

● Einleitungssatz zu Klage und Widerklage
● Parteien heißen im Tatbestand nur Kläger bzw. Beklagter
● Aufbau (Rn. 36 f.)
  – Getrennte Darstellung bei unterschiedlichen Lebenssachverhalten (zwei Tatbestände nacheinander)
  – Gemeinsame Darstellung bei einheitlichem Lebenssachverhalt (vier Anträge nach dem streitigen Klägervorbringen)
  – Im Zweifel getrennt darstellen.

d) Entscheidungsgründe (Rn. 453 ff.)

● Ergebnis von Klage und Widerklage in einem Einleitungssatz voranstellen
● Zuständigkeitsstreitwert entspricht dem höheren der beiden Einzelstreitwerte; in der Regel keine Streitwertaddition (§ 5 Hs. 2 ZPO)
● Örtl. Zuständigkeit bei Widerklagen von EU-Ausländern siehe Brüssel Ia-VO.
● Aufbau getrennt
  (Zulässigkeit + Begründetheit Klage/Zulässigkeit + Begründetheit Widerklage)

● Mögliche Probleme zur Zulässigkeit der Widerklage
  – Anhängigkeit der Klage
  – Besonderer Gerichtsstand der konnexen Widerklage gem. § 33 ZPO
    (Nur erörtern, wenn nicht schon ein Gerichtsstand nach §§ 12, 13 oder § 32 ZPO gegeben ist.)
  – Konnexität von Klage und Widerklage
    Kurz den Meinungsstreit ansprechen, ob § 33 ZPO lediglich die örtliche Zuständigkeit konnexer Widerklagen regelt (so die Lit.) oder ob die Konnexität nach dieser Norm eine besondere Sachurteilsvoraussetzung ist, die für die Zulässigkeit jeder Widerklage vorliegen muss (so die Rspr.). Der Streit ist in der Regel irrrelevant, weil Sie es im Examen – so die Erfahrung der letzten Jahre – stets mit konnexen Widerklagen zu tun haben werden.
  – Parteiidentität
  – Gegebenenfalls erörtern, dass kein gesetzliches Verbot besteht

● Prozessuale Nebenentscheidungen (Rn. 187 f.)
  – Für den Gebührenstreitwert gilt § 45 I GKG, in der Regel Streitwertaddition

e) Sonderkonstellationen

● **Drittwiderklage** (Rn. 456 f.)
  – § 33 ZPO analog begründet nach neuerer Rspr. des BGH einen örtlichen Gerichtsstand gegen einen bislang nicht am Rechtsstreit beteiligten Dritten. Begründung: Zusammen-

hängende Ansprüche sollen einheitlich entschieden werden, um die Gefahr sich widersprechender Entscheidungen zu vermeiden. Zulässigkeitsvoraussetzungen sind nur Sachdienlichkeit und keine Benachteiligung des Dritten.

- Für Ansprüche aus Verkehrsunfällen, bei denen der Versicherer und/oder der Halter als Drittwiderbeklagte einbezogen werden, ergibt sich für diese die Zuständigkeit aus § 20 StVG.
- Versicherung und Versicherungsnehmer sind nur einfache Streitgenossen.
- Isolierte Drittwiderklagen sind nach der Rspr. aus Gründen der Prozessökonomie zulässig, wenn zwischen Klage und isolierter Drittwiderklage ein Sachzusammenhang besteht und das Vorgehen nicht gegen Treu und Glauben verstößt (Rn. 458). Der Sachzusammenhang wird in der Regel hergestellt durch eine Aufrechnung gegenüber dem Kläger mit einem Teil der Gegenforderung, deren Rest mit der isolierten Drittwiderklage geltend gemacht werden soll.
- Hilfswiderklagen gegen einen Dritten sind unzulässig, weil deren Prozessrechtsverhältnisse nicht in der Schwebe bleiben dürfen.

- **Hilfswiderklage** (Rn. 269 ff., 453 ff.)
  - Bedingung unschädlich, da innerprozessual, deshalb keine Unsicherheit im Prozess, § 253 II Nr. 2 ZPO.
  - Gleichzeitige Eventualaufrechnung schadet nicht, da sie keine anderweitige Rechtshängigkeit begründet. Die Konnexität folgt aus dem Zusammenhang zwischen Aufrechnung und Widerklage.
  - Wegen des Sachverhalts auf den Tatbestand zur Eventualaufrechnung verweisen.
  - Wenn die Gegenforderung des Beklagten eine einheitliche Forderung ist, können Sie in den Entscheidungsgründen unbedingte Widerklage und Hilfswiderklage zusammen abhandeln, andernfalls müssen Sie die einzelnen Gegenforderungen getrennt darstellen.
  - Wenn der Beklagte mit seiner Hilfsaufrechnung teilweise Erfolg hat, aber mit der Hilfswiderklage den vollen Betrag seiner Gegenforderung geltend gemacht hat, empfiehlt es sich, im Lichte des vermutlich wirklichen Willens des Antragstellers seinen Antrag so auslegen, dass er als Minus iSv 308 II ZPO unausgesprochen bei einem Teilerfolg der Hilfsaufrechnung die Zuerkennung des verbliebenen Rests seiner Gegenforderung umfasst (s. Rn. 460a).

- **Hilfswiderklage und unbedingte Widerklage** (Rn. 461)
  - Wenn die hilfsweise zur Aufrechnung gestellte Forderung die Klageforderung übersteigt, kann der Beklagte mit dem der Klageforderung entsprechenden Betrag Hilfswiderklage und mit dem darüber hinausgehenden Betrag unbedingt Widerklage erheben.

- **Wider-Widerklage** (Rn. 414)
  - Wenn der Kläger auf die Widerklage mit einer Klageerweiterung reagiert, die mit der Widerklage zusammenhängt, bestimmt sich deren Zulässigkeit nach den Regeln der Zulässigkeit einer Widerklage, also Konnexität erörtern.

- **Zwischenfeststellungswiderklage** (Rn. 459)
  - Eine Zwischenfeststellungswiderklage ist gem. § 256 II ZPO zulässig, wenn das zu klärende Rechtsverhältnis vorgreiflich für die Hauptklage ist und in seiner Bedeutung über diese hinausgeht.

- **Petitorische Widerklage** (Rn. 462)
  - Aufbau des Tatbestandes normal (Rn. 37)
  - § 863 BGB steht der Zulässigkeit der Widerklage nicht entgegen.
  - In den Entscheidungsgründen ist die erfolgreiche Widerklage vor der Klage abzuhandeln, weil aus der Begründetheit der Widerklage die Unbegründetheit der Klage – arg. aus § 864 II BGB analog. Scheitert die petitorische Widerklage, bleibt es bei dem normalen Aufbau, dh, Sie erörtern zunächst die Klage und danach die Widerklage.

S. ausführlich zur Widerklage unter F.III.

46. Wiedereinsetzung in den vorigen Stand

a) Vorbemerkung

Im Examen kommen fast ausschließlich Wiedereinsetzungsanträge im Rahmen von Einsprüchen gegen ein VU vor. In diesen Fällen müssen Sie zuerst prüfen, ob die Frist tatsächlich versäumt worden ist, also

- ob sich das Fristende wegen § 222 II ZPO nicht verschoben hat,
- ob bei einem VU im schriftlichen Vorverfahren die Frist wegen späterer Zustellung an den Kläger gem. § 310 III ZPO nicht erst später zu laufen begonnen hat,
- ob die Frist überhaupt nicht zu laufen begonnen hat, weil die Zustellung nicht ordnungsgemäß war (zB wegen Verstoßes gegen §§ 172, 87 I 2 ZPO).

Bei nochmaliger Zustellung eines VU aufgrund der irrigen Annahme der Geschäftsstelle, die erste Zustellung sei wegen fehlerhafter Belehrung über den Einspruch unwirksam, beginnt die Einspruchsfrist mit der ersten Zustellung. Deshalb gegebenenfalls ein Wiedereinsetzungsfall.

b) Tenor

- Keine Erwähnung der Entscheidung über einen Wiedereinsetzungsantrag

c) Tatbestand (Rn. 64)

- Wiedereinsetzungsantrag des Beklagten bei Einspruch gegen ein VU im Rahmen der Prozessgeschichte des VU mit Daten und knapper Begründung anführen
- Wiedereinsetzungsanträge bei Versäumung anderer Fristen im Rahmen der Prozessgeschichte am Ende des Tatbestandes bringen
- Antrag im Fließtext wiedergeben, nicht einrücken

d) Entscheidungsgründe (Rn. 270a)

- Wiedereinsetzungsantrag des Beklagten bei Einspruch gegen ein VU im Rahmen der Entscheidung über die Rechtzeitigkeit des Einspruchs vor der Zulässigkeit der Klage bringen.

Prüfungsreihenfolge:

- Statthaftigkeit, § 233 S. 1 ZPO
- Frist, § 234 ZPO
- Form, § 236 ZPO
- Zuständigkeit des Gerichts, § 237 ZPO
- Versäumung ohne Verschulden
- Ursächlichkeit
- Glaubhaftmachung
- Andere Wiedereinsetzungsanträge an der Stelle bringen, an der die versäumte Prozesshandlung im Rahmen der Argumentation relevant wird.

47. Zinsen

Zu unterscheiden (Rn. 169 ff.):

- **Prozesszinsen** gem. §§ 291, 288 I 2 BGB
- **Verzugszinsen** gem. §§ 286 I 1, 288 I BGB

Prozesszinsen sind »*iHv 5%-Punkten*« (nicht »5%«) über dem jeweiligen Basiszinssatz zuzusprechen. Wenn der Kläger 5% statt 5%-Punkte beantragt, mit dem BGH auslegen, dass 5%-Punkte gewollt sind.

Wenn kein »Verbraucher« an dem Rechtsgeschäft beteiligt ist, ist der Zinssatz gem. § 288 II BGB 8%-Punkte über dem jeweiligen Basiszinssatz.

Für Forderungen wegen Entziehung oder Beschädigung einer Sache beginnt der Zinsanspruch gem. **§ 849 BGB** mit dem Schadenseintritt. Der Zinssatz beträgt gem. § 246 BGB 4%. Ab einem späteren Verzug oder ab Rechtshängigkeit fallen dann entsprechend höhere Zinsen an.

Vorlage einer Bankbescheinigung ist qualifizierter Vortrag; schlichtes Bestreiten des Beklagten reicht nicht.

Unzureichender Vortrag zu Zinsen erfordert gem. **§ 139 II 1 ZPO** keinen richterlichen Hinweis. Deshalb ist kein klausurtaktischer Rückschluss auf das Scheitern der Klage oder des Zinsanspruchs möglich.

Auf Fallen in Bezug auf den Zinsbeginn und die Zinshöhe achten!

- **Auf Schlüssigkeit des Vortrages zur Zinsforderung achten!**
  Nicht aus dem Schweigen des Beklagten zur Zinsforderung darauf schließen, dass die Zinsforderung auch begründet ist. Schweigen macht den Vortrag des Klägers nur unstreitig, nicht aber schlüssig.
- Wenn Kläger **Darlehenszinsen als Verzugsschaden** geltend macht, muss er vortragen und, wenn der Beklagte bestreitet, auch beweisen, dass er einen Kredit zu dem beantragten Zinssatz zumindest in Höhe der Klageforderung seit dem beantragten Zeitpunkt in Anspruch nimmt.
- Wenn Verzugsschaden aus **entgangenem Anlagevorteil** besteht, spricht eine Anscheinsvermutung dafür, dass wirtschaftlich denkende Menschen Beträge etwa ab 1.000 EUR bei rechtzeitigem Eingang zinsträchtig angelegt hätten. Wenn der Kläger eine übliche Anlageform vorträgt, ist das einfache Bestreiten des Beklagten unsubstantiiert.
- Bei Zug-um-Zug-Urteil keine Zinsen zusprechen, weil Verzug Einredefreiheit voraussetzt.
- Der Kläger beantragt oft Zinsen ab dem letzten Tag der Zahlungsfrist. Die Zinsen dürfen aber analog § 187 I BGB erst ab dem folgenden Tag zuerkannt werden.
- Wenn der Kläger Zinsen »ab Rechtshängigkeit« beantragt, ist Zinsbeginn analog § 187 I BGB der Tag nach der Zustellung der Klage. In den Entscheidungsgründen ist dies unter Hinweis auf § 187 I BGB analog unter Angabe der Fundstelle (Palandt/*Heinrichs* BGB § 187 Rn. 1 aE) zu erläutern. Entweder den Zinsantrag auslegen oder die Klage insoweit teilweise abweisen.
- Bei unbegründeten Verzugszinsen bildet der beantragte Zinssatz (zB 10%) wegen § 308 I ZPO die Obergrenze für die gesetzlichen Zinsen:

  > … nebst Zinsen iHv 5 Prozentpunkten über dem jeweiligen Basiszinssatz seit dem …, höchstens aber 10%.

Beachte: Auch bei minimalen Abweichungen vom beantragten Zins die Teilabweisung nicht vergessen!

> Im Übrigen wird die Klage abgewiesen.

48. Zuständigkeitsrüge, funktionelle

a) Tatbestand

● Rüge und gegebenenfalls Begründung gehören ausschließlich in den streitigen Beklagtenvortrag.

b) Entscheidungsgründe (Rn. 377 ff.)

● Entscheidung über Rüge im Rahmen der Zulässigkeit der Klage
● Ein vor die KfH iSv §§ 93 ff. GVG gehörender Rechtsstreit gelangt zur KfH dadurch,
  – dass der Kläger Klage vor der KfH erhebt, § 96 GVG, oder
  – dass der Beklagte gem. § 98 GVG rechtzeitig den Antrag auf Verweisung an die KfH
    stellt.
● Nach § 101 I 1 und 2 GVG ist der Verweisungsantrag nur innerhalb der Frist zur Klageerwiderung nach § 276 I 2 ZPO oder, wenn keine Frist gesetzt worden ist, vor der Verhandlung zur Sache zulässig.
● Examensrelevante Problemstellungen können also nur sein, dass die angerufene Zivilkammer zuständig ist, weil
  – ein Verweisungsantrag inhaltlich unbegründet,
  – verspätet oder
  – von der falschen Partei gestellt worden ist.

49. Zuständigkeitsrüge, örtliche (Rn. 357 ff.)

a) Tatbestand

Rüge und gegebenenfalls Begründung gehören ausschließlich in den streitigen Beklagtenvortrag.

(Auf die richtige Terminologie achten: Der Beklagte rügt die Zuständigkeit und nicht die Unzuständigkeit. Die Unzuständigkeit wird geltend gemacht!)

b) Entscheidungsgründe

- Entscheidung über Rüge im Rahmen der Zulässigkeit der Klage
- Häufige Aspekte:
    - §§ 12, 13 ZPO, Gerichtsstand des Wohnorts (Rn. 358)
    - § 17 ZPO, Gerichtsstand juristischer Personen
    - § 20 ZPO, dinglicher Gerichtsstand
    - § 29 ZPO iVm §§ 269, 270 BGB, Gerichtsstand des Erfüllungsorts (Rn. 360)
    - § 29a ZPO, ausschließlicher Gerichtsstand bei Miet- und Pachtsachen
    - § 29c ZPO, Gerichtsstand bei Haustürgeschäften
    - § 32 ZPO, Gerichtsstand der unerlaubten Handlung (Rn. 361)
    - § 39 ZPO, rügeloses Verhandeln (Rn. 366) bei Klagen vor dem LG, bei örtlicher Unzuständigkeit des AG Heilung durch rügeloses Verhandeln nur nach richterlichem Hinweis, § 504 ZPO
    - §§ 38 ff. ZPO, Wirksamkeit einer Gerichtsstandsvereinbarung (Rn. 362)
    - § 35 ZPO, Wahlrecht zwischen mehreren Gerichtsständen (Rn. 360)
    - § 261 III Nr. 2 ZPO, perpetuatio fori (Rn. 359)
    - § 281 II 4 ZPO, bindende Verweisung (Rn. 367)
    - § 20 StVG, Gerichtsstand bei Klagen nach StVG (Pflichtversicherung und den Halter)
    - Brüssel Ia-VO, örtliche Zuständigkeit bei Klagen gegen EU-Ausländer (zB Gerichtsstand der unerlaubten Handlung, des Erfüllungsortes und für Widerklagen)

50. Zuständigkeitsrüge, sachliche (Rn. 368 ff.)

a) Tatbestand

Rüge und gegebenenfalls Begründung gehören ausschließlich in den streitigen Beklagtenvortrag.

b) Entscheidungsgründe

- Entscheidung über Rüge im Rahmen der Zulässigkeit der Klage
- Häufige Problemkreise:
  - **Objektive kumulative Klagenhäufung** (Rn. 369):
    - Zuständigkeitsstreitwert: Addition der Einzelstreitwerte (§ 260 iVm § 5 Hs. 1 ZPO)
    - Gebührenstreitwert identisch
  - **Einfache Streitgenossenschaft auf Beklagtenseite** (Rn. 344 f.):
    - Zuständigkeitsstreitwert: Addition der Einzelstreitwerte, sofern es sich um getrennte Ansprüche handelt.
    - Gebührenstreitwert identisch
  - **Echte eventuelle Klagenhäufung** (Rn. 372):
    - Zuständigkeitsstreitwert: Der höhere Wert der beiden Einzelstreitwerte.
    - Gebührenstreitwert in der Regel identisch (Ausnahme § 45 I 2 GKG selten)
  - **Unechte eventuelle Klagenhäufung** (Rn. 373, 323):
    - Zuständigkeitsstreitwert: Die Summe der Einzelstreitwerte.
    - Gebührenstreitwert: Bei Klageabweisung nur der Wert des Hauptantrages, bei Erfolg der Klage Addition der beiden Einzelstreitwerte.
  - **Widerklagen** (Rn. 453 ff.):
    - Zuständigkeitsstreitwert: Der höhere Streitwert von Klage oder Widerklage (§ 5 Hs. 2 ZPO)
    - Gebührenstreitwert: Addition der Einzelstreitwerte von Klage und Widerklage (§ 45 I 1 GKG)
  - **Perpetuatio fori, § 261 III Nr. 2 ZPO** (Rn. 375)
  - **Rügeloses Verhandeln, § 39 ZPO,** (Rn. 368) vor dem LG, vor dem AG nur nach richterl. Hinweis gem. § 504 ZPO.
  - **Mischmietverhältnisse**
    - Zuständigkeitsstreitwert: Abgrenzung erfolgt nach Schwerpunkt. Klausurtaktisch muss das Gericht zuständig sein, bei dem die Klage erhoben worden ist.

B. Übungsfälle zum schnelleren Erkennen prozessualer Aspekte

Sinn dieser Zusammenfassung ist es, durch wiederholtes Durchlesen der Fallkonstellationen die anzusprechenden prozessualen Aspekte, die in den vorstehenden Kapiteln ausführlich dargestellt worden sind, schnell und vollständig zu erkennen. Nur so können Sie sicherstellen, dass Sie im Examen die in Zulässigkeitsaspekten versteckten Punkte auch »abgreifen« und dafür möglichst wenig Zeit aufwenden.

Lesen Sie zunächst die einzelnen Fälle durch und versuchen Sie, die anzusprechenden Zulässigkeitsaspekte zu erkennen. Auf den jeweiligen Rückseiten finden Sie die »Lösungen« und die wichtigsten Tipps. In einem zweiten Schritt sollten Sie üben, die Zulässigkeitsaspekte möglichst schnell »klausurreif« zu formulieren. Die fett gedruckten Zahlen sind Hinweise auf die Randziffern in Band I, unter denen Sie Erläuterungen und Formulierungsvorschläge nachlesen können, wenn Ihnen eine Formulierung Schwierigkeiten bereitet oder zu lange dauert.

Kurz vor den Klausuren erleichtert ein »Schnelldurchlauf« die letzte Vorbereitung. Je besser und schneller Sie werden, desto mehr Sicherheit und Selbstvertrauen werden Sie gewinnen.

1. Der Beklagte rügt, dass die Klage nicht ihm zugestellt worden ist, sondern versehentlich seinem Vater. Dieser hatte die Klage an seinen Sohn weitergeleitet.   313

2. Die Klage richtet sich nach der Klageschrift gegen die **X-OHG**, die aber eine **KG** ist. 314

3. Die Klage, die ein Handelsgeschäft der Beklagten betrifft, richtet sich gegen die Einzelfirma ABC, bei der nach Klagezustellung ein Inhaberwechsel stattgefunden hat.   315

4. Der Kläger begehrt vom Beklagten die Zahlung eines nicht bezifferten Betrages wegen entgangenen Gewinns unter Darlegung der ihm bekannten Ermittlungsgrundlagen.   317

5. Der Kläger verlangt vom Beklagten Schmerzensgeld, dessen Höhe er in das Ermessen des Gerichts stellt. Er legt die Verletzungen und Beeinträchtigungen im Einzelnen dar und gibt seine Vorstellung von der ungefähren Höhe des Schmerzensgeldes an.   **186a, 318**

6. Der Kläger verlangt vom Beklagten die Herausgabe eines Pkw und eine bezifferte Nutzungsentschädigung. Das angerufene Gericht ist sowohl für beide Einzelstreitwerte als auch für den Gesamtstreitwert sachlich zuständig.   320

7. Der Kläger verlangt vom Beklagten Zahlung des Kaufpreises, hilfsweise die Herausgabe der bereits übergebenen Kaufsache. Nur der Hilfsantrag ist begründet.   322

1. **Erörtern:** § 189 ZPO **vor** den Zulässigkeitserwägungen.
   Beachte: Gemäß § 189 ZPO werden Mängel der Zustellung dadurch geheilt, dass das Schriftstück der Person, an die die Zustellung hätte erfolgen müssen oder können, tatsächlich zugegangen ist. Der Prozessbevollmächtigte ist gem. § 172 ZPO auch Zustellungsbevollmächtigter.

2. **Erörtern:** Ordnungsgemäße Klageerhebung gem. § 253 I ZPO iVm §§ 133, 157 BGB analog.
   Beachte: Irrtümliche Falschbezeichnung vor den Zulässigkeitserwägungen klarstellen. Im Rubrum ist die KG als Partei aufzuführen.

3. **Erörtern:** Ordnungsgemäße Klageerhebung gem. § 253 I ZPO
   Ein Kaufmann kann unter seiner Firma verklagt werden, § 17 II HGB.
   Es muss um ein Handelsgeschäft gem. §§ 343 ff. HGB gehen.
   Der Inhaberwechsel ist unbeachtlich.
   Beachte: Das Rubrum muss nach einem Inhaberwechsel berichtigt werden. Der Kaufmann ist dann als natürliche Person aufzuführen.

4. **Erörtern:** Bestimmtheitsgrundsatz, § 253 II Nr. 2 iVm § 287 ZPO.
   Beachte: Nach § 253 II Nr. 2 ZPO muss die Klage grundsätzlich einen **bestimmten** Antrag enthalten, sonst liegt schon keine ordnungsgemäße Klageerhebung vor. § 287 ZPO regelt die Ausnahme. Es reicht die Angabe der für die Schätzung erforderlichen Tatsachen und die erwartete Größenordnung, wobei Streitwertangabe oder Schweigen auf Streitwertfestsetzung ausreichen.

5. **Erörtern:** Bestimmtheitsgrundsatz, § 253 II Nr. 2 ZPO iVm § 253 II BGB, § 287 ZPO.
   Beachte: Bei Schmerzensgeldklagen muss kein bestimmter Antrag gestellt werden. Die Darlegung der für die Bestimmung der Höhe erforderlichen Umstände und Angabe der Größenordnung genügen. Es reicht die Streitwertangabe oder das Schweigen auf die Streitwertfestsetzung. Das Gericht kann dann in der Höhe frei entscheiden. Eine Zuvielforderung von bis zu 20% ist ohne Kostennachteil für den Kläger, bei mehr als 20% Kosten quoteln, Höhe streitig. Der Anspruch setzt keine unerlaubte Handlung voraus, es reicht jede Pflichtverletzung. Höhe subsumieren unter Ausgleichs- und Genugtuungsfunktion des Schmerzensgeldes.

6. **Erörtern:** § 260 ZPO als »unechte« Zulässigkeitsvoraussetzung.
   Beachte: Da § 260 ZPO bei ursprünglich objektiver kumulativer Klagenhäufung grundsätzlich keine echte Zulässigkeitsvoraussetzung der Klage ist, sollten Sie Ausführungen zu § 260 ZPO nach den übrigen Erörterungen der Zulässigkeit vor der Begründetheit machen. Nur wenn durch die Klagenhäufung aufgrund der nach § 5 ZPO gebotenen Addition der Einzelstreitwerte erst die Zuständigkeit des angerufenen Landgerichts begründet wird, ist § 260 ZPO echte Zulässigkeitsvoraussetzung und dann bei der sachlichen Zuständigkeit zu erörtern.

7. **Erörtern:** Unschädlichkeit innerprozessualer Bedingungen, § 253 II Nr. 2 ZPO.
   Zusammenhang zwischen Haupt- und Hilfsantrag.
   § 260 ZPO als »unechte« Zulässigkeitsvoraussetzung.
   Beachte: Ausführungen zur Zulässigkeit des Hilfsantrages dürfen nur im Falle der Unbegründetheit des Hauptantrages gebracht werden. Sie gehören dann vor die Ausführungen zur Begründetheit des Hilfsantrages. § 5 ZPO gilt nur für anfängliche objektive **kumulative**, nicht für echte **eventuelle** Klagenhäufungen. § 260 ZPO sollte im Rahmen der Zulässigkeitserörterungen des Hilfsantrags dargestellt werden, weil es in diesen Fällen besondere Sachurteilsvoraussetzung ist. Die Zulässigkeit des Hilfsantrages ist trotz der Bedingung unproblematisch, da eine **innerprozessuale** Bedingung unschädlich ist. Die Zuständigkeit bemisst sich nach dem höheren Streitwert der beiden Anträge. Bei nur teilweiser Begründetheit des Hauptantrages müssen Sie klären, was der Kläger vorziehen würde, einen Teil des Hauptanspruchs oder den mit dem Hilfsantrag geltend gemachten Anspruch.

8. Der Kläger begehrt vom Beklagten die Herausgabe eines Pkws und hilfsweise, dh wenn dem Herausgabeantrag stattgegeben wird, eine bezifferte Nutzungsentschädigung. **323**

9. Der Kläger begehrt vom Beklagten die Rückgabe der Kaufsache, weil er entweder wirksam von einem vertraglichen Rücktrittsrecht Gebrauch gemacht habe oder aus ungerechtfertigter Bereicherung, falls der Vertrag unwirksam sein sollte. **324**

10. Der Kläger verlangt vom Beklagten Zahlung. Aufgrund von Unklarheiten wegen der Abtretung der Forderung vor Rechtshängigkeit stützt er seinen Anspruch entweder auf eigenes oder auf abgetretenes Recht. **325**

11. Der Kläger macht von einer Gesamtforderung von 100.000 EUR einen genau bezeichneten Teil von 5.000 EUR geltend. **326**

12. Eine Gesellschaft bürgerlichen Rechts klagt einen Anspruch ein, der mit ihrer Teilnahme am Wirtschaftsleben zusammenhängt. **328**

13. A und B errichten die AB-GmbH und erwerben ein Grundstück. Wegen Zahlungsverzuges tritt der Verkäufer vom Vertrag zurück und verweigert die Erstattung der Anzahlung. Die Eintragung der GmbH ins Handelsregister ist noch nicht erfolgt. Die AB-GmbH i.G. klagt auf Rückzahlung. **329**

14. Eine im Handelsregister gelöschte GmbH, vertreten durch ihren früheren Geschäftsführer, macht gegen einen früheren Kunden einen Zahlungsanspruch geltend. **261**

8. **Erörtern:** Unschädlichkeit innerprozessualer Bedingungen, § 253 II Nr. 2 ZPO.
   Zusammenhang zwischen Haupt- und Hilfsantrag.
   § 260 ZPO als »unechte« Zulässigkeitsvoraussetzung.
   Beachte: Der Unterschied zur echten, eventuellen Klagenhäufung besteht lediglich darin, dass bei der unechten der Hilfsantrag **für den Fall des Erfolges des Hauptantrages** gestellt wird. Prozessual bestehen keine Unterschiede. Der Aufbau ist in beiden Fällen identisch. Die Ausführungen zur Zulässigkeit des Hilfsantrages dürfen nur im Falle der Begründetheit des Hauptantrages gebracht werden. Sie gehören dann vor die Ausführungen zur Begründetheit des Hilfsantrages. § 260 ZPO sollte im Rahmen der Zulässigkeitserörterungen des Hilfsantrags dargestellt werden, weil die Verbindung in diesen Fällen besondere Sachurteilsvoraussetzung ist. Bei **unechter, eventueller Klagenhäufung** (Rn. 323) ist die sachliche Zuständigkeit zu erörtern, wenn erst durch die Addition der Einzelstreitwerte die Grenze von 5.000 EUR überschritten wird. Das Argument für die Zuständigkeit des Landgerichts folgt aus dem Rechtsgedanken der §§ 5, 504 ZPO. Das Gericht muss wie bei echter eventueller Klagenhäufung für den gesamten Rechtsstreit entscheidungsbefugt sein, auch wenn gegebenenfalls nicht über den Hilfsantrag entschieden wird.

9. **Erörtern:** Kein Verstoß gegen das Bestimmtheitsgebot, § 253 II Nr. 2 ZPO.
   Beachte: Eine Hilfsbegründung liegt vor, wenn der Kläger bei einem einheitlichen Lebenssachverhalt einen Antrag auf mehrere Anspruchsgrundlagen stützt. Hilfsbegründungen sind mangels Häufung des Streitgegenstandes keine eventuellen Klagenhäufungen.

10. **Erörtern:** Problem, ob Verstoß gegen das Bestimmtheitsgebot, § 253 II Nr. 2 ZPO.
    Beachte: Alternative Häufung des Klagegrundes ist zulässig, wenn der Kläger die Reihenfolge der Klagegründe festlegt. Dafür reicht schon die Formulierung »entweder ... oder«. Es liegt dann eine versteckte eventuelle Klagenhäufung vor. Bei Erfolg aus dem »Hilfsgrund« an doppelten Streitwert denken, Klage im Übrigen abweisen und Kosten aufheben.

11. **Erörtern:** Bestimmtheitsgebot ist dank Individualisierung gewahrt, § 253 II Nr. 2 ZPO
    Beachte: Es muss erkennbar sein, welcher Teil des Gesamtanspruchs Gegenstand der Klage sein soll. Das gilt insbesondere, wenn sich der Gesamtanspruch aus mehreren selbstständigen Einzelpositionen zusammensetzt. In Betracht kommt zB ein Prozentsatz von jeder Forderung oder einzelne von mehreren Forderungen. Gegebenenfalls muss angegeben werden, in welcher Reihenfolge die Teilforderungen zur Entscheidung gestellt werden.

12. **Erörtern:** Parteifähigkeit der GbR als sog. Außengesellschaft, § 50 I ZPO.
    Beachte: Nach BGH ist jedenfalls eine sog. »Außengesellschaft bürgerlichen Rechts« trotz fehlender vollständiger eigener Rechtsfähigkeit parteifähig.

13. **Erörtern:** Parteifähigkeit der GmbH in Gründung, § 50 I ZPO.
    Ordnungsgemäße Vertretung gem. § 35 I GmbHG.

14. **Erörtern:** Parteifähigkeit als qualifizierte Prozessvoraussetzung, § 50 I ZPO.
    Beachte: Auch im Handelsregister bereits gelöschte Gesellschaften gelten für einen Rechtsstreit so lange als parteifähig, wie sie schlüssig darlegen, dass sie noch einen Anspruch aus der Zeit ihrer aktiven Tätigkeit haben.
    Es handelt sich dabei um einen Fall der sog. »qualifizierten Prozessvoraussetzungen«, Rn. 361. Aus prozessökonomischen Gründen wird in diesen Fällen der grundsätzlich Vorrang der Zulässigkeit gegenüber der Begründetheit eingeschränkt, damit die Rechtskraft eines Sachurteils den gesamten Anspruch erfasst (so auch zB bei dem Gerichtsstand der unerlaubten Handlung gem. § 32 ZPO und bezüglich des Feststellungsinteresses bei unbegründeten Feststellungsklagen, § 256 I ZPO).

15. Der Kläger verklagt einen Beklagten. Dieser rügt, dass nur er und nicht auch C in Anspruch genommen werde. Es liegt keine materiell-rechtlich notwendige Streitgenossenschaft vor. C wäre nur ein prozessual notwendiger Streitgenosse. **341**

16. Ein Kläger verklagt einen Beklagten. Ein weiterer materiell-rechtlich notwendiger Streitgenosse ist erfüllungsbereit und hat schon vorprozessual anerkannt. **342**

17. Der Beklagte rügt seine alleinige Inanspruchnahme und meint, C hätte mitverklagt werden müssen. Sie wissen nicht, welche Art von Streitgenossenschaft vorliegt. **343**

18. Der Kläger verklagt zwei einfache Streitgenossen vor dem Landgericht auf je 3.000 EUR. **345**

19. Ein Kläger verklagt zwei Beklagte. Im engeren Sinne liegt möglicherweise nicht einmal einfache Streitgenossenschaft vor. **346**

20. Der Kläger verklagt mit schlüssigem Vortrag zwei Beklagte, die **einfache** Streitgenossen sind. B 1) ist säumig. Der Kläger beantragt den Erlass eines Versäumnisurteils gegen B 1); im Übrigen wird streitig verhandelt. **347**

21. Der Kläger beantragt den Erlass eines Versäumnisurteils gegen einen säumigen **notwendigen** Streitgenossen. **348**

15. Erörtern: Der Dritte ist kein materiell-rechtlich notwendiger Streitgenosse.

  Beachte: Nur materiell-rechtlich notwendige Streitgenossen müssen grundsätzlich gemeinsam klagen oder verklagt werden. Prozessrechtlich notwendige Streitgenossen können einzeln klagen oder verklagt werden. Aber wenn sie gemeinsam auftreten, muss die Entscheidung gegen oder für sie wie bei materiell-rechtlich notwendigen Streitgenossen gleich lauten.

16. Erörtern: Der erfüllungsbereite notwendige Streitgenosse muss nicht verklagt werden.

17. Erörtern: Der Dritte muss nicht mit verklagt werden.

  Beachte: Bei Passivprozessen gegen Gesamthandsgemeinschaften liegt in der Regel nur eine einfache Streitgenossenschaft vor, eine notwendige Streitgenossenschaft nur dann, wenn die Leistung von allen gemeinsam erbracht werden kann, zB Grundbuchberichtigung, nicht aber Schadensersatz.

18. Erörtern: Einfache Streitgenossenschaft, §§ 59, 60 I ZPO.
  § 260 ZPO analog als gleichzeitige objektive Klagenhäufung.
  Bei getrennt zu vollstreckenden Anträgen gegen mehrere einfache Streitgenossen greift § 5 ZPO. Die Einzelstreitwerte werden addiert. Wenn dies erst die Zuständigkeit des Landgerichts begründet, muss es erörtert werden.

  Beachte: Einfache Streitgenossen sind nach BGH unter anderem:
  - OHG und Gesellschafter,
  - Hauptschuldner und Bürge,
  - Schuldner und dinglicher Sicherungsgeber,
  - Versicherungsnehmer und Pflichtversicherer,
  - Gesamtschuldner im Passivprozess,
  - Gesamtgläubiger und Bruchteilseigentümer im Aktivprozess.

  Da gegen beide Streitgenossen getrennt vollstreckt wird, müssen Sie die Sicherheitsleistung im Rahmen der vorläufigen Vollstreckbarkeit auch trennen und nach den Einzelstreitwerten ausweisen.

19. Erörtern: Das Vorliegen einfacher Streitgenossenschaft gem. §§ 59, 60 ZPO wird nach hM nur auf Rüge hin geprüft.
  § 260 ZPO analog als gleichzeitige objektive Klagenhäufung.

20. Erörtern: Einfache Streitgenossenschaft, §§ 59, 60 I ZPO.
  Jede Streitgenossenschaft ist analog § 260 ZPO auch eine objektive Klagenhäufung.

  Beachte: Es muss ein VU ergehen. § 62 ZPO gilt nur bei notw. Streitgenossenschaft.
  Für die analoge Anwendung von § 62 ZPO fehlt planwidrige Regelungslücke.
  Bei unschlüssiger Klage ergeht ein sog. unechtes Versäumnisurteil.
  Kostenentscheidung gegebenenfalls gem. § 100 III ZPO getrennt tenorieren.
  Die Überschrift des Urteils lautet: »*Teilversäumnis- und Endurteil*«.

21. Erörtern: Notwendige Streitgenossenschaft, § 62 ZPO.
  § 260 ZPO analog als gleichzeitige objektive Klagenhäufung.

  Beachte: Bei notwendiger Streitgenossenschaft müssen Sie – am besten zwischen Zulässigkeit und Begründetheit – erörtern, dass ein Versäumnisurteil nicht ergehen darf, weil der säumige Streitgenosse durch den erschienenen gem. § 62 I ZPO als vertreten gilt. Das Urteil muss bezüglich aller notwendigen Streitgenossen gleich lauten.

22. Der Kläger veräußert die Sache, deren Herausgabe er vom Beklagten verlangt, nach Rechtshängigkeit an einen Dritten. Er stellt den Antrag auf Herausgabe an den Dritten um. Der Beklagte macht von seinem Rügerecht nach § 265 III ZPO keinen Gebrauch. **351**

23. Der Kläger tritt den eingeklagten Anspruch nach Rechtshängigkeit an die Bank zur Sicherung einer Forderung ab. Er stellt den Antrag auf Zahlung an die Bank um. Der Beklagte rügt die fehlende Prozessführungsbefugnis des Klägers. Die Bank hatte bei Abtretung keine Kenntnis von dem Rechtsstreit. **352**

24. Der Kläger macht einen Anspruch, den er **vor** Rechtshängigkeit an eine Bank abgetreten hat, mit deren Ermächtigung im eigenen Namen gegen den Beklagten geltend. Der Antrag lautet auf Zahlung an die Bank. **354**

25. Der Kläger macht einen Anspruch, den er **vor** Rechtshängigkeit abgetreten hat, mit Ermächtigung der Zessionarin im eigenen Namen gegen den Beklagten geltend. Der Kläger ist vermögenslos, die Zessionarin ist vermögend. **355**

26. Der Kläger veräußert die Sache, deren Herausgabe er verlangt, nach Rechtshängigkeit an einen Dritten. Der Beklagte rügt zu Recht, dass der Erwerber gutgläubig war. Dieser bevollmächtigt daraufhin den Kläger zur Fortführung des Prozesses im eigenen Namen. **356**

27. Der Beklagte wird an dem Gericht seines Wohnsitzes verklagt. **358**

28. Der Beklagte ist nach Zustellung in einen anderen Gerichtsbezirk umgezogen. Er rügt die örtliche Zuständigkeit. **359**

29. Der Kläger macht einen Zahlungsanspruch aus einem Kaufvertrag geltend. Der Beklagte wohnte im Zeitpunkt des Vertragsschlusses in Berlin. Er ist vor Klagezustellung nach Bonn gezogen. Der Kläger macht die Kaufpreisforderung in Berlin geltend. **360**

30. Der Kläger verklagt den Beklagten aus unerlaubter Handlung vor einem **nur** gem. § 32 ZPO örtlich zuständigen Gericht. Der Beklagte bestreitet die unerlaubte Handlung. **361**

22. Erörtern: Prozessführungsbefugnis gem. § 265 I ZPO aufgrund gesetzl. Prozessstandschaft.

Klageänderung durch Antragsumstellung stets zulässig gem. § 264 Nr. 2 ZPO.

Beachte: Gesetzliche Prozessstandschaft ist die Ausnahme von dem Grundsatz, dass nur derjenige klagen darf, der behauptet, materieller Rechtsinhaber zu sein. Ohne Rüge kommt es auf die Frage, ob das Urteil gem. § 265 III iVm § 325 ZPO auch gegen den Dritten wirkt, nicht an, es sei denn, aus dem Vortrag des Klägers ergibt sich bereits seine mangelnde Prozessführungsbefugnis, was dann von Amts wegen zu berücksichtigen wäre, aber prozesstaktisch nicht sein kann.

Die Umstellung des Antrags auf Leistung an die Zessionarin ist für die Begründetheit erforderlich.

23. Erörtern: Prozessführungsbefugnis gem. § 265 I ZPO aufgrund gesetzl. Prozessstandschaft.

Klageänderung durch Antragsumstellung stets zulässig nach § 264 Nr. 2 ZPO.

§§ 265 III, 325 II ZPO. Die Rüge greift nicht, weil § 325 II ZPO nur anwendbar ist, wenn nach materiellem Recht auch ein gutgläubiger Erwerb möglich ist. Wegen § 404 BGB erfasst § 325 II ZPO aber keine gewöhnlichen Forderungsabtretungen. Deshalb ist die Gutgläubigkeit eines Zessionars unbeachtlich.

Beachte: Die Rüge des Beklagten muss klausurtaktisch in Fällen von § 265 ZPO stets ins Leere gehen, weil die Klage sonst unzulässig wäre. Die Umstellung des Antrags auf Leistung an die Zessionarin ist für die Begründetheit erforderlich.

24. Erörtern: Prozessführungsbefugnis aufgrund gewillkürter Prozessstandschaft.
Ermächtigung durch den materiellen Rechtsinhaber liegt vor.
Eigenes schutzwürdiges Interesse.
Keine Benachteiligung des Beklagten erkennbar.

25. Erörtern: Prozessführungsbefugnis aufgrund gewillkürter Prozessstandschaft zulässig.
Ermächtigung durch den materiellen Rechtsinhaber liegt vor.
Eigenes schutzwürdiges Interesse gegeben.
Auch bei Inanspruchnahme durch einen vermögenslosen Prozessstandschafter liegt grundsätzlich keine Benachteiligung des Beklagten vor (Ausnahme: Missbrauch).

26. Erörtern: Prozessführungsbefugnis bei **nachträglicher** gewillkürter Prozessstandschaft.
Ermächtigung durch den materiellen Rechtsinhaber.
Eigenes schutzwürdiges Interesse.
Keine Benachteiligung des Beklagten.

27. Erörtern: Örtliche Zuständigkeit nach §§ 12, 13 ZPO kurz darlegen.

28. Erörtern: Örtliche Zuständigkeit nach §§ 12, 13 ZPO.
Fortdauer der Zuständigkeit gem. § 261 III Nr. 2 ZPO (sog. perpetuatio fori).

29. Erörtern: Örtliche Zuständigkeit des Erfüllungsortes gem. § 29 I ZPO.
§§ 269 I, 270 IV BGB, Geldschuld als sog. qualifizierte Schickschuld.
Wahlrecht des Klägers gem. § 35 ZPO.

30. Erörtern: Örtliche Zuständigkeit bei Anspruch aus unerlaubter Handlung gem. § 32 ZPO als sog. qualifizierte Prozessvoraussetzung.

Beachte: Bei sog. doppelt relevanten Tatsachen reicht der schlüssige Vortrag zur Begründung der Zulässigkeit aus, dass die Tatsache, hier die unerl. Handlung, vorliegt.

31. Es liegt eine wirksame Gerichtsstandsvereinbarung »München« vor, der Kläger erhebt aber Klage vor dem Wohnsitzgericht in Lübeck. Der Beklagte rügt die örtliche Zuständigkeit. **363**

32. Die Wirksamkeit der Gerichtsstandsvereinbarung der Parteien ist problematisch. Der Kläger klagt vor dem Wohnsitzgericht. Der Beklagte rügt. **364**

33. Die Wirksamkeit der Gerichtsstandsvereinbarung der Parteien ist problematisch. Der Kläger klagt vor einem anderen Landgericht. Der Beklagte rügt aber nicht. **365**

34. Eine örtliche Zuständigkeit des Landgerichts ist entweder nicht gegeben oder zumindest zweifelhaft. Der Beklagte hat zunächst schriftsätzlich gerügt, danach aber rügelos verhandelt. **366**

35. Der Rechtsstreit ist an das mit der Sache befasste Gericht gem. § 281 ZPO von einem anderen Gericht verwiesen worden, das dieses irrtümlich für örtlich zuständig hielt. **367**

36. Der Streitwert liegt unterhalb der Schwelle für die sachliche Zuständigkeit des angerufenen Landgerichts. Der Beklagte verhandelt rügelos. **368**

37. Der Kläger begehrt vor dem Amtsgericht die Verurteilung des Beklagten zur Zahlung von insgesamt 4.000 EUR mit zwei Anträgen, deren Streitwert je 2.000 EUR beträgt. **370**

38. Der Kläger begehrt die Verurteilung des Beklagten vor dem Landgericht zu insgesamt 6.000 EUR mit zwei Anträgen, deren Streitwert je 3.000 EUR beträgt. **371**

31. Erörtern: Örtliche Zuständigkeit gem. §§ 12, 13 ZPO.
Wahlmöglichkeit des Klägers nach § 35 ZPO.
Gerichtsstandsvereinbarung nach §§ 38 ff. ZPO.

Beachte: Es kann aus klausurtaktischen Gründen nur ein **zusätzlicher** Gerichtsstand vereinbart worden sein, was dem Kläger die Wahlmöglichkeit nach § 35 ZPO lässt. Bei Vereinbarung eines **ausschließlichen** Gerichtsstandes wäre die Klage nämlich unzulässig.

32. Erörtern: Örtliche Zuständigkeit gem. §§ 12, 13 ZPO.
Gerichtsstandsvereinbarung nach §§ 38 ff. ZPO.
Wahlmöglichkeit des Klägers nach § 35 ZPO.

Beachte: Die Wirksamkeit der Gerichtsstandsvereinbarung kann offen bleiben, wenn sie Probleme aufwirft. Sie sollten aus klausurtaktischen Gründen zu dem Ergebnis kommen, dass nur ein **zusätzlicher** Gerichtsstand vereinbart worden ist, was dem Kläger die Wahlmöglichkeit nach § 35 ZPO lässt. Bei Vereinbarung eines **ausschließlichen** Gerichtsstandes wäre die Klage nämlich unzulässig.

33. Erörtern: Örtliche Zuständigkeit gem. § 39 ZPO. §§ 40 II 2 und 504 ZPO stehen nicht entgegen.

Beachte: § 40 II 2 ZPO schließt seinem Wortlaut nach beim Vorliegen eines ausschließlichen Gerichtsstandes die Heilung durch rügeloses Verhandeln aus. Diese Vorschrift betrifft aber nur **gesetzlich** bestimmte und nicht **vereinbarte** ausschließliche Gerichtsstände. Da § 504 ZPO nur für Amtsgerichte gilt, ist eine Heilung ohne Hinweis gem. § 39 ZPO möglich.

34. Erörtern: Örtliche Zuständigkeit durch rügeloses Verhandeln gem. § 39 ZPO.
Beachte: Grundsätzlich gelten auch nur schriftsätzlich angekündigte Rügen durch die Antragstellung in der mündlichen Verhandlung im Wege der konkludenten Bezugnahme als aufrechterhalten. Würde daran aber die Zulässigkeit insgesamt scheitern, sollten Sie aus klausurtaktischen Gründen eine Antragstellung ohne ausdrückliche Bezugnahme auf schriftsätzlich vorgetragene Rügen als rügeloses Verhandeln werten.

35. Erörtern: Örtliche Zuständigkeit gem. § 281 II 4 ZPO.
Keine Anzeichen für willkürliche Verweisung.

Beachte: Gemäß § 281 II 4 ZPO ist der Verweisungsbeschluss bindend. Dass aufgrund willkürlicher Verweisungen keine Bindung eintritt, wird im Examen nicht der Fall sein, weil die Verweisung dann unwirksam wäre, und Sie nicht in der Sache entscheiden könnten.

36. Erörtern: Sachliche Zuständigkeit durch rügelose Einlassung gem. § 39 ZPO.
§ 504 ZPO gilt nicht für Landgerichte.

37. Erörtern: Die Summe der Streitwerte bestimmt gem. § 5 ZPO die sachliche Zuständigkeit.
Ursprüngliche objektive kumulative Klagenhäufung gem. § 260 ZPO.

Beachte: Zunächst mögliche andere Zulässigkeitsaspekte erörtern, weil § 260 ZPO hier **keine** echte Zulässigkeitsvoraussetzung ist. Die Vorschrift regelt in diesen Fällen nur die Zulässigkeit der Anspruchsverbindung. Wenn aber durch die Häufung der Anträge erst die Zuständigkeit des Landgerichts begründet wird, ist § 260 ZPO bezüglich der sachlichen Zuständigkeit echte Zulässigkeitsvoraussetzung.

38. Erörtern: Die Summe der Streitwerte bestimmt die sachliche Zuständigkeit gem. § 5 ZPO iVm §§ 23 Nr. 1, 71 I GVG.
Ursprüngliche objektive kumulative Klagenhäufung gem. § 260 ZPO.
§ 260 ZPO ist hier **echte** Zulässigkeitsvoraussetzung, da durch die Addition der Einzelstreitwerte die Zuständigkeit des Landgerichts erst begründet wird.

39. Der Kläger klagt gegen den Beklagten vor dem Landgericht mit einem Haupt- und einem Hilfsantrag. Der Streitwert des Hauptantrages beträgt 5.000 EUR, der des Hilfsantrages 6.000 EUR. **372**

40. Der Kläger erhebt Klage vor dem Landgericht. Nachträglich erhöht der Kläger durch einen weiteren Zahlungsantrag den Streitwert von 4.000 EUR auf 6.000 EUR. Der Beklagte widerspricht der nachträglichen Klageerweiterung und rügt die sachliche Zuständigkeit des Landgerichts. Er ist der Auffassung, das zunächst eigentlich zuständige Amtsgericht bleibe zuständig. **376**

41. Die Rüge des Beklagten, die Zivilkammer sei funktionell unzuständig, ist unbegründet, weil keine Handelssache iSv § 95 GVG vorliegt. **378**

42. Der Beklagte rügt, die angerufene Zivilkammer sei funktionell unzuständig. Er hat aber den Antrag auf Verweisung nicht innerhalb der ihm nach § 276 ZPO gesetzten Frist gestellt. **379**

43. Der Kläger stellt den Antrag auf Verweisung an die KfH, nachdem er zunächst Klage vor der allgemeinen Zivilkammer erhoben hat. **380**

44. Der Kläger ist in einem vorangegangenen Rechtsstreit mit umgekehrtem Rubrum als Beklagter verurteilt worden, 9.000 EUR Zug um Zug gegen Übereignung eines Pkw zu zahlen. Er klagt jetzt auf Übereignung dieses Pkw, weil der frühere Kläger aus dem Urteil nicht vollstreckt. **381**

45. Gegen eine Klageforderung von 5.000 EUR rechnet der Beklagte mit einer Forderung über 10.000 EUR hilfsweise auf. Das Gericht weist die Klageforderung ab, weil sie durch die Aufrechnung erloschen ist. In einem nachfolgenden Prozess macht der Beklagte die restliche Forderung geltend. **390**

46. Gegen eine Klageforderung von 5.000 EUR rechnet der Beklagte mit einer Forderung über 10.000 EUR hilfsweise auf. Das Gericht spricht die Klage voll zu und führt in den Entscheidungsgründen aus, dass die Gegenforderung **insgesamt** nicht bestehe. In einem nachfolgenden Prozess macht der Beklagte die restliche Forderung geltend. **388**

47. Der jetzige Kläger hat als Beklagter in einem früheren Prozess mit einer Forderung die Aufrechnung erklärt. Das Gericht hat den Aufrechnungseinwand wegen Verspätung nicht berücksichtigt. In dem Ihnen vorliegenden, nachfolgenden Rechtsstreit gegen den damaligen Kläger macht er die damalige Gegenforderung klageweise geltend. **389**

39. **Erörtern:** Der höhere Streitwert begründet die Zuständigkeit, §§ 23 Nr. 1, 71 I GVG.
Zulässigkeit von Eventualanträgen, § 253 II Nr. 2 ZPO.
Rechtlicher oder wirtschaftlicher Zusammenhang der Anträge.
Die eventuelle Klagenhäufung gem. § 260 ZPO als besondere Sachurteilsvoraussetzung.

Beachte: Ausführungen zur Zulässigkeit der Klagenhäufung und des Hilfsantrages dürfen nur im Fall der Unbegründetheit des Hauptantrages gebracht werden. Sie gehören vor die Ausführungen zur Begründetheit des Hilfsantrages. Ausführungen zu § 260 ZPO werden im Rahmen der Zulässigkeit des Hilfsantrages gebracht, weil § 260 ZPO bei eventueller Klagenhäufung besondere Sachurteilsvoraussetzung ist.

40. **Erörtern:** Grundsätzlich Zulässigkeit der **nachträglichen** kumulativen Klagenhäufung gem. § 261 II iVm § 260 ZPO.
Sachdienlichkeit der darin liegenden Klageänderung gem. § 263 Alt. 2 ZPO.
Die Summe der Streitwerte bestimmt gem. § 5 ZPO die sachliche Zuständigkeit.
§ 260 ZPO ist hier **echte** Zulässigkeitsvoraussetzung, da die Zuständigkeit des Landgerichts erst durch die Addition der Einzelstreitwerte begründet wird.
Keine Anzeichen für ein Erschleichen der Zuständigkeit.
§ 261 III Nr. 2 ZPO (perpetuatio fori) greift nicht wegen des Rechtsgedankens von §§ 504, 506 ZPO.

Beachte: Aus §§ 504, 506 ZPO folgt, dass das Amtsgericht bei Überschreitung des Zuständigkeitsstreitwerts unzuständig wird. §§ 504, 506 ZPO sind eine Einschränkung von § 261 III Nr. 2 ZPO.

41. **Erörtern:** Zuständigkeit der Zivilkammer gem. §§ 23 Nr. 1, 71 I GVG.
Der Rechtsstreit betrifft keine Handelssache iSv § 95 GVG.

Beachte: Der Begriff »funktionelle Zuständigkeit« muss fallen.

42. **Erörtern:** Zuständigkeit der Zivilkammer gem. §§ 23 Nr. 1, 71 I GVG.
Antragsrecht ist fristgebunden gem. § 101 I 1 u. 2 GVG iVm § 276 ZPO.

Beachte: Der Begriff *»funktionelle Zuständigkeit«* muss fallen.

43. **Erörtern:** Funktionelle Zuständigkeit der Zivilkammer gem. §§ 23 Nr. 1, 71 I GVG.
Ausschließliches Antragsrecht des Beklagten gem. §§ 98, 101 I 1 und 2 GVG.

44. **Erörtern:** Keine entgegenstehende Rechtskraft gem. § 322 I ZPO.
Das allgemeine Rechtsschutzbedürfnis liegt vor.

Beachte: Der Kläger kann einen Anspruch geltend machen, der in einem Vorprozess, in dem er Beklagter war, als Zug-um-Zug-Leistung rechtskräftig ausgeurteilt worden ist, solange der Kläger des damaligen Verfahrens nicht vollstreckt.

45. **Erörtern:** Die Grenzen der Rechtskraft gem. § 322 II ZPO.
Gegebenenfalls Bestimmtheitsgrundsatz, § 253 II Nr. 2 ZPO und § 388 S. 2 BGB ansprechen.

Beachte: In der Begründetheit kurz erwähnen, dass durch das vorangegangene Urteil bezüglich des nicht »verbrauchten« Restes der Forderung nichts präjudiziert ist.

46. **Erörtern:** Die Grenzen der Rechtskraft gem. § 322 II ZPO.

Beachte: In der Begründetheit kurz erwähnen, dass durch das vorangegangene Urteil hinsichtlich des überschießenden Betrages keine Präklusion eingetreten ist.

47. **Erörtern:** Die Grenzen der Rechtskraft gem. § 322 II ZPO.
Die Unwirksamkeit der prozessualen Aufrechnungserklärung führt gem. § 139 BGB zur Unwirksamkeit der materiell-rechtlichen Wirkung der Aufrechnung.

48. Der Kläger klagt aus § 826 BGB als seinerzeit Unterlegener auf Unterlassen der Zwangsvollstreckung aus einem rechtskräftigen Titel und auf Herausgabe dieses Titels. Er trägt substantiiert vor, dass der Beklagte den Titel in grob sittenwidriger Weise erlangt hat. **393**

49. Nach einem Vergleich in einem vorangegangenen Rechtsstreit klagt der Kläger etwas ein, das nach Auffassung des Beklagten durch den Vergleich bereits erledigt worden ist. **394**

50. Der Beklagte verteidigt sich gegen eine berechtigte Geldforderung des Klägers mit einer Aufrechnung. Seine Gegenforderung stützt er auf einen ebenso berechtigten Anspruch aus einem Verkehrsunfall mit dem Kläger. Die übrigen Ansprüche aus diesem Verkehrsunfall hatte der Beklagte bereits in einem Rechtsstreit mit umgekehrtem Rubrum rechtskräftig eingeklagt. Die nunmehr zur Aufrechnung gestellte Forderung hatte der Beklagte in dem früheren Rechtsstreit nicht geltend gemacht und seine damalige Klage auch nicht als Teilklage bezeichnet. Der Kläger hält die Aufrechnung des Beklagten für unzulässig. (S. auch Fall Nr. 101.) **382**

51. Der Kläger verlangt nach einem Vergleich in einem neuen Prozess vor einem anderen Gericht die Anpassung des Vergleichs an veränderte Verhältnisse. **395**

52. Der Kläger klagt einen Anspruch ein, den er in einem anderen, noch anhängigen Rechtsstreit – dort als Beklagter – bereits hilfsweise zur Aufrechnung gestellt hat. **397**

53. Der Beklagte rügt die fehlende Kostenerstattung nach Klagerücknahme in einem Vorprozess nach Ablauf der ihm gem. § 276 I 2 ZPO gesetzten Klageerwiderungsfrist. **398**

54. Der Kläger behauptet zur Begründung eines Anspruchs auf Schadensersatz, er sei vom Beklagten betrogen worden. Der Beklagte verlangt widerklagend die Unterlassung dieser Äußerung, weil der Kläger bewusst die Unwahrheit vortrage. **400**

55. Der Kläger erhebt Klage auf Abgabe einer Willenserklärung, obwohl er bereits einen vollstreckbaren Vergleich hat, in dem sich der Beklagte zur Abgabe der Willenserklärung verpflichtet hat. **401**

56. Der Kläger verlangt vom Beklagten die Herausgabe einer unstreitig gelieferten Sache, eine Fristsetzung hierfür von zwei Monaten und falls innerhalb der gesetzten Frist die Herausgabe nicht erfolgt, die Verurteilung des Beklagten zu einem bezifferten Schadensersatz. **323a**

48. Erörtern: Keine entgegenstehende Rechtskraft, § 322 I ZPO.
Vortrag zu § 826 BGB als sog. qualifizierte Prozessvoraussetzung.

49. Erörtern: Ein Vergleich entfaltet keine entgegenstehende Rechtskraft. Bei Wirksamkeit steht er nur materiell-rechtlich einem weiteren Anspruch entgegen, wenn dieser durch den Vergleich mit erledigt worden ist.

50. Erörtern: Keine entgegenstehende Rechtskraft nach vorangegangener Teilklage, § 322 I ZPO.

   Beachte: Durch die vorangegangene, nicht als Teilklage bezeichnete Klage hat der Kläger weder auf weitergehende Ansprüche verzichtet oder sie konkludent erlassen noch sind solche Ansprüche ohne weitere, besondere Umstände verwirkt.

51. Erörtern: Keine entgegenstehende Rechtskraft durch einen Vergleich im Vorprozess.
Keine anderweitige Rechtshängigkeit bei dem Verlangen nach Anpassung.

   Beachte: Vergleiche entfallen bei einer erfolgreichen Anfechtung ex tunc. Der alte Prozess wird fortgesetzt. Soll ein Vergleich hingegen bei Wegfall oder Änderung der Geschäftsgrundlage den geänderten Verhältnissen angepasst werden, bleibt er bestehen. Es muss neu vor dem dann zuständigen Gericht geklagt werden.

52. Erörtern: Keine anderweitige Rechtshängigkeit gem. § 261 ZPO.
Das allgemeine Rechtsschutzbedürfnis liegt vor.

   Beachte: Die Geltendmachung der Aufrechnung bewirkt keine Rechtshängigkeit der Forderung. Das allg. Rechtsschutzbedürfnis folgt daraus, dass dem Kläger nicht zuzumuten ist, auf den Ausgang des anderen Rechtsstreits zu warten.

53. Erörtern: Prozesshindernde Einrede gem. § 269 IV ZPO.
Präklusion gem. §§ 282 III 2, 296 III ZPO.
Kein Hinweis auf Entschuldigungsgründe gem. § 296 III ZPO.

54. Erörtern: Allgemeines Rechtsschutzbedürfnis als qualifizierte Prozessvoraussetzung.
Die besonderen Zulässigkeitsvoraussetzungen der Widerklage.

   Beachte: Klagen auf Unterlassung ehrverletzender Äußerungen im Prozess fehlt grundsätzlich das allgemeine Rechtsschutzbedürfnis. Eine Partei darf alles vortragen, was zum Ausfüllen einer Norm erforderlich ist. Derartige Unterlassungsklagen sind nur zulässig, wenn schlüssig vorgetragen wird, die ehrverletzende Behauptung sei **bewusst** unwahr aufgestellt worden. Es liegt dann ein Fall einer qualifizierten Prozessvoraussetzung vor.

55. Erörtern: Allgemeines Rechtsschutzbedürfnis fehlt nur bei gleich guter Vollstreckbarkeit.
§ 894 ZPO gilt nicht für Vergleiche, § 888 ZPO ist unzumutbar.

56. Erörtern: Zulässigkeit »unechter« Hilfsanträge, § 253 II Nr. 2 ZPO
Bei »Ersatzverurteilung« Fristbestimmung im Urteil zulässig gem. § 255 ZPO.
Klage auf künftige Leistung zulässig gem. § 259 ZPO.
Anfängliche kumulative objektive Klagenhäufung, § 260 ZPO.

   Beachte: Klage auf »Ersatzverurteilung« ohne Vorbehalt der Vollstreckung der Herausgabe nach Fristablauf ist Ausüben der Wahl nach § 281 IV BGB, Rn. 323a.
Bei Klagen auf künftige Zahlung dürfen Sie grundsätzlich Zinsen erst ab dem Fälligkeitszeitpunkt und nicht schon ab Klagezustellung zusprechen.

57. Der Kläger verlangt vom Beklagten nach erfolgtem Rücktritt von einem Kaufvertrag über eine Schrankwand, die der Beklagte vertragsgemäß beim Kläger aufgestellt hat:
    1. Rückzahlung des Kaufpreises Zug um Zug gegen Rückübereignung der Schrankwand
    2. Feststellung des Annahmeverzuges mit der Rücknahme der Schrankwand
    3. Verurteilung zur Abholung der Schrankwand beim Kläger   403

58. Der Kläger will einen Beklagtenwechsel **vor** Beginn der mündlichen Verhandlung und verklagt den neuen Beklagten im laufenden Verfahren. Beide Beklagten stimmen **nicht** zu. Der Wechsel ist aber sachdienlich.   405

59. Der Kläger will einen Beklagtenwechsel **nach** Beginn der mündlichen Verhandlung. Der alte Beklagte stimmt zu, der neue nicht. Der Wechsel ist aber sachdienlich.   406 f.

60. Der Kläger will einen Beklagtenwechsel **nach** Beginn der mündlichen Verhandlung und verklagt den neuen Beklagten. Beide Beklagte widersprechen. Die Einbeziehung des neuen Beklagten ist sachdienlich.   408

61. Der Kläger will einen Beklagtenwechsel **nach** Beginn der mündlichen Verhandlung und verklagt C. Der bisherige Beklagte und der C widersprechen. Die Einbeziehung des C ist **nicht** sachdienlich, weil er nicht nur seiner Einbeziehung in das Verfahren, sondern auch der Verwertung der bisherigen Prozessergebnisse widersprochen hat.   406 f.

62. Der Kläger stellt im Laufe des Verfahrens einen weiteren Antrag.   414

63. Der Kläger geht von einer Feststellungs- auf eine Leistungsklage über, weil er im Laufe des Rechtsstreits in der Lage ist, seinen Schaden zu beziffern.   413

57. Erörtern: Bezüglich Antrag zu 2. folgt das Feststellungsinteresse aus §§ 756 I, 765 ZPO.

Bezüglich des Antrags zu 3. liegt das allgemeine Rechtsschutzinteresse vor, weil der Kläger sonst keine Vollstreckungsmöglichkeit zur Entfernung der Kaufsache hätte.

Anfängliche objektive kumulative Klagenhäufung gem. § 260 ZPO.

Beachte: Das rechtliche Interesse für die Feststellung des Annahmeverzuges folgt bei Zug-um-Zug-Ansprüchen aus §§ 756 I, 765 ZPO, ohne Gegenleistung aus §§ 300 ff. BGB.

Auch bei einer Zusage des Beklagten, im Fall der Verurteilung zur Rückabwicklung die Kaufsache abzuholen, fehlt nicht das Rechtsschutzbedürfnis.

58. Erörtern: Zulässigkeit des Parteiwechsels durch Sachdienlichkeit analog § 263 Alt. 2 ZPO.

Zustimmung des alten Beklagten erst ab Beginn der mündl. Verhandlung erforderlich.

59. Erörtern: Ausscheiden des alten Beklagten analog § 269 I ZPO.

Zulässigkeit des Wechsels durch Sachdienlichkeit analog § 263 Alt. 2 ZPO.

Beachte: Die Rechtslage ist hier vor und nach Beginn der Verhandlung dieselbe.

60. Erörtern: Zulässigkeit des Parteiwechsels scheitert an fehlender Zustimmung des alten Beklagten, § 269 I ZPO. Ein gescheiterter Parteiwechsel führt bei Sachdienlichkeit zu einer Streitgenossenschaft, §§ 59, 60 iVm § 260 ZPO analog. Die Zulässigkeit der nachträglichen Klagenhäufung folgt aus § 261 II ZPO.

Beachte: Sie müssen in der Begründetheit erwähnen, dass die bisherigen Prozessergebnisse verwertbar sind, wenn der neue Beklagte nur seiner **Einbeziehung in das Verfahren**, nicht aber **der Verwertung der bisherigen Prozessergebnisse** widerspricht. Ein Widerspruch gegen die Verwertung stünde der Sachdienlichkeit entgegen.

61. Erörtern: Zulässigkeit des Parteiwechsels scheitert an der fehlenden Zustimmung des alten Beklagten, § 269 I ZPO. Wegen fehlender Sachdienlichkeit kommt es nicht zu einer Streitgenossenschaft. Der Prozess läuft zwischen den alten Parteien weiter.

62. Erörtern: Zulässigkeit der **nachträglichen** obj. Klagenhäufung, §§ 261 II, 260 ZPO.

Sachdienlichkeit der Klageänderung gem. § 263 Alt. 2 ZPO.

Schriftsatzfrist gem. § 132 I ZPO gilt analog auch für Antragsänderungen.

Beachte: Bei Überschreitung der Streitwertgrenze des § 23 I Nr. 1 GVG durch die Klagenhäufung wird das Amtsgericht trotz § 261 III Nr. 2 ZPO unzuständig bzw. das zunächst unzuständige Landgericht zuständig, §§ 504, 506 ZPO. Rügeloses Verhandeln gem. § 39 ZPO heilt die fehlende örtliche Zuständigkeit des AG nur nach vorherigem richterlichem Hinweis.

63. Erörtern: Zulässigkeit der Klageerweiterung gem. § 264 Nr. 2 ZPO.

§ 263 ZPO greift nicht, da der Sachverhalt gleich geblieben ist.

Beachte: Zulässige Klageerweiterungen sind gem. § 264 Nr. 2 und Nr. 3 ZPO der Übergang von Feststellungs- zur Leistungsklage, von Auskunfts- zur Zahlungsklage, von einer Klage auf Zahlung eines Teiles auf Zahlung des gesamten Betrages, von einer Klage auf künftige Leistung auf sofortige Leistung oder die Erhöhung von Nebenforderungen. Nicht unter § 264 Nr. 2 ZPO fallen nachträgliche objektive Klagenhäufungen, da sie einen weiteren Streitgegenstand in das Verfahren einbringen. Die Zulässigkeit regelt dann ausschließlich §§ 263, 267 ZPO.

64. Der Kläger klagt zunächst vor dem Landgericht 10.000 EUR ein, reduziert dann vor Beginn der mündlichen Verhandlung ohne Angabe von Gründen auf 5.000 EUR. Der Beklagte widerspricht. 418

65. Der Kläger klagt zunächst vor dem Landgericht mit zwei Anträgen 10.000 EUR ein, stellt aber nach Beginn der mündlichen Verhandlung, aber vor dem Stellen der angekündigten Anträge, ohne Angabe von Gründen nur einen der beiden Anträge iHv 6.000 EUR. Der Beklagte widerspricht. 419

66. Der Kläger hat nach dem Stellen des angekündigten Antrages und nach der Erörterung der Sach- und Rechtslage seine Forderung reduziert. Er erklärt, er nehme die Klage zur Hälfte zurück. Der Beklagte stimmt nicht zu. 417

67. Der Kläger will zunächst Herausgabe einer Sache. Er erfährt erst während des Rechtsstreits, dass die Sache bereits vor Rechtshängigkeit von einem Dritten gutgläubig erworben wurde. Er verlangt daraufhin Schadensersatz. Der Beklagte widerspricht der Änderung. Er meint, dass der Kläger eine zustimmungspflichtige Klagerücknahme vorgenommen habe. 410

68. Der Kläger begehrt aus Kauf Übereignung eines 10.000 EUR teuren Pkw, der bislang noch nicht bezahlt ist. Laut Vertrag ist der Beklagte vorleistungspflichtig. Nach Zustellung der Klage wird der Pkw gestohlen. Der Kläger verlangt nunmehr 1.000 EUR Schadensersatz wegen entgangenen Gewinns, da er den Wagen bereits für 11.000 EUR weiterverkauft hat. Im Übrigen erklärt der Kläger die Hauptsache für erledigt. Der Beklagte widerspricht der Erledigungserklärung und der Umstellung der Klage. 411

64. Erörtern: Zulässigkeit der Reduzierung gem. § 264 Nr. 2 ZPO, § 269 I ZPO greift nicht. Fortdauer der Zuständigkeit gem. § 261 III Nr. 2 ZPO.

Beachte: Wenn der Kläger nicht voll unterliegt, müssen Sie die Verlustquote gesondert berechnen. Vollständige oder teilweise einseitige Erledigungserklärungen sind ohne Zustimmung des Beklagten gem. § 264 Nr. 2 ZPO stets zulässig. Liegt in der Beschränkung aber eine teilweise Klagerücknahme, ist sie wegen § 269 I ZPO nur vor dem Stellen der Anträge gem. § 264 Nr. 2 ZPO ohne Zustimmung des Beklagten zulässig. Bei der Kostenentscheidung sollten Sie § 269 III 2 ZPO mit anführen.

65. Erörtern: Teilweise Klagerücknahme wegen § 269 I ZPO unwirksam.

Beachte: Da hier die beiden Anträge nur angekündigt, aber noch nicht gestellt worden sind, die Rücknahme aber wegen § 269 I ZPO unwirksam ist, muss die Klage bezüglich des nicht gestellten Antrags durch ein Teilversäumnisurteil gem. §§ 330, 333 ZPO abgewiesen werden. Über den aufrechterhaltenen Antrag ist »normal« durch Endurteil zu entscheiden. Die Überschrift lautet »*Teilversäumnis- und Endurteil*«. Auf Besonderheit der vorläufigen Vollstreckbarkeit achten. 40% der Kosten sind gem. § 708 Nr. 2 ZPO ohne Sicherheit und Abwehrbefugnis vorl. vollstreckbar.

66. Erörtern: Unzulässigkeit der Reduzierung wegen § 269 I ZPO.

Beachte: Da der höhere Antrag schon gestellt worden ist, muss über ihn durch streitiges Endurteil entschieden werden, weil der Beklagte der Reduzierung nicht zugestimmt hat. Der in der Reduzierung gegebenenfalls liegende Verzicht auf einen Teil der Forderung darf bei der Lösung nicht berücksichtigt werden, da die Wirksamkeit der Erklärung prozessual an § 269 I ZPO scheitert und gem. § 139 BGB die Unwirksamkeit eines Teils die gesamte Erklärung erfasst.

67. Erörtern: Es liegt ein Fall von § 264 Nr. 3 ZPO vor. § 264 Nr. 2 ZPO greift nicht, weil das Surrogat nicht weniger wert ist als die Sache selbst. Daher liegt keine Reduzierung vor. § 269 I ZPO greift bei § 264 Nr. 2 ZPO nicht.

Beachte: Der Anwendungsbereich von § 264 Nr. 3 ZPO ist der Übergang von Herausgabe wegen Untergangs der Sache auf Schadensersatz, von Erfüllung auf Schadensersatz, von Erfüllung auf Rückgewähr oder der Wechsel von Erfüllung auf das Surrogat wegen Untergangs des Leistungsgegenstandes.

Stellt die Anpassung zugleich eine Ermäßigung iSv § 264 Nr. 2 ZPO dar, greifen beide Vorschriften ein. Für die Reduzierung gem. § 264 Nr. 2 ZPO heißt das, dass der Kläger, sofern er nicht den Rechtsstreit in Höhe des nunmehr nicht mehr geltend gemachten Teiles für erledigt erklärt, nach Beginn der mündlichen Verhandlung auf die Zustimmung des Beklagten nach § 269 I ZPO angewiesen ist. Nach hM erfasst § 264 Nr. 3 ZPO auch Veränderungen, die **vor** Rechtshängigkeit eingetreten sind, aber dem Kläger erst **nach** Rechtshängigkeit bekannt werden.

Bedenken Sie, dass Sie in diesen Fällen Zinsen grundsätzlich erst einen Tag nach dem Zeitpunkt der Antragsumstellung und nicht etwa schon ab Klagezustellung zuerkennen dürfen (Ausnahme: § 849 BGB!). Dies folgt aus § 261 II ZPO, § 187 I BGB analog.

68. Erörtern: Antragsanpassung nach § 264 Nr. 3 ZPO.
Beschränkung nach § 264 Nr. 2 ZPO.
Einseitige Teilerledigungserklärung.
Feststellungsinteresse gem. § 256 I ZPO.
Nachträgliche objektive Klagenhäufung gem. § 260 ZPO.
Fortdauer der sachlichen Zuständigkeit gem. §§ 4, 261 III Nr. 2 ZPO.

Beachte: Klageänderungen iSv § 264 Nr. 2 und Nr. 3 ZPO sind kraft Gesetzes zulässig. Weder für die Antragsanpassung noch für die in der teilweisen Erledigungserklärung liegende Beschränkung bedarf es der Zustimmung des Beklagten. § 269 I ZPO greift nicht.

69. Der Kläger verlangt vom Beklagten Zahlung von 10.000 EUR. Nach Einreichung, aber vor Zustellung der Klage zahlt der Beklagte 5.000 EUR. Der Kläger nimmt daraufhin die Klage in Höhe des bezahlten Betrages zurück, reduziert seinen Klageantrag auf Zahlung von 5.000 EUR und beantragt, die gesamten Kosten des Rechtsstreits dem Beklagten aufzuerlegen. Die Klage ist und war in vollem Umfang begründet. **422**

70. Der Kläger hat ursprünglich die Herausgabe von Briefen aus dem Nachlass seiner Mutter begehrt, die keinen materiellen Wert hatten, für den Kläger aber von großem Erinnerungswert waren. Der Beklagte hat nicht erheblich erwidert. Die Briefe sind vor Klagezustellung verschwunden. Daraufhin hat der Kläger die Klage zurückgenommen. Die Parteien haben wechselseitige Kostenanträge gestellt. **424**

71. Der Kläger erklärt nach Erhalt des eingeklagten Betrages den Rechtsstreit in der Hauptsache für erledigt, verkennt allerdings, dass die Zahlung bereits vor Rechtshängigkeit auf seinem Konto eingegangen ist. Der Beklagte widerspricht. **425a**

72. Der Kläger verlangt zunächst Herausgabe, Fristsetzung und hilfsweise nach fruchtlosem Ablauf der Frist Schadensersatz. Während des Prozesses erfährt er vom Untergang der Sache vor Rechtshängigkeit und beantragt daraufhin, den Beklagten nur noch zum Schadensersatz zu verurteilen. Der Beklagte rügt die Antragsumstellung und beantragt, hinsichtlich der nicht mehr gestellten Anträge im Wege eines Teilversäumnisurteils zu entscheiden. **412**

73. Der Kläger klagt vor dem Landgericht 6.000 EUR ein. Der Beklagte zahlt nach Rechtshängigkeit alles. Der Kläger erklärt daraufhin den Rechtsstreit in der Hauptsache für erledigt. Der Beklagte widerspricht und beantragt weiterhin Klageabweisung. **428**

69. Erörtern: Teilweiser Wegfall des Klageanlasses gem. § 269 III 3 ZPO.

Beachte: Bei teilweisen Klagerücknahmen müssen Sie den angekündigten Antrag, den Wegfall des Klageanlasses, die Daten der teilweisen Rücknahmeerklärung und den neuen Antrag im Tatbestand anführen.

In den Entscheidungsgründen zitieren Sie die Normen, auf denen Ihre Kostenentscheidung beruht, und begründen im Anschluss den Teil, der auf § 269 III 3 ZPO entfällt.

Im Tenor müssen Sie bei der vorläufigen Vollstreckbarkeit den Teil der Kosten, der auf den zurückgenommenen Teil der Klage entfällt, ausrechnen und ohne Sicherheitsleistung oder Abwendungsbefugnis für vorläufig vollstreckbar erklären (wg. § 794 I Nr. 3 ZPO).

70. Erörtern: Vollständiger Wegfall des Klageanlasses gem. § 269 III 3 ZPO.

Beachte: Entscheidung durch Beschluss nur über die Kosten.
Überschrift nach der Kostenentscheidung heißt »Gründe«.
Unter I. folgt der Tatbestand.
Unter II. folgen die materiellen Erwägungen für die Kostenentscheidung.
Die Kostenentscheidung hängt von der ursprünglichen materiellen Rechtslage ab.
Bei offenen Beweisfragen Berücksichtigung der Billigkeit zulasten des Beweispflichtigen.

71. Erörtern: Umdeutung einer unbegründeten Erledigungserklärung in einen begründeten Antrag nach § 269 III 3 ZPO.

Beachte: Wenn eine ansonsten erfolgreiche Erledigungserklärung nur daran scheitern würde, dass der Anlass zur Klageerhebung vor Rechtshängigkeit weggefallen ist, ist sie nach neuerer Rspr. des BGH in einen Antrag nach § 269 III 3 ZPO umzudeuten.

72. Erörtern: Es liegt ein Fall von § 264 Nr. 3 ZPO vor. Die unverschuldete Kenntniserlangung nach Rechtshängigkeit ist eine »später eingetretene Veränderung«. § 269 I ZPO greift nicht, weil der Kläger die nicht gestellten Anträge gem. § 269 III 3 ZPO konkludent zurückgenommen hat.

Analog § 132 I 1 ZPO gilt die einwöchige Schriftsatzfrist auch für Antragsänderungen. Die Nichteinhaltung der Frist wird durch rügeloses Verhandeln gem. § 295 ZPO geheilt.

Im Rahmen der prozessualen Nebenentscheidungen ist darzulegen, ob die ursprünglichen Anträge zulässig und begründet waren. Die ursprüngliche Klage war auch zulässig

- bezüglich des sog. unechten Hilfsantrags gem. § 253 II Nr. 2 ZPO,
- als Klage auf künftige Leistung mit Fristbestimmung gem. §§ 255, 259 ZPO,
- als anfängliche kumulative objektive Klagenhäufung gem. § 260 ZPO.

Beachte: Bei Veränderung **nach** Rechtshängigkeit greift § 269 III 3 ZPO nicht. Dann müsste der Kläger den Rechtsstreit teilweise für erledigt erklären.

Zinsen sind in diesen Fällen grundsätzlich erst ab dem Tag nach der Antragsumstellung und nicht schon ab Klagezustellung zuzuerkennen. Ausnahme: § 849 BGB.

73. Erörtern: Auslegung des Antrages.
Zulässige Klageänderung nach § 264 Nr. 2 ZPO.
Feststellungsinteresse nach § 256 I ZPO.
Fortdauer der Zuständigkeit gem. § 261 III Nr. 2 ZPO.

Beachte: Einseitige Erledigungserklärungen sind erfolgreich, wenn die Klage hinsichtlich des für erledigt erklärten Teils oder insgesamt zulässig und begründet war und durch ein nach Rechtshängigkeit eingetretenes Ereignis unzulässig oder unbegründet geworden ist. Wenn eine Voraussetzung fehlt, lautet der Tenor:

Die Klage wird abgewiesen.

74. Der Kläger klagt vor dem Landgericht 6.000 EUR ein. Der Beklagte zahlt nach Rechtshängigkeit alles. Der Kläger erklärt daraufhin den Rechtsstreit in der Hauptsache für erledigt. Der Beklagte, der nach Rechtshängigkeit, aber vor Abgabe der Erledigungserklärung in einen anderen Gerichtsbezirk umgezogen ist, widerspricht der Erledigungserklärung und beantragt Klageabweisung. **429**

75. Der Kläger klagt vor dem Landgericht zu Recht 6.000 EUR ein. Der Beklagte zahlt nach Rechtshängigkeit, erklärt aber dazu, die Zahlung erfolge unter Vorbehalt der Rückforderung ohne Anerkennung einer Rechtspflicht. Der Kläger erklärt daraufhin den Rechtsstreit in der Hauptsache für erledigt. Der Beklagte widerspricht und beantragt weiterhin Klageabweisung. **430**

76. Der Kläger klagt vor dem Amtsgericht 4.000 EUR ein. Der Beklagte erklärt nach Rechtshängigkeit die Aufrechnung mit einer gleich hohen Forderung. Die beiden Forderungen standen sich schon vor Rechtshängigkeit aufrechenbar gegenüber. Der Kläger erklärt den Rechtsstreit in der Hauptsache für erledigt. Der Beklagte widerspricht und beantragt weiterhin Klageabweisung. **431**

77. Der Kläger klagt 10.000 EUR ein. Der Beklagte zahlt nach Rechtshängigkeit 3.000 EUR. Der Kläger erklärt die Hauptsache iHv 3.000 EUR für erledigt, beantragt im Übrigen, den Beklagten zur Zahlung weiterer 7.000 EUR zu verurteilen. Der Beklagte widerspricht der Erledigungserklärung und beantragt Klageabweisung. **426**

74. **Erörtern:** Auslegung des Antrages.
Zulässige Klageänderung nach § 264 Nr. 2 ZPO.
Feststellungsinteresse nach § 256 I ZPO.
Perpetuatio fori gem. § 261 III Nr. 2 ZPO wegen des Absinkens des Streitwerts und als qualitative Modifizierung wegen des Wohnsitzwechsels.

Beachte: Bei vollständigen einseitigen Erledigungserklärungen reduziert sich der Streitwert ab der Erledigungserklärung auf das Kosteninteresse, dh die gesamten Verfahrenskosten nach dem ursprünglichen Streitwert. Wenn dieser Wert bei Klagen vor dem Landgericht 5.000 EUR nicht mehr übersteigt, müssen Sie § 261 III Nr. 2 ZPO erwähnen.
Sie können hier die pepetuatio fori gem. § 261 III Nr. 2 ZPO nicht mit der einfachen Begründung bejahen, die einmal begründete Zuständigkeit bleibe bestehen. Dies liegt daran, dass der Beklagte im Zeitpunkt der Rechtshängigkeit des neuen Antrags ja nicht mehr in dem betreffenden Gerichtsbezirk seinen Wohnsitz hatte. Dieser Besonderheit tragen Sie über die Rechtsfigur der sog. qualitativen Modifizierung Rechnung. Die Erledigungserklärung stellt sich prozessual nicht als »neuer« Anspruch dar, sondern als Reduzierung des ursprünglichen Klagebegehrens gem. § 264 Nr. 2 ZPO, für das der Gerichtsstand ursprünglich gegeben war und deshalb bestehen bleibt.

75. **Erörtern:** Auslegung des Antrages analog §§ 133, 157 BGB.
Zulässige Klageänderung nach § 264 Nr. 2 ZPO.
Feststellungsinteresse nach § 256 I ZPO.
Fortdauer der Zuständigkeit gem. § 261 III Nr. 2 ZPO.

Beachte: Die Zahlung ohne Anerkennung einer Rechtspflicht führt nicht zu einer Erfüllung und deshalb nicht zu einer Erledigung. Die Erledigungserklärung des Klägers beinhaltet aber eine »versteckte« Aufrechnungserklärung, sodass der Rechtsstreit doch erledigt ist.
Der Streitwert ist bis zur Erledigungserklärung der Wert der Hauptsache, danach nur das Kosteninteresse, also die Verfahrenskosten nach dem ursprünglichen Streitwert.
Es kommt hier nicht auf den Streit an, ob die Erklärung der Aufrechnung (so der BGH) oder das Bestehen der Aufrechnungslage für die Erledigung maßgeblich ist, weil beide Zeitpunkte nach Rechtshängigkeit liegen.

76. **Erörtern:** Auslegung des Antrages analog §§ 133, 157 BGB.
Zulässige Klageänderung nach § 264 Nr. 2 ZPO.
Feststellungsinteresse gem. § 256 I ZPO.

Beachte: Bei Erfolg der Aufrechnung ist das »erledigende Ereignis« nach BGH die Aufrechnungs**erklärung** und nicht die Aufrechnungs**lage**. Die materiellrechtliche Rückwirkungsfiktion von § 389 BGB besagt nicht, dass dies auch der prozessual maßgebliche Zeitpunkt ist.

77. **Erörtern:** Auslegung des Antrags analog §§ 133, 157 BGB.
§ 264 Nr. 2 ZPO, Reduzierung des ursprünglichen Begehrens.
§ 256 I ZPO, rechtliches Interesse für den Feststellungsantrag (die Teilerledigungserklärung).
§§ 260, 261 II, 263 Alt. 2 ZPO, zulässige, nachträgliche, obj., kumulative Klagenhäufung (jetzt sind es zwei Anträge).

78. Der Kläger klagt 10.000 EUR ein. Der Beklagte zahlt nach Rechtshängigkeit 3.000 EUR. Der Kläger erklärt die Hauptsache iHv 3.000 EUR für erledigt und beantragt im Übrigen, den Beklagten bei voller Kostentragung zur Zahlung weiterer 7.000 EUR zu verurteilen. Der Beklagte schließt sich der Erledigungserklärung an und beantragt im Übrigen, die Klage abzuweisen und dem Kläger die Kosten des gesamten Rechtsstreits aufzuerlegen. **433**

79. Der Kläger begehrt die Feststellung, dass der Beklagte verpflichtet ist, ihm den Schaden aus einem Verkehrsunfall zu ersetzen. Die Parteien streiten nur um die Schadenshöhe. Der genaue Umfang des Schadens ist noch nicht feststellbar, der Kläger könnte aber einzelne Schadenspositionen beziffern. **448**

80. Der Kläger stellt neben einem Leistungsantrag einen unbegründeten Feststellungsantrag. **449**

81. Der Kläger klagt auf künftige Räumung von Gewerberaum nach erfolgter Kündigung. Der Beklagte meint, zur Räumung nicht verpflichtet zu sein, und kündigt ein Verbleiben in den gemieteten Räumen nach Ablauf des Mietvertrages an, »komme, was da wolle«. **451**

82. Der Kläger verlangt vom Beklagten, der in einem anderen Gerichtsbezirk wohnt, die Zahlung des restlichen Kaufpreises, der Beklagte begehrt widerklagend vom Kläger die Rückzahlung der geleisteten Anzahlung wegen Rücktritts. **454**

83. Der Kläger verlangt vom Beklagten vor dem für beide Parteien als Gericht des Wohnsitzes örtlich zuständigen LG die Zahlung eines restlichen Kaufpreises von 6.000 EUR. Der Beklagte begehrt widerklagend die Rückzahlung der geleisteten Anzahlung von 1.000 EUR wegen Rücktritts. **455**

78. Erörtern: Reduzierung des ursprünglichen Begehrens zulässig gem. § 264 Nr. 2 ZPO.

Beachte: Im Fall einer übereinstimmenden Teilerledigungserklärung müssen Sie Ihre Kostenentscheidung, die Sie grundsätzlich ja nur durch die Angabe der angewandten Normen stützen, hinsichtlich des für erledigt erklärten Teils begründen, weil dieser Teil der Kostenentscheidung gem. § 91a II ZPO isoliert mit der sofortigen Beschwerde anfechtbar ist. Wenn ein Teil einer einheitlichen Forderung übereinstimmend für erledigt erklärt worden ist, reicht nach dem Obersatz gem. § 91a ZPO ein Verweis nach oben, wenn ein eigener Antrag übereinstimmend für erledigt erklärt worden ist, muss die gesamte rechtl. Bewertung in die Kostenentscheidung. Von der Teilerledigung steht nichts im Tenor.

79. Erörtern: Feststellungsinteresse gem. § 256 I ZPO.

Beachte: Das Feststellungsinteresse ist nur zwingende Voraussetzung begründeter Feststellungsklagen, bei unbegründeten kann es dahinstehen.

80. Erörtern: Das Feststellungsinteresse bei unbegründeten Feststellungsklagen ist qualifizierte Prozessvoraussetzung.
Ursprüngliche objektive kumulative Klagenhäufung gem. § 260 ZPO.

Beachte: Ist die Klage in der Sache abweisungsreif, ergeht ein Sachurteil ohne Prüfung des sog. Feststellungsinteresses. Grund dafür ist die umfassendere Rechtskraft und die damit eintretende größere Rechtssicherheit eines Sachurteils gegenüber einem Prozessurteil. Nur wenn dem Kläger nach materiellem Recht der mit der Feststellungsklage geltend gemachte Anspruch zumindest teilweise zusteht, ihm aber das Feststellungsinteresse fehlt, ergeht ein abweisendes Prozessurteil.

81. Erörtern: Klage auf künftige Leistung bei Besorgnis der Nichterfüllung gem. § 259 ZPO.

Beachte: Bei Klagen auf künftige Zahlung dürfen grundsätzlich keine Zinsen vor dem künftigen Fälligkeitszeitpunkt zuerkannt werden, also nicht schon ab Klagezustellung.

82. Erörtern: Besonderer Gerichtsstand der konnexen Widerklage gem. § 33 ZPO.
Konnexität von Klage und Widerklage ist im Rahmen von § 33 ZPO darzustellen.

Beachte: Ausführungen zur Zulässigkeit der Widerklage folgen erst nach der Abhandlung der Zulässigkeit und Begründetheit der Klage. Der Meinungsstreit, ob § 33 ZPO lediglich die örtliche Zuständigkeit konnexer Widerklagen regelt (so die Lit.) oder ob die Konnexität nach dieser Norm eine besondere Sachurteilsvoraussetzung ist, die für die Zulässigkeit jeder Widerklage vorliegen muss (so die Rspr.), spielt hier keine Rolle.

83. Erörtern: Die örtliche Zuständigkeit für die Widerklage folgt hier aus §§ 12, 13 ZPO, sodass § 33 ZPO in diesem Zusammenhang nicht zu erwähnen ist.
Die Konnexität von Klage und Widerklage ist getrennt darzustellen.
Die sachliche Zuständigkeit des Landgerichts folgt aus dem Streitwert der Klage. Arg. § 506 ZPO: Das Gericht muss für den gesamten Rechtsstreit zuständig sein.

Beachte: In diesem Fall müssen Sie die sachliche Zuständigkeit, die sich analog § 506 ZPO aus dem Streitwert der Klage ergibt, am Anfang der Entscheidungsgründe darstellen. Die übrigen Zulässigkeitsvoraussetzungen der Widerklage erörtern Sie wie stets nach den Ausführungen zur Klage. Es herrscht ein Meinungsstreit, ob § 33 ZPO lediglich die örtliche Zuständigkeit konnexer Widerklagen regelt (so die Lit.) oder ob die Konnexität nach dieser Norm eine besondere Sachurteilsvoraussetzung ist, die für die Zulässigkeit jeder Widerklage vorliegen muss (so die Rspr.). Der Streit ist in der Regel irrelevant, weil Sie es im Examen – so die Erfahrung der letzten Jahre – stets mit konnexen Widerklagen zu tun haben werden.
Für den Gebührenstreitwert müssen die Einzelstreitwerte gem. § 45 I GKG addiert werden (wichtig für die Kostenentscheidung und die Höhe der Anwaltsgebühren).

84. Der Kläger verlangt vom Beklagten die Zahlung eines restlichen Kaufpreises von 1.000 EUR, der Beklagte begehrt widerklagend die Rückzahlung der geleisteten Anzahlung von 6.000 EUR. Der Rechtsstreit ist auf Rüge des Beklagten gem. § 506 ZPO vom Amtsgericht an das für beide Parteien örtlich zuständige Landgericht verwiesen worden. **455**

85. Der Kläger macht gegen den Beklagten Ansprüche aus einem Verkehrsunfall vor dem Gericht geltend, in dessen Bezirk der Unfall stattgefunden hat. Der Beklagte erhebt Widerklage gegen den Kläger und dessen Haftpflichtversicherung. Der Kläger und seine Versicherung haben ihren Wohnsitz in einem anderen Bezirk. **456**

86. Der Kläger macht gegen den Beklagten den Teil eines ihm abgetretenen Anspruchs geltend. Der Beklagte erklärt die Aufrechnung mit Ansprüchen aus dem Rechtsverhältnis mit dem Zedenten, die den eingeklagten Teil der Forderung übersteigen. Den die Klageforderung übersteigenden Betrag seiner Forderung macht der Beklagte widerklagend gegen den Zedenten geltend. **458a**

84. Erörtern: Die sachliche Zuständigkeit für die Klage folgt nach dem Rechtsgedanken des § 506 ZPO aus dem Streitwert der Widerklage. Keine Streitwertaddition gem. § 5 ZPO.

Die Konnexität von Klage und Widerklage gesondert darstellen. Es herrscht ein Meinungsstreit, ob § 33 ZPO lediglich die örtliche Zuständigkeit konnexer Widerklagen regelt (so die Lit.) oder ob die Konnexität nach dieser Norm eine besondere Sachurteilsvoraussetzung ist, die für die Zulässigkeit jeder Widerklage vorliegen muss (so die Rspr.). Der Streit ist bei konnexen Widerklagen irrrelevant, sodass Sie ihn nur kurz erwähnen sollten.

Beachte: Ausführungen zur Zulässigkeit der Widerklage folgen erst nach der Abhandlung der Zulässigkeit und Begründetheit der Klage.

§ 33 ZPO begründet für die konnexe Widerklage einen zusätzlichen besonderen Gerichtsstand. In der Zulässigkeit ist das aber nur zu erwähnen, wenn das angerufene Gericht nicht ohnehin nach den allgemeinen Vorschriften (zB hier §§ 12, 13 ZPO) zuständig ist oder der Kläger sich rügelos auf die Widerklage eingelassen hat.

85. Erörtern: Örtliche Zuständigkeit für die Widerklage gg. den Kläger gem. § 32 ZPO. Örtliche Zust. der Drittwiderklage gegen die Versicherung gem. § 20 StVG. Konnexität der Widerklagen. Es herrscht ein Meinungsstreit, ob § 33 ZPO lediglich die örtliche Zuständigkeit konnexer Widerklagen regelt (so die Lit.) oder ob die Konnexität nach dieser Norm eine besondere Sachurteilsvoraussetzung ist, die für die Zulässigkeit jeder Widerklage vorliegen muss (so die Rspr.). Der Streit ist bei konnexen Widerklagen irrrelevant, sodass Sie ihn nur kurz erwähnen sollten.

Zuständigkeit der Drittwiderklage gegen die Versicherung gem. § 20 StVG. Parteiidentität und gegebenenfalls die übrigen Sachurteilsvoraussetzungen der Widerklage.

Parteierweiterung gem. §§ 263 Alt. 2, 59, 60 iVm § 260 ZPO analog zulässig.

Beachte: Für Ansprüche aus Verkehrsunfällen, bei denen der Versicherer einbezogen wird, ergibt sich für diesen die Zuständigkeit aus § 20 StVG. § 115 I VVG erwähnen. Versicherung und Versicherungsnehmer sind nur einfache Streitgenossen.

86. Erörtern: Gegebenenfalls § 33 ZPO analog als besonderer Gerichtsstand für »isolierte Drittwiderklagen«.

Sachdienlichkeit, kein Verstoß gegen Treu und Glauben und Voraussetzung der nachträgl. Parteierweiterung als besondere Zulässigkeitsvoraussetzung der isolierten Drittwiderklage, Ausnahme vom Grundsatz der Parteiidentität.

Beachte: Wenn der Kläger eine ihm zum Teil abgetretene Forderung gegen den Beklagten geltend macht und dieser sich im Wege der Aufrechnung mit Schadensersatzansprüchen aus dem Vertragsverhältnis mit dem Zedenten zur Wehr setzt, die den abgetretenen Teil der Forderung übersteigen, kann der Beklagte den bislang nicht am Prozess beteiligten Zedenten im Wege einer isolierten Drittwiderklage in den Prozess einbeziehen. Die Tatsache, dass das Gericht ohnehin bei der Beurteilung der Aufrechnung über die Forderung des Beklagten entscheiden muss, begründet die Sachdienlichkeit der Widerklage. Gleiches gilt für Fälle, in denen die Wirksamkeit einer – teilweisen oder vollständigen – Abtretung zweifelhaft ist und der Beklagte ein rechtliches Interesse an der Feststellung hat, dass nicht nur dem Kläger (Zessionar), sondern auch dem Zedenten keine Ansprüche gegen ihn zustehen.

Denken Sie daran, dass der Beklagte bei Ansprüchen gegen den Zedenten gegenüber dem als Kläger auftretenden Zessionar gem. § 404 BGB ein Zurückbehaltungsrecht geltend machen und nach Maßgabe von § 406 BGB die Aufrechnung erklären kann.

§ 33 ZPO begründet in entsprechender Anwendung nach der neueren Rspr. des BGH einen örtlichen Gerichtsstand gegen einen bislang nicht am Rechtsstreit beteiligten Dritten. Zusammenhängende Ansprüche sollen einheitlich entschieden werden, um die Gefahr sich divergierender Entscheidungen zu vermeiden.

87. Der Kläger macht gegen den Beklagten eine begründete Werklohnforderung geltend, die er zuvor zur Sicherheit an die ABC-Bank abgetreten hat. Diese hat ihn, nachdem der Beklagte die Zahlung verweigert hat, zur Geltendmachung der Forderung im eigenen Namen bevollmächtigt.
Der Beklagte erklärt hilfsweise die Aufrechnung mit berechtigten Ansprüchen aus einem eigenen Vertragsverhältnis mit der ABC-Bank, die den eingeklagten Anspruch übersteigen. Wegen des übersteigenden Betrages erhebt er Widerklage gegen die ABC-Bank. **458b**

88. Der Kläger macht aus einem Vertrag Ansprüche geltend und kündigt weitere Ansprüche an. Der Beklagte beantragt widerklagend festzustellen, dass kein Vertrag bestehe.

459

89. Der Beklagte macht die Forderung, mit der er bereits hilfsweise die Aufrechnung erklärt hat, in demselben Rechtsstreit hilfsweise widerklagend geltend. **460**

87. Erörtern: Die Voraussetzungen der Zulässigkeit des Auftretens in gewillkürter Prozessstandschaft:
- Frühere Rechtsinhaberschaft
- Schutzwürdiges Interesse am Auftreten in Prozessstandschaft
- Bevollmächtigung durch den jetzigen materiellen Rechtsinhaber
- Keine Benachteiligung des Beklagten

Die Voraussetzungen der Zulässigkeit einer isolierten Drittwiderklage:
- Gegebenenfalls § 33 ZPO als besonderer Gerichtsstand für isolierte Drittwiderklagen.
- Sachdienlichkeit anstelle von Konnexität (so der BGH), kein Verstoß gegen Treu und Glauben und Voraussetzung der nachträgl. Parteierweiterung als besondere Zulässigkeitsvoraussetzung der isolierten Drittwiderklage, Ausnahme vom Grundsatz der Parteiidentität.

Beachte: Wenn der Kläger in Prozessstandschaft klagt und der Beklagte einen Anspruch gegen den materiellen Rechtsinhaber geltend machen will, kommt eine Widerklage gegen den Kläger wegen dieses Anspruches nicht in Betracht, da sich der Anspruch des Beklagten nicht gegen den Kläger, sondern gegen den materiellen Rechtsinhaber richtet.

Der Beklagte kann allerdings mit diesem Anspruch aufrechnen oder gegen den materiellen Rechtsinhaber im Wege einer isolierten Drittwiderklage vorgehen. Bei gewillkürter Prozessstandschaft wird die Konnexität zweifelhaft sein, weil mögliche Ansprüche des Beklagten nach Abtretung gegen den materiellen Rechtsinhaber (zB die Bank) in der Regel nicht mit dem klageweise geltend gemachten Anspruch (zB einer Werklohnforderung) zusammenhängen dürften.

Eine isolierte Hilfswiderklage gegen den Dritten wäre unzulässig, weil das Prozessrechtsverhältnis zu dem Dritten nicht in der Schwebe bleiben darf.

88. Erörtern: Gegebenenfalls örtliche Zuständigkeit für die Widerklage gem. § 33 ZPO.
Feststellungsinteresse gem. § 256 II ZPO. Den Meinungsstreit, ob § 33 ZPO lediglich die örtliche Zuständigkeit konnexer Widerklagen regelt (so die Lit.) oder ob die Konnexität nach dieser Norm eine besondere Sachurteilsvoraussetzung ist, die für die Zulässigkeit jeder Widerklage vorliegen muss (so die Rspr.), ist bei konnexen Widerklagen irrrelevant, sodass Sie ihn nur kurz erwähnen sollten.

Beachte: Eine Zwischenfeststellungswiderklage ist zulässig, wenn das Rechtsverhältnis, dessen Klärung der Beklagte begehrt, vorgreiflich für die Hauptklage ist und in seiner Bedeutung über diese hinausgeht.

89. Erörtern: Gegebenenfalls örtliche Zuständigkeit für die Widerklage gem. § 33 ZPO.
Konnexität durch die Hilfsaufrechnung.
Den Meinungsstreit, ob § 33 ZPO lediglich die örtliche Zuständigkeit konnexer Widerklagen regelt (so die Lit.) oder ob die Konnexität nach dieser Norm eine besondere Sachurteilsvoraussetzung ist, die für die Zulässigkeit jeder Widerklage vorliegen muss (so die Rspr.), ist bei konnexen Widerklagen irrrelevant, sodass Sie ihn nur kurz erwähnen sollten.
Keine Bedenken wegen der Verletzung des Bestimmtheitsgrundsatzes gem. § 253 II Nr. 2 ZPO, da innerprozessuale Bedingung.
Keine anderweitige Rechtshängigkeit durch die Hilfsaufrechnung gem. § 261 III Nr. 1 ZPO, da Aufrechnung keine Rechtshängigkeit begründet.

Beachte: Wenn die Aufrechnung greift, entfällt die Entscheidung über die Widerklage.

90. Der Beklagte hat dem Kläger eine Sache unter Eigentumsvorbehalt verkauft und geliefert. Wegen Zahlungsverzuges erklärt der Beklagte den Rücktritt und verlangt die Sache heraus. Der Kläger weigert sich. Der Beklagte nimmt die Sache dem Kläger gegen dessen Willen bei Nacht und Nebel weg. Der Kläger beruft sich auf § 861 I BGB und verlangt die Sache heraus. Er bestreitet den vom Beklagten behaupteten Eigentumsvorbehalt. Daraufhin beantragt der Beklagte widerklagend, sein Eigentum und das fehlende Besitzrecht des Klägers festzustellen. **462**

91. Der Kläger erwirkt einen Mahnbescheid, der Beklagte legt rechtzeitig Widerspruch ein. Durch Verzögerungen im Postlauf des Gerichts wird der Widerspruch aber verspätet vorgelegt. Es ist bereits ein Vollstreckungsbescheid ergangen. **463**

92. Der Beklagte hat sich innerhalb der ihm nach § 276 ZPO gesetzten Frist nicht gemeldet. Gegen das daraufhin ergangene Versäumnisurteil hat er eine Woche nach Zustellung form- und fristgerecht Einspruch eingelegt. **464**

93. Das Gericht hat dem Beklagten die Klage mit dem Antrag nach § 331 III ZPO im schriftlichen Vorverfahren zugestellt. Das VU ist nach Fristablauf antragsgemäß erlassen und dem Beklagten am 1.3.2018 zugestellt worden. Die Zustellung an den Kläger ist erst am 3.3.2018 erfolgt. Der Beklagte hat am 16.3.2018 Einspruch eingelegt. **464**

90. Erörtern: Örtliche Zuständigkeit für die Widerklage, gegebenenfalls gem. § 33 ZPO.

Sachliche Zuständigkeit.

Den Meinungsstreit, ob § 33 ZPO lediglich die örtliche Zuständigkeit konnexer Widerklagen regelt (so die Lit.) oder ob die Konnexität nach dieser Norm eine besondere Sachurteilsvoraussetzung ist, die für die Zulässigkeit jeder Widerklage vorliegen muss (so die Rspr.), ist bei konnexen Widerklagen irrelevant, sodass Sie ihn nur kurz erwähnen sollten.

Feststellungsinteresse gem. § 256 ZPO.

§ 863 BGB steht Zulässigkeit wegen § 864 II BGB analog nicht entgegen.

Beachte: Fall einer sog. petitorischen Widerklage. Die Entscheidungsgründe sind bei erfolgreichen petitorischen Widerklagen anders aufgebaut als bei normalen Widerklagen. Die Zulässigkeit und Begründetheit einer erfolgreichen petitorischen Widerklage sind vor der Begründetheit der Klage abzuhandeln, weil deren Schicksal grundsätzlich vom Erfolg der Widerklage abhängt, was aus § 864 II BGB analog folgt. Bei erfolglosen petitorischen Widerklagen bleibt es bei dem üblichen Aufbau: zunächst die Klage, danach die Widerklage.

91. Erörtern: Der Widerspruch ist analog § 694 II ZPO als rechtzeitiger Einspruch zu werten.

Beachte: Im Tenor muss ein Vollstreckungsbescheid wie ein Versäumnisurteil je nach Verfahrensausgang aufrechterhalten oder aufgehoben werden. Im Tatbestand müssen Sie den Teil der Prozessgeschichte, der den Vollstreckungsbescheid betrifft, mit Daten vor den Anträgen bringen, weil diese sonst unverständlich sind. Im Ergebnis wird der Einspruch statthaft und rechtzeitig sein, damit Sie zu einem Sachurteil kommen.

92. Erörtern: Der Einspruch ist zulässig. Er ist gem. § 338 ZPO statthaft, in der Frist des § 339 ZPO eingelegt und § 340 II ZPO beachtet worden.

Beachte: Sie sollten bei Einsprüchen gegen Versäumnisurteile grundsätzlich von deren Zulässigkeit ausgehen. Im Tenor muss ein Versäumnisurteil je nach Verfahrensausgang aufrechterhalten oder aufgehoben werden. Im Tatbestand muss der Teil der Prozessgeschichte, der das VU betrifft, mit allen erforderlichen Daten vor den Anträgen dargestellt werden, weil diese sonst unverständlich sind. Bei einer Klageabweisung ist bezüglich der Kostenentscheidung zu bedenken, dem Beklagten die durch seine Säumnis entstandenen Kosten aufzuerlegen. Bezüglich der Fristen ist auf § 222 I ZPO und §§ 187 I, 188 II BGB zu achten.

93. Erörtern: Der Einspruch ist zulässig. Er ist gem. § 338 ZPO statthaft, in der Frist des § 339 ZPO eingelegt und § 340 II ZPO beachtet worden.

Bei einem Versäumnisurteil im schriftlichen Vorverfahren beginnt die zweiwöchige Einspruchsfrist erst ab der zeitlich letzten Zustellung zu laufen, § 310 III ZPO.

Beachte: Im Tenor muss ein Versäumnisurteil je nach Verfahrensausgang aufrechterhalten oder aufgehoben werden. Im Tatbestand muss der Teil der Prozessgeschichte, der das Versäumnisurteil betrifft, mit allen erforderlichen Daten vor den Anträgen dargestellt werden, weil diese sonst unverständlich sind. Bei einer Klageabweisung sind dem Beklagten die durch seine Säumnis entstandenen Kosten aufzuerlegen. Bei der vorläufigen Vollstreckbarkeit an § 709 S. 3 ZPO denken. Bezüglich der Fristen auf § 222 I ZPO und §§ 187 I, 188 II BGB achten!

94. Der Einspruch des Beklagten ist verspätet. Er hatte aber rechtzeitig seinen Prozessbevollmächtigten mit der Einlegung des Einspruchs beauftragt, dessen Personal hat die
Frist aber versäumt. So lautet die eidesstattliche Versicherung der Auszubildenden. **466**

95. Der Kläger nimmt den Beklagten in einem Folgeprozess in Regress. Der Kläger ist im
Vorprozess zur Zahlung von Schadensersatz verurteilt worden und meint, der Beklagte
müsse ihm den Schaden ersetzen. In diesem Vorprozess hat der Kläger dem Beklagten
den Streit verkündet. Der Beklagte ist nicht beigetreten. **385d**

94. Erörtern: Der Einspruch ist zulässig. Er ist gem. § 338 ZPO statthaft, in der Frist des § 339 ZPO eingelegt und § 340 II ZPO beachtet worden.
Zulässigkeit der Wiedereinsetzung gem. § 233 ZPO.
Keine Zurechnung des Verschuldens von Anwaltsgehilfen, § 85 II ZPO.

Beachte: Bei Einsprüchen gegen Versäumnisurteile sollten Sie grundsätzlich von deren Zulässigkeit ausgehen. Vor der Entscheidung über einen Wiedereinsetzungsantrag sollten Sie aber immer zur Klärung der Rechtzeitigkeit den Fristbeginn (§ 310 III ZPO oder kein Fristlauf wegen fehlender Belehrung) und das Ende der Frist (§ 222 I ZPO und §§ 187 I, 188 II BGB) prüfen. Erst wenn dann feststeht, dass der Einspruch nicht rechtzeitig war, die Wiedereinsetzung prüfen. Dieser Antrag wird – klausurtaktisch – begründet sein, damit es weiter geht.
Im Tenor muss ein Versäumnisurteil je nach Ergebnis ganz oder teilweise aufrechterhalten oder aufgehoben werden. Im Tatbestand ist der Teil der Prozessgeschichte, der das Versäumnisurteil betrifft, mit allen erforderlichen Daten vor den Anträgen darzulegen.
Bei der Kostenentscheidung ist im Fall einer Klageabweisung bei einem »in gesetzlicher Weise« ergangenen Versäumnisurteil zu bedenken, dem Beklagten die durch seine Säumnis entstandenen Kosten aufzuerlegen, § 344 ZPO.
Bei der vorläufigen Vollstreckbarkeit an § 709 S. 3 ZPO denken.
Bezüglich der Fristen ist auf § 222 I ZPO und §§ 187 I, 188 II BGB zu achten.

95. Beachte: Im Tatbestand sind die Streitverkündung mit genauen Angaben betr. Form und Daten am Ende des unstreitigen Teils anzuführen.
Erst in der Begründetheit ist die Frage der Interventionswirkung des § 68 ZPO zu erörtern. Diese hängt ab von
- der Zulässigkeit der Streitverkündung gem. § 72 ZPO,
- der Beachtung der Form der Streitverkündung gem. § 73 ZPO,
- dem Vorliegen der Einwendungen gem. § 68 Hs. 2 ZPO.

96. Der Kläger hat ursprünglich die Herausgabe eines Fotos begehrt, das keinen materiellen Wert hatte, für den Kläger aber von großem Erinnerungswert war. Der Beklagte hat mit erheblichem Vortrag Klageabweisung beantragt. Beide Parteien haben Zeugen für ihre relevanten Behauptungen benannt. Das Foto ist durch Zufall verloren gegangen, bevor eine Beweisaufnahme durchgeführt worden ist. Daraufhin haben die Parteien den Rechtsstreit übereinstimmend für erledigt erklärt und wechselseitige Kostenanträge gestellt.

Wie ist zu entscheiden und was ist dabei zu beachten?　　　　　**435**

96. Beachte: Wenn die Parteien den Rechtsstreit in der Hauptsache übereinstimmend für erledigt erklärt haben, ist gem. § 91a I 1 ZPO nur noch über die Kosten durch Beschluss zu entscheiden. Gemäß § 91a I 2 ZPO gilt dies auch, wenn der informierte Beklagte auf eine Erledigungserklärung des Klägers länger als zwei Wochen schweigt.

Wenn **nach einem Vergleich** übereinstimmende Erledigungserklärungen abgegeben werden, ist § 98 ZPO zu erörtern. Sie müssen darlegen, dass sich aus der Tatsache, dass die Kosten in dem Vergleich nicht ausdrücklich mit geregelt worden sind und die Parteien eine gerichtliche Entscheidung beantragen, durch Auslegung analog §§ 133, 157 BGB die konkludente Vereinbarung ergibt, die Kostenentscheidung dem Gericht zu überlassen.

Das **Rubrum** des Beschlusses unterscheidet sich von dem eines Urteils dadurch, dass »Im Namen des Volkes« fehlt und nicht »für Recht erkannt«, sondern *»beschlossen«* wird.

Der **Tenor** eines Beschlusses nach § 91a ZPO erschöpft sich grundsätzlich in der Kostenentscheidung.

Zur Klarstellung können und auf Antrag müssen Sie analog § 269 IV ZPO aussprechen, dass zuvor ergangene Entscheidungen aufgehoben sind (nicht **werden**!) oder gegenstandslos sind. Der Ausspruch hat nur deklaratorische Bedeutung.

Sie dürfen weder etwas zur Erledigung noch zur vorläufigen Vollstreckbarkeit sagen. Die Frage der Erledigung oder die des Zeitpunktes vor oder nach Rechtshängigkeit spielt anders als bei einseitigen Erledigungserklärungen bei übereinstimmenden keine Rolle. Der Beschluss ist gem. § 794 I Nr. 3 ZPO ohne Ausspruch vorläufig vollstreckbar.

Nach dem Tenor folgt die Überschrift **»Gründe«,** unterteilt in **I.** (entspricht dem Tatbestand) und **II.** (entspricht den Entscheidungsgründen). Sie müssen den unstreitigen Teil des Tatbestandes im Präteritum und den streitigen einschließlich der Erledigungserklärungen und der zuvor gestellten oder angekündigten Sachanträge im Perfekt darstellen.

In der Sache müssen Sie gem. § 91a ZPO über die Kosten des Rechtsstreits unter Berücksichtigung des bisherigen Sach- und Streitstandes nach billigem Ermessen entscheiden. Die Kostenentscheidung hängt grundsätzlich von der materiellen Rechtslage ab.

Die entscheidende Frage lautet: Wie wäre der Rechtsstreit ohne die Erledigungserklärungen ausgegangen? Eine etwaige Unzuständigkeit des Gerichts oder andere behebbare Zulässigkeitsmängel bleiben dabei unberücksichtigt, weil davon auszugehen ist, dass der Kläger nach einem entsprechenden Hinweis des Gerichts den behebbaren Mangel abstellt.

Im Rahmen der **Billigkeitserwägungen** kann bei einem Vergleich das gegenseitige Nachgeben wie ein Teilunterliegen berücksichtigt werden. Andererseits ist nicht jede »Unterwerfung« des Beklagten ein Grund für seine Kostentragungspflicht, vor allem nicht, wenn er nur zur Vermeidung eines langwierigen Rechtsstreits zahlt.

Obwohl der Ausgang des Rechtsstreits ohne Durchführung der Beweisaufnahme nicht vorherzusagen ist, sind die Kosten hier nicht nach dem Rechtsgedanken von § 92 I Alt. 1 ZPO gegeneinander aufzuheben. Wegen des höheren Risikos aufgrund der Beweislast erscheint es im Rahmen der anzustellenden Billigkeitserwägungen angemessen, sie im Verhältnis 2/3 zu 1/3 zulasten der beweisbelasteten Partei zu verteilen.

97. Der Kläger hat ursprünglich die Herausgabe von Briefen begehrt, die keinen materiellen Wert hatten, für den Kläger aber von großem Erinnerungswert waren. Der Beklagte hat mit unerheblichem Vortrag Klageabweisung beantragt.

Die Briefe sind bereits vor Prozessbeginn verloren gegangen, was der Beklagte wusste, aber erst in der mündlichen Verhandlung nach dem Stellen der Anträge bekannt gegeben hat. Daraufhin nimmt der Kläger die Klage zurück.

Der Beklagte widerspricht der Klagerücknahme unter Hinweis auf § 269 I ZPO. Die Parteien stellen wechselseitige Kostenanträge.   **424**

98. Der Kläger hat ursprünglich die Herausgabe von Briefen begehrt, die keinen materiellen Wert hatten, für den Kläger aber von großem Erinnerungswert waren. Der Beklagte hat mit erheblichem Vortrag Klageabweisung beantragt. Beide Parteien haben Beweis für ihre relevanten Tatsachenbehauptungen angeboten.

Nachdem der Beklagte behauptete, die Briefe seien verloren gegangen, stellt der Kläger seine Klage um und beantragt festzustellen, dass der Beklagte verpflichtet ist, die Kosten des Rechtsstreits zu tragen.

Der Beklagte widerspricht und meint, das Vorgehen des Klägers stelle eine Klagerücknahme dar, sodass das Gericht nach § 269 III 3 ZPO ohne Beweisaufnahme nur noch über die Kosten entscheiden müsse.   **420**

97. **Beachte:** Wenn der Kläger seine Klage zurücknimmt und einen Kostenantrag zulasten des Beklagten stellt, ist gem. § 269 III 3 ZPO nur noch über die Kosten durch Beschluss zu entscheiden. Dieser Beschluss entspricht in den wesentlichen Teilen dem Beschluss gem. § 91a ZPO nach übereinstimmenden Erledigungserklärungen. Der Widerspruch des Beklagten ist ohne Belang, weil die Rücknahme gem. § 269 III 3 ZPO als Ergänzung der Rechtsfigur der Erledigungserklärung wie diese nicht von der Zustimmung des Beklagten abhängt.

Das **Rubrum** des Beschlusses unterscheidet sich von dem eines Urteils dadurch, dass »Im Namen des Volkes« fehlt und nicht »für Recht erkannt«, sondern *»beschlossen«* wird.

Der **Tenor** eines Beschlusses nach § 269 III 3 ZPO erschöpft sich grundsätzlich in der Kostenentscheidung.

Zur Klarstellung können und auf Antrag müssen Sie analog § 269 IV ZPO aussprechen, dass zuvor ergangene Entscheidungen aufgehoben **sind** (nicht **werden**!) oder gegenstandslos sind. Der Ausspruch hat nur deklaratorische Bedeutung.

Der Beschluss ist gem. § 794 I Nr. 3 ZPO ohne Ausspruch vorläufig vollstreckbar.

Nach dem Tenor folgt die Überschrift **»Gründe«**, unterteilt in **I.** (entspricht dem Tatbestand) und **II.** (entspricht den Entscheidungsgründen). Sie müssen den unstreitigen Teil des Tatbestandes im Präteritum und den streitigen einschließlich der Rücknahmeerklärung und der zuvor gestellten oder angekündigten Sachanträge im Perfekt darstellen.

In der Sache müssen Sie gem. § 269 III 3 ZPO über die Kosten des Rechtsstreits unter Berücksichtigung des bisherigen Sach- und Streitstandes nach billigem Ermessen entscheiden. Die Kostenentscheidung hängt grundsätzlich von der materiellen Rechtslage ab.

Die entscheidende Frage lautet: Wie wäre der Rechtsstreit ohne die Klagerücknahme ausgegangen? Eine etwaige Unzuständigkeit des Gerichts oder andere behebbare Zulässigkeitsmängel bleiben dabei allerdings unberücksichtigt, weil davon auszugehen ist, dass der Kläger nach einem entsprechenden Hinweis des Gerichts den behebbaren Mangel abstellt.

Obwohl der Ausgang des Rechtsstreits ohne Durchführung der Beweisaufnahme nicht vorherzusagen ist, sind die Kosten hier nicht nach dem Rechtsgedanken von § 92 I Alt. 1 ZPO gegeneinander aufzuheben. Wegen des höheren Risikos aufgrund der Beweislast erscheint es im Rahmen der anzustellenden Billigkeitserwägungen angemessen, sie im Verhältnis 2/3 zu 1/3 zulasten der beweisbelasteten Partei zu verteilen.

98. **Erörtern:** Wenn der Klageanlass nach Rechtshängigkeit wegfällt, muss der Kläger für erledigt erklären, wenn er nicht verlieren will. Demgegenüber ist die Regelung in § 269 III 3 ZPO als eine mögliche Vorgehensweise des Klägers formuliert.

Der Kläger kann die Klage bei Wegfall des Klageanlasses zurückzunehmen mit der Folge einer Kostenentscheidung nach § 269 III 3 ZPO, er muss aber nicht, so der BGH. Wenn er das Risiko einer Billigkeitsentscheidung ohne Durchführung der Beweisaufnahme vermeiden will, kann er seine Klage auch umstellen und die Feststellung beantragen, dass der Beklagte verpflichtet ist, die Kosten des Rechtsstreits wg. Verzuges zu tragen. Dann wird der Rechtsstreit fortgesetzt, also gegebenenfalls auch mit Durchführung einer Beweisaufnahme. Das erforderliche Feststellungsinteresse folgt aus dem Kosteninteresse des Klägers.

99. Der neue Prozessbevollmächtigte des Beklagten legt in einem Rechtsstreit vor dem Landgericht formgerecht Einspruch gegen ein Versäumnisurteil ein, erwidert auf die Klage und beantragt Klageabweisung sowie die einstweilige Einstellung der Zwangsvollstreckung. Das Versäumnisurteil war dem Beklagten persönlich vor weit mehr als zwei Wochen zugestellt worden. Sein damaliger Prozessbevollmächtigter hatte bereits zuvor das Mandat niedergelegt. Der neue Prozessbevollmächtigte hat sich erst in dem Einspruchsschreiben zur Akte legitimiert. Die Entscheidung des Gerichts ist zu entwerfen. **466**

100. Der Kläger macht gegen den Beklagten einen Anspruch auf Nutzungsentschädigung geltend, die im Zusammenhang mit einen früheren Rechtsstreit umgekehrten Rubrums steht, in dem der Beklagte als Kläger Ansprüche aus der Rückabwicklung eines Grundstückskaufvertrages eingeklagt hat. In jenem Rechtsstreit hat der Kläger – damals als Beklagter – die nunmehr eingeklagte Nutzungsentschädigung nicht geltend gemacht.
Der Beklagte hält die Klage wegen entgegenstehender Rechtskraft für unzulässig. Er meint, sämtliche Ansprüche aus dem damaligen Rückabwicklungsverhältnis seinen durch das rechtskräftige Urteil entschieden. **383**

101. Der Kläger verlangt vom Beklagten Herausgabe einer Sache. Keine Partei bietet für die streitige Tatsache, ob der Beklagte noch im Besitz der Sache ist, Beweis an. **402**

102. Der Kläger verkennt, dass der Anlass zu seiner berechtigten Klage bereist vor deren Zustellung weggefallen ist und erklärt den Rechtsstreit für erledigt. Der Beklagte widerspricht. **431a**

99. Beachte: Zu entscheiden ist per Beschluss über den Antrag auf einstweilige Einstellung der Zwangsvollstreckung gem. §§ 719 I, 707 ZPO.

Das **Rubrum** des Beschlusses unterscheidet sich von dem eines Urteils dadurch, dass »Im Namen des Volkes« fehlt und nicht »für Recht erkannt«, sondern *beschlossen* wird. Der **Tenor** des Beschlusses lautet:

> Der Antrag auf einstweilige Einstellung der Zwangsvollstreckung wird zurückgewiesen.
>
> (oder:)
>
> Die Zwangsvollstreckung aus dem Versäumnisurteil des ... (Az.: ...) wird einstweilen gegen Sicherheitsleistung iHv ... eingestellt.

Der Beschluss enthält keine Kostenentscheidung.

Nach dem Tenor folgt die Überschrift »**Gründe**«, unterteilt in **I.** (entspricht dem Tatbestand) und **II.** (entspricht den Entscheidungsgründen).

In der Sache hängt die Entscheidung von der Zulässigkeit des Einspruchs und der Erfolgsaussicht des Verteidigungsvorbringens des Beklagten ab. Bei streitigem Sachverhalt und erheblichem Vorbringen des Beklagten kommen Beweis- bzw. Beweislastfragen ins Spiel, wenn der Streit lediglich um Rechtsfragen geht, bedeutet dies: Wenn der Kläger in der Sache Recht hat, wird der Antrag abgelehnt, wenn der Beklagte Recht hat, wird dem Antrag stattgegeben.

Der Einspruch ist hier statthaft und zulässig, da die Frist nicht zu laufen begonnen hat. Die Zustellung an den Beklagten war unwirksam; sie hätte trotz der Niederlegung des Mandats an den früheren Prozessbevollmächtigten erfolgen müssen, §§ 172, 87 I 2 ZPO.

100. Erörtern: Die erstmalige Geltendmachung von Ansprüchen des Beklagten aus demselben Sachverhalt wird durch die rechtskräftige Entscheidung über die Ansprüche des Klägers im Vorprozess nur dann präkludiert, wenn die alle gegenseitigen Ansprüche im Vorprozess hätten saldiert werden müssen, zB im Rahmen eines bereicherungsrechtlichen Ausgleichs. Das ist bei der Geltendmachung von Nutzungsentschädigungen im Rahmen von Rückabwicklungsverhältnissen nicht der Fall. (S. auch Fall Nr. 50.)

101. Erörtern: Die Verurteilung zu einer streitigen »unmöglichen« Leistung lässt das allgemeine Rechtsschutzbedürfnis unberührt. In diesen Fällen wird das Leistungsvermögen des Beklagten als qualifizierte Prozessvoraussetzung (Rn. 361) für die Zulässigkeit der Klage unterstellt. Bei einem non liquet verliert der beweispflichtige Beklagte.

102. Erörtern: Umdeutung der Erledigungserklärung in eine Klagerücknahme gem. § 269 III 3 ZPO. Argument für die Kostentragung des Beklagten ist der Gedanke aus § 93 ZPO.

Beachte: Sie verfassen einen Beschluss gem. § 269 III 3 ZPO.
Die Gründe beginnen mit der Erläuterung der Umdeutung.

C. Standardkonstellationen zur Kostenentscheidung

Auch wenn – oder gerade weil – in den letzten Jahren die Tendenz in Examensklausuren zu erkennen ist, kompliziertere Kostenentscheidungen zu erlassen, wird von Ihnen erwartet, dass Sie die Standardkonstellationen beherrschen. Durch regelmäßiges Wiederholen der folgenden Fälle erreichen Sie die Sicherheit, die Ihnen im Examen Zeit sparen hilft und Ihnen die Gewissheit gibt, bei dieser Aufgabe keine Fehler zu machen. Zudem werfen Fehler, die Sie zu Beginn Ihrer Arbeit machen, gleich ein schlechtes Licht auf Ihr »Werk« und wiegen erfahrungsgemäß besonders schwer.

Beantworten Sie die Fragen:

- Wie lautet die Kostenentscheidung?
- Welche Normen sind im Urteil bei den prozessualen Nebenentscheidungen anzuführen?

Die Zahlen am Ende der Aufgaben sind die Randnummern der Fundstellen in Band I.

1. **§ 91 I 1 ZPO regelt die Kostentragung bei vollständigem Unterliegen.**

   Der Beklagte trägt die Kosten des Rechtsstreits.

   § 91 I 1 ZPO

2. Bei Zuvielforderungen von bis zu 10%, die keine oder nur geringfügig höhere Kosten – zB durch einen Gebührensprung – verursacht haben, können Sie die gesamten Kosten der unterlegenen Partei auferlegen.
   Merken Sie sich: Wenn der letzte Satz des Hauptsachetenors lautet »Im Übrigen wird die Klage abgewiesen«, folgt die Kostenentscheidung nicht aus § 91 I 1 ZPO, sondern aus § 92 II Nr. 1 ZPO. Dies gilt auch, wenn der Kläger mit einem noch so kleinen Betrag der Hauptforderung oder einem früheren Zinsbeginn, und sei es der berühmte eine Tag wegen Nichtbeachtung von § 187 I BGB analog, nicht durchdringt. Das wird häufig falsch gemacht.

   Der Beklagte trägt die Kosten des Rechtsstreits.

   § 92 II Nr. 1 ZPO

3. Die gesamtschuldnerische Haftung muss nicht ausgesprochen werden, weil dies gem. § 100 IV ZPO aus der Verurteilung in der Hauptsache folgt.

   Die Beklagten tragen die Kosten des Rechtsstreits.

   § 91 I 1 iVm § 100 IV ZPO

4. Bei Teilschuldnern müssen Sie die Kosten quoteln.

   Die Beklagten tragen die Kosten des Rechtsstreits zu je …

   § 91 I 1 iVm § 100 I ZPO

5. Unterlegene Kläger haften – anders als unterlegene Beklagte – für die Kosten gem. § 100 I ZPO immer als Teilschuldner.

   Die Kläger tragen die Kosten des Rechtsstreits.

   § 91 I 1 iVm § 100 I ZPO

6. Da bei einem in der Sache erfolglosen Einspruch das VU inklusive Kostenentscheidung aufrechterhalten wird, müssen Sie nur noch über **die weiteren Kosten des Rechtsstreits** entscheiden.

   Der Beklagte trägt auch die weiteren Kosten des Rechtsstreits.

   § 91 I 1 ZPO

7. Bei einem in der Sache erfolgreichen Einspruch wird das VU aufgehoben und die Klage abgewiesen. Sie müssen bei der Kostenentscheidung an § 344 ZPO denken und im Falle eines zu Recht ergangenen VU die Kosten der Säumnis von den Kosten des Rechtsstreits ausnehmen und diese dem Beklagten auferlegen. Letzteres wird häufig vergessen. Wenn das VU nicht hätte ergehen dürfen, entfällt diese Regelung.

   Die Kosten des Rechtsstreits trägt der Kläger mit Ausnahme der durch die Säumnis des Beklagten im Termin vom … entstandenen Kosten. Diese trägt der Beklagte.

   §§ 91 I 1, 344 ZPO

8. Ihre Entscheidung heißt »Teilversäumnis- und Endurteil«. Die Mehrkosten, die durch die streitige Verhandlung entstanden sind, müssen Sie von den Gesamtkosten ausnehmen und dem Beklagten auferlegen, der streitig verhandelt hat. Zur Klarstellung wird in dieser Konstellation in der Praxis die Gesamtschuldnerschaft tenoriert.

   Die Kosten des Rechtsstreits tragen die Beklagten als Gesamtschuldner mit Ausnahme der durch die streitige Verhandlung verursachten Mehrkosten. Diese trägt der Beklagte zu 2).

   § 91 I 1 iVm § 100 III und IV ZPO

9. Bei Teilunterliegen iHv 10% oder mehr müssen Sie die Kosten quoteln. Denken Sie bei der vV daran, dass bei einer Kostenquote beide Parteien vollstrecken können und Sie deshalb eine zweifache vV tenorieren müssen.

> Von den Kosten des Rechtsstreits tragen der Beklagte 4/5 und der Kläger 1/5 (oder 80% und 20%).

§ 92 I 1 Alt. 2 ZPO

10. Bei Teilunterliegen unter 10% müssen Sie die Kosten nicht quoteln. Sie können alle Kosten der Partei auferlegen, die fast vollständig unterlegen ist. Dies hat gegenüber einer Kostenquote den Vorteil, dass Sie keine doppelte vV tenorieren müssen.

> Der Beklagte trägt die Kosten des Rechtsstreits.

§ 92 II Nr. 1 ZPO

11. Wenn der Kläger insbesondere bei Schmerzensgeldklagen nur die Größenordnung seiner Forderung angibt, den genauen Betrag aber offenlässt, weil dessen Höhe gem. § 287 ZPO im Ermessen des Gerichts steht (Rn. 316), ist er nach hRspr bis zu einem Verlustanteil von 20% gem. § 92 II Nr. 2 ZPO nicht mit anteiligen Kosten zu belasten,

> Der Beklagte trägt die Kosten des Rechtsstreits.

§ 92 II Nr. 1 ZPO

12. Wenn der Kläger insbesondere bei Schmerzensgeldklagen nur die Größenordnung seiner Forderung angibt, den genauen Betrag aber offenlässt, weil dessen Höhe gem. § 287 ZPO im Ermessen des Gerichts steht (Rn. 316), ist er nach hRspr bis zu einem Verlustanteil von 20% gem. § 92 II Nr. 2 ZPO nicht mit anteiligen Kosten zu belasten, Bei einer höheren Zuvielforderung soll hingegen nach § 92 I 1 Alt. 2 ZPO anteilig gequotelt werden. Wenn der Kläger also lediglich 6.000 EUR zuerkannt bekommt, müsste er danach 40% der Kosten tragen. In diesen Fällen macht die unseres Erachtens vorzugswürdige Mindermeinung folgende Rechnung auf:

10.000 EUR – Freibetrag von 20% = 8.000 EUR. Davon hat der Kläger 2.000 EUR verloren, also beträgt die Verlust- und damit auch die Kostenquote für ihn nur 25%. Diese Kostenentscheidung lässt sich besser begründen lässt, da sie weiterhin den »Bonus« von 20% berücksichtigt, den der Kläger gem. § 92 II Nr. 2 ZPO ohne Kostennachteil zu viel fordern darf.

> Von den Kosten des Rechtsstreits tragen der Kläger 25% und der Beklagte 75% (oder ¼ und ¾).

§ 92 I 1 Alt. 2 ZPO

13. Wenn beide Parteien nicht mehr als 5% über oder unter der Hälfte gewinnen und verlieren, können Sie gem. § 92 I 1 Alt. 1 ZPO die Kosten gegeneinander aufheben. Dann trägt jede Partei ihre außergerichtlichen Kosten selbst und die Gerichtskosten werden geteilt. Bei dieser Kostenentscheidung kann, wenn keine Widerklage vorliegt, nur der Kläger vollstrecken, sodass Sie auch nur eine vV tenorieren müssen.

> Die Kosten des Rechtsstreits werden gegeneinander aufgehoben.

§ 92 I 1 Alt. 1 ZPO

14. Bei Urteilen mit Klage und Widerklage müssen Sie gem. § 45 III GKG die beiden Einzelstreitwerte addieren, die Verlustquote ausrechnen und eine Quote bilden. Hier beträgt der Gesamtstreitwert 15.000 EUR. Der Kläger verliert davon 5.000 EUR = 1/3 und der Beklagte 10.0000 EUR = 2/3.

> Von den Kosten des Rechtsstreits trägt der Kläger 1/3 und der Beklagte 2/3.

§ 92 I 1 Alt. 2 ZPO iVm § 45 III GKG

15. Der Streitwert der Klage beträgt 10.000 EUR, der der Widerklage 5.000 EUR. Der Kläger dringt mit seiner Klage nur iHv 5.000 EUR durch, auf die Widerklage wird er zur Zahlung von 2.500 EUR verurteilt.   **190**

16. Der Kläger begehrt mit dem Hauptantrag die Vertragserfüllung iHv 10.000 EUR und hilfsweise die Rückgabe der bereits gelieferten Ware im Wert von 8.000 EUR. Er hat nur mit dem Hilfsantrag Erfolg.   **191**

17. Der Kläger begehrt 10.000 EUR von zwei Beklagten, er obsiegt jedoch nur gegenüber B 1), gegen B 2) wird die Klage abgewiesen.   **208**

18. Der Kläger klagt 10.000 EUR ein, der Beklagte erklärt hilfsweise mit einer streitigen Forderung über 15.000 EUR die Aufrechnung. Der Klage wird stattgegeben, weil die Klage begründet ist und die Gegenforderung nicht besteht.   **205**

19   Der Kläger klagt 10.000 EUR ein, der Beklagte erklärt hilfsweise die Aufrechnung mit einer streitigen Gegenforderung über 15.000 EUR.
Die Klage wird abgewiesen. Aus der Begründung des Urteils ergibt sich, dass das Gericht die Klageforderung zwar als entstanden und ursprünglich begründet angesehen hat, diese aber durch die Aufrechnung erloschen ist.   **206**

15. Bei Urteilen mit Klage und Widerklage müssen Sie gem. § 45 III GKG die beiden Einzel-streitwerte addieren, die Verlustquote ausrechnen und eine Quote bilden. Hier beträgt der Gesamtstreitwert 15.000 EUR, beide Parteien verlieren von der Klage 5.000 EUR und von der Widerklage 2.500 EUR, also jeweils die Hälfte. Sie können die Kosten hälf-tig teilen oder gegeneinander aufheben.

   Die Kosten des Rechtsstreits werden gegeneinander aufgehoben.

   § 92 I 1 Alt. 1 ZPO iVm § 45 I 1 GKG

16. Bei Klagen mit Haupt- und Hilfsanträgen dürfen Sie in der Regel die Einzelstreitwerte nicht addieren. Der Streitwert ist gem. § 45 I 2, 3 GKG der höhere der beiden Einzel-streitwerte, weil es sich bei den üblichen Konstellationen wie Erfüllung/Rückabwicklung oder Herausgabe/Wertersatz um »denselben Gegenstand« iSd § 45 I 3 GKG handelt. Wenn der Kläger nur mit dem geringer wertigen Hilfsantrag durchdringt und die Ver-lustquote 10% oder mehr beträgt, müssen Sie eine Kostenquote bilden. Hier beträgt der Streitwert 10.000 EUR, der Kläger dringt mit 8.000 EUR durch, seine Verlustquote be-trägt also 20%.

   Von den Kosten des Rechtsstreits tragen der Kläger 20% und der Beklagte 80%.

   § 92 I 1 Alt. 2 ZPO iVm § 45 I 2, 3 GKG

17. Hier ist die klassische Kostenentscheidung nach des sog. Baumbach'schen Formel ge-fragt. Sie können das Geheimnis dieser Kostenentscheidung in *Kaiser/Kaiser/Kaiser* Zivilgerichtsklausur I Rn. 208 nachlesen oder bei Thomas/Putzo/*Hüßtege* ZPO § 100 Rn. 15.

   Der Kläger trägt die außergerichtlichen Kosten des Beklagten zu 2) sowie die Hälfte der Ge-richtskosten. Der Beklagte zu 1) trägt die Hälfte der Gerichtskosten und die Hälfte der dem Kläger entstandenen außergerichtlichen Kosten.

   §§ 91 I 1, 92 I 1 Alt. 2 ZPO iVm den Grundsätzen der Baumbach'schen Formel

18. § 45 III GKG regelt, dass sich bei Hilfsaufrechnungen der Gebührenstreitwert im Um-fang der Entscheidung über die Gegenforderung erhöht. Hier ist über die Klage (die Forderung besteht) und die Gegenforderung (die Forderung besteht nicht) entschieden worden. Der Streitwert erhöht sich aber nicht auf 25.000 EUR, sondern nur auf 20.000 EUR, weil die Gegenforderung den Streitwert nur in Höhe der – isoliert betrach-tet – begründeten Klageforderung erhöht.
    Auf den Wortlaut der Kostenentscheidung haben diese Überlegungen in dieser Konstel-lation keinen Einfluss, nur auf die Höhe der Kosten.

    Die Kosten des Rechtsstreits trägt der Beklagte.

    § 91 I 1 ZPO iVm § 45 III GKG

19. § 45 III GKG regelt, dass sich bei Hilfsaufrechnungen der Gebührenstreitwert im Um-fang der Entscheidung über die Gegenforderung erhöht. Hier ist über die Klage (die Forderung bestand) und die Gegenforderung (die Forderung bestand auch) entschieden worden. Der Streitwert erhöht sich aber nicht auf 25.000 EUR, sondern nur auf 20.000 EUR, weil die Gegenforderung den Streitwert nur in Höhe der – isoliert betrach-tet – begründeten Klageforderung erhöht.
    Von dem Streitwert von 20.000 EUR haben beide Parteien je 10.000 EUR verloren: Der Kläger hat seine Klageforderung iHv 10.000 EUR eingebüßt und der Beklagte hat von seiner Forderung iHv. 15.000 EUR gem. § 45 II GKG, § 322 II ZPO auch 10.000 EUR verloren.

    Die Kosten des Rechtsstreits werden gegeneinander aufgehoben.

    § 92 I 1 Alt. 1 ZPO iVm § 45 III GKG

20. Der Kläger klagt 10.000 EUR ein, der Beklagte erklärt hilfsweise die Aufrechnung mit einer streitigen Gegenforderung über 15.000 EUR.
Die Klage wird abgewiesen. Aus der Begründung ergibt sich, dass das Gericht die Klageforderung schon als unbegründet angesehen hat. **203**

21. Der Kläger klagt 10.000 EUR ein, der Beklagte erklärt hilfsweise die Aufrechnung mit einer streitigen Gegenforderung über 15.000 EUR. Das Urteil lautet: »Der Beklagte wird verurteilt, an den Kläger 5.000 EUR zu zahlen. Im Übrigen wird die Klage abgewiesen.« Aus den Entscheidungsgründen folgt, dass das Gericht die Klage in voller Höhe und die Gegenforderung iHv 5.000 EUR für begründet erachtet hat. **207**

22. Einem Rechtsstreit zwischen Kläger und Beklagtem tritt S auf Seiten des Beklagten als Streithelfer bei. Wie lautet die Kostenentscheidung,
a) wenn der Kläger verliert?
b) wenn der Beklagte verliert?
c) wenn der Kläger zu 75% und der Beklagte zu 25% verlieren? **209**

23. Der Kläger beantragt, den Beklagten zur Zahlung von 10.000 EUR zu verurteilen. Im Urteil werden ihm 10.000 EUR nur Zug um Zug gegen Übereignung einer Ware, deren Wert ebenfalls 10.000 EUR beträgt, zuerkannt. **210**

24. Was müssen Sie beachten, wenn die Parteien einen Teil der Klage übereinstimmend für erledigt erklärt haben, der Beklagte einen Teil anerkannt hat oder der Kläger einen Teil der Klage gem. § 269 III Nr. 3 ZPO zurückgenommen hat? **211 ff.**

20. § 45 III GKG regelt, dass sich bei Hilfsaufrechnungen der Streitwert im Umfang der Entscheidung über die Gegenforderung erhöht. Hier ist nur über die Klage (Forderung unbegründet) entschieden worden. Der Gebührenstreitwert erhöht sich also nicht, weil über die Gegenforderung nicht entschieden worden ist.

> Die Kosten des Rechtsstreits trägt der Kläger.

§ 91 I 1 ZPO

21. § 45 III GKG regelt, dass sich bei Hilfsaufrechnungen der Streitwert im Umfang der Entscheidung über die Gegenforderung erhöht. Hier ist über die Klage und die Gegenforderung (die Gegenforderung besteht iHv 5.000 EUR, darüber hinaus aber nicht) entschieden worden. Der Streitwert erhöht sich damit auf 20.000 EUR, weil die Höhe der – isoliert betrachtet – begründeten Klageforderung die Erhöhung des Streitwertes begrenzt.
Von dem Streitwert von 20.000 EUR hat der Kläger 5.000 EUR verloren. Der Beklagte muss 5.000 EUR zahlen und hat von seiner Gegenforderung 10.000 EUR eingebüßt, 5.000 EUR sind durch die Aufrechnung weg und weitere 5.000 EUR durch § 322 II ZPO.

> Von den Kosten des Rechtsstreits trägt der Kläger ¼, der Beklagte ¾.

§ 92 I 1 Alt. 2 ZPO iVm § 45 III GKG

22. § 101 ZPO regelt die außergerichtlichen Kosten bei Nebenintervention.
Die unterstützte Partei hat mit den Kosten des Ni nicht zu tun.
Der Gegner der unterstützten Partei trägt die Kosten des Ni im Umfang seines Unterliegens.
Soweit der Gegner die Kosten des Ni nicht trägt, sind sie dem Ni aufzuerlegen.
(Letzteres ist zu tenorieren und wird häufig vergessen!)

a) > Die Kosten des Rechtsstreits und die außergerichtlichen Kosten des Ni trägt der Kläger.

§§ 91 I 1, 101 I ZPO

b) > Der Beklagte trägt die Kosten des Rechtsstreits.
> Der Ni trägt seine außergerichtlichen Kosten selbst.

§§ 91 I 1, 101 I ZPO

c) > Von den Kosten des Rechtsstreits trägt der Beklagte 25%, der Kläger 75%.
> In diesem Umfang trägt der Kläger auch die außergerichtlichen Kosten des Ni.
> Im Übrigen trägt der Ni seine außergerichtlichen Kosten selbst.

§§ 92 I 1 Alt. 2, 101 I ZPO

23. Bei Zug-um-Zug-Verurteilungen wird ein fiktiver Streitwert zur Ermittlung der Kostenquote gebildet, bei dem die Gegenleistung in der Regel mit ihrem halben Wert angerechnet wird. Hier beträgt dieser fiktive Streitwert also 15.000 EUR, der Kläger verliert 5.000 EUR, also ein Drittel.

> Von den Kosten des Rechtsstreits trägt der Kläger 1/3, der Beklagte 2/3.

§ 92 I 1 Alt. 2 ZPO

24. Sie müssen den Teil der Kosten, der auf den übereinstimmend für erledigt erklärten, anerkannten oder zurückgenommenen Teil der Klage entfällt, gesondert begründen, weil dieser Teil der Kostenentscheidung ein in das Urteil integrierter Beschluss ist, der gem. § 91a II/§ 269 V ZPO gesondert mit der sofortigen Beschwerde anfechtbar ist und deshalb begründet werden muss. Sie subsumieren unter den Wortlaut des § 91a I 1 ZPO oder § 269 III 3 ZPO und legen dar, wie der Rechtsstreit hinsichtlich des für erledigt erklärten Teils der Klage ausgegangen wäre. Bei Erledigung einer Teilforderung reicht in der Regel ein Verweis nach oben, bei Erledigung getrennter Ansprüche müssen Sie den hypothetischen Erfolg/Misserfolg darlegen.

D. Standardkonstellationen zur vorläufigen Vollstreckbarkeit

Auch hier gilt das, was wir Ihnen unter C. zu den Kostenentscheidungen gesagt haben: Ein fehlerfreier Tenor ist die Grundlage einer guten Arbeit.

Beantworten Sie die Fragen:

- Wie lautet die Entscheidung über die vorläufige Vollstreckbarkeit?
- Welche Normen sind bei den prozessualen Nebenentscheidungen anzuführen?

Die Zahlen am Ende der Aufgaben sind die Randnummern der Fundstellen in Band I.

1. Der Beklagte wird antragsgemäß verurteilt, an den Kläger 800 EUR zu zahlen. Er hat ferner die Kosten des Rechtsstreits zu tragen. **221**

2. Der Beklagte wird antragsgemäß verurteilt, an den Kläger 500 EUR zu zahlen. Er hat ferner die Kosten des Rechtsstreits zu tragen. **220 f.**

3. Der Kläger verklagt den Beklagten auf Zahlung von 1.500 EUR. Der Kläger kann aus dem Urteil 1.200 EUR in der Hauptsache vollstrecken und 80% der Kosten, der Beklagte kann 20% seiner außergerichtlichen Kosten vollstrecken. **222**

4. Das Urteil lautet: »Der Beklagte wird verurteilt, an den Kläger 10.000 EUR nebst 10% Zinsen seit dem 1.1.2018 zu zahlen. Die Kosten des Rechtsstreits trägt der Beklagte.« **223**

5. Der Beklagte wird antragsgemäß zur Herausgabe eines Pkw im Wert von 10.000 EUR verurteilt. **216**

6. Der Kläger verlangt vom Beklagten 10.000 EUR.
    Das Urteil lautet: »Der Beklagte wird verurteilt, an den Kläger 8.000 EUR nebst Zinsen iHv 5 Prozentpunkten über dem jeweiligen Basiszinssatz seit dem … zu zahlen. Im Übrigen wird die Klage abgewiesen. Von den Kosten des Rechtsstreits trägt der Kläger 20%, der Beklagte 80%.« **224**

7. Der Kläger verlangt zunächst 10.000 EUR vom Beklagten. Nach Zahlung von 5.000 EUR erklären die Parteien den Rechtsstreit in dieser Höhe übereinstimmend für erledigt. Der Kläger bekommt auch die restlichen 5.000 EUR zuerkannt. Die Kosten des Rechtsstreits hat der Beklagte zu tragen. **227**

1. Nur der Kläger kann vollstrecken. Da die Wertgrenze des vollstreckbaren Betrages von 1.250 EUR nicht überschritten ist, folgt die vorläufige Vollstreckbarkeit aus **§§ 708 Nr. 11 Alt. 1, 711 S. 1 und 2 iVm § 709 S. 2 ZPO.**

   > Das Urteil ist vorläufig vollstreckbar.
   > Der Beklagte kann die Zwangsvollstreckung durch Sicherheitsleistung iHv 110% des **aufgrund des Urteils vollstreckbaren Betrages abwenden**, wenn der Kläger nicht vor der Vollstreckung Sicherheit iHv 110% des **jeweils zu vollstreckenden Betrages** leistet.

2. Nur der Kläger kann vollstrecken. Da die Beschwer für keine Partei 600 EUR übersteigt, ist unzweifelhaft kein Rechtsmittel gegen das Urteil gegeben, sodass gem. § 713 ZPO die Schuldnerschutzanordnungen entfallen. Die vorläufige Vollstreckbarkeit folgt aus **§§ 708 Nr. 11 Alt. 1, 713 ZPO:**

   > Das Urteil ist vorläufig vollstreckbar.

3. Beide Parteien können vollstrecken. § 713 ZPO greift auch nicht für den Kläger, weil die Norm nur anwendbar ist, wenn keine Partei Rechtsmittel einlegen kann. Hier kann aber der Beklagte Berufung einlegen. Da für beide Parteien die Wertgrenze des vollstreckbaren Betrages von 1.250 EUR nicht überschritten ist, folgt die vorläufige Vollstreckbarkeit aus **§§ 708 Nr. 11 Alt. 1, 711 S. 1 und 2 ZPO iVm § 709 S. 2 ZPO:**

   > Das Urteil ist vorläufig vollstreckbar.
   > Der jeweilige Vollstreckungsschuldner darf die Vollstreckung durch Sicherheitsleistung iHv 110% des aufgrund des Urteils vollstreckbaren Betrages abwenden, wenn der jeweilige Vollstreckungsgläubiger nicht vor der Vollstreckung Sicherheit iHv 110% des jeweils zu vollstreckenden Betrages leistet.

4. Nur der Kläger kann vollstrecken. Da die Wertgrenze des vollstreckbaren Betrages von 1.250 EUR überschritten ist, folgt die vorläufige Vollstreckbarkeit aus **§ 709 S. 1 und 2 ZPO:**

   > Das Urteil ist gegen Sicherheitsleistung iHv 110% des jeweils zu vollstreckenden Betrages vorläufig vollstreckbar.

5. Nur der Kläger kann vollstrecken. Da die Wertgrenze des vollstreckbaren Betrages von 1.250 EUR überschritten ist und die Sicherheitsleistung ausgerechnet werden muss (Wert der Sache + Kosten), folgt die vorläufige Vollstreckbarkeit aus **§ 709 S. 1 ZPO:**

   > Das Urteil ist gegen Sicherheitsleistung iHv 12.500 EUR vorläufig vollstreckbar.

6. Beide Parteien können vollstrecken, Sie müssen also eine doppelte vorl. Vollstreckbarkeit aussprechen. Die vorl. Vollstreckbarkeit des Klägers richtet sich nach dem Wert der Hauptsache, der mit 8.000 EUR zu § 709 ZPO führt. Der Beklagte kann 20% seiner außergerichtlichen Kosten = rund 400 EUR, was zu §§ 708 Nr. 11, 711 ZPO führt. Die vorl. Vollstreckbarkeit folgt also aus **§ 709 S. 2, §§ 708 Nr. 11, 711 S. 1 und 2 iVm § 709 S. 2 ZPO:**

   > Das Urteil ist vorläufig vollstreckbar, für den Kläger jedoch nur gegen Sicherheitsleistung iHv 110% des jeweils zu vollstreckenden Betrages.
   > Der Kläger darf die Vollstreckung durch Sicherheitsleistung iHv 110% des aufgrund des Urteils vollstreckbaren Betrages abwenden, wenn der Beklagte nicht vor der Vollstreckung Sicherheit iHv 110% des jeweils zu vollstreckenden Betrages leistet.

7. Nur der Kläger kann vollstrecken, wegen der Höhe des 1.250 EUR übersteigenden Betrages greift § 709 ZPO. Die Besonderheit hier ist, dass die Hälfte der Kosten auf § 91a ZPO beruht und wegen § 794 I Nr. 3 ZPO deshalb ohne Einschränkungen vorläufig vollstreckbar sind. Die Normen der vorläufigen Vollstreckbarkeit sind also **§ 709 S. 1, 2 iVm § 794 I Nr. 3 ZPO.**

   > Das Urteil ist vorläufig vollstreckbar, hinsichtlich der Hälfte der für den Kläger vollstreckbaren Kosten ohne Sicherheitsleistung, im Übrigen nur gegen Sicherheitsleistung iHv 110% des jeweils zu vollstreckenden Betrages.

8. Der Kläger verlangt zunächst 10.000 EUR vom Beklagten. Nach Zahlung von 5.000 EUR vor Rechtshängigkeit nimmt der Kläger die Klage in dieser Höhe zurück. Der Kläger bekommt auch die restlichen 5.000 EUR zuerkannt. Die Kosten des Rechtsstreits hat der Beklagte zu tragen. **227**

9. Der Kläger erstreitet zunächst ein Versäumnisurteil über 10.000 EUR. Auch nach Einspruch und streitigem Verfahren gewinnt er voll. **226**

10. Der Kläger erstreitet zunächst ein Versäumnisurteil über 1.000 EUR. Auch nach Einspruch und streitigem Verfahren gewinnt er voll. **226**

8. Nur der Kläger kann vollstrecken, wegen der Höhe des 1.250 EUR übersteigenden Betrages greift § 709 ZPO. Die Besonderheit hier ist, dass ein Teil der Kosten auf § 269 III 3 ZPO beruht und – als Kosten eines integrierten Beschlusses – wegen § 794 I Nr. 3 ZPO ohne Einschränkungen vorläufig vollstreckbar sind. Dieser Kostenteil ist hier nicht 50%, weil bei Klagerücknahme noch nicht alle Kosten nach dem höheren Streitwert angefallen waren. Den genauen Betrag müssen Sie auch im Examen nicht ausrechnen. Sie dürfen mit »x« und Fußnoten arbeiten, wenn der Bearbeitervermerk nicht anderes besagt.
   Die Normen der vorläufigen Vollstreckbarkeit sind also **§ 709 S. 1, 2 iVm § 794 I Nr. 3 ZPO**:

   > Das Urteil ist vorläufig vollstreckbar, hinsichtlich x% [der auf den zurückgenommenen Teil der Klage entfallende Kostenanteil] der für den Kläger vollstreckbaren Kosten ohne Sicherheitsleistung, im Übrigen nur gegen Sicherheitsleistung iHv 110% des jeweils zu vollstreckenden Betrages.

   In der Fußnote schreiben Sie: »x ist der auf den zurückgenommenen Teil der Klage entfallende Kostenteil.«

9. Nur der Kläger kann vollstrecken, wegen der Höhe des 1.250 EUR übersteigenden Betrages greift § 709 ZPO. Da ein VU aufrechterhalten wird, müssen Sie an § 709 S. 3 ZPO denken.
   Die vorläufige Vollstreckbarkeit folgt also aus **§ 709 S. 1, 2 und 3 ZPO**:

   > Das Urteil ist gegen Sicherheitsleistung iHv 110% des jeweils zu vollstreckenden Betrages vorläufig vollstreckbar.
   > Die Zwangsvollstreckung aus dem Versäumnisurteil darf nur gegen Leistung dieser Sicherheit fortgesetzt werden.

10. Nur der Kläger kann vollstrecken, wegen der Höhe des 1.250 EUR nicht übersteigenden Betrages greift §§ 708 Nr. 11, 711 ZPO. Hier wird wie sonst auch tenoriert, § 709 S. 3 ZPO greift nicht bei vorläufiger Vollstreckbarkeit gem. § 708 Nr. 11 ZPO.
    Die vorläufige Vollstreckbarkeit folgt also aus §§ 708 Nr. 11 Alt. 1, 711 S. 1 und 2 iVm § 709 S. 2 ZPO:

    > Das Urteil ist vorläufig vollstreckbar.
    > Der Beklagte kann die Zwangsvollstreckung durch Sicherheitsleistung iHv 110% des aufgrund des Urteils vollstreckbaren Betrages abwenden, wenn der Kläger nicht vor der Vollstreckung Sicherheit iHv 110% des jeweils zu vollstreckenden Betrages leistet.

E. Standardfälle zur vollständigen Tenorierung

Wie lautet der vollständige Tenor?

1.   Der Kläger erstreitet vor dem Amtsgericht ein Versäumnisurteil über 5.000 EUR nebst Prozesszinsen seit Klagezustellung. Die Zustellung ist am 1.7.2014 erfolgt. Der Beklagte legt rechtzeitig Einspruch ein.
a) Der Einspruch hat in der Sache in vollem Umfang Erfolg.
b) Der Einspruch hat in der Sache iHv 2.500 EUR Erfolg.
c) Der Einspruch hat in der Sache iHv 4.000 EUR Erfolg.

1.a) Wegen § 343 ZPO muss hier »besonders« tenoriert werden. Sie müssen das VU aufheben und die Klage abweisen.

Bei der Kostenentscheidung ist auf § 344 ZPO zu achten, wenn das VU »in gesetzlicher Weise« ergangen ist.

Die Parteien können nur Kosten vollstrecken, aber keine Partei mehr als 1.500 EUR. Deshalb beruht die vorläufige Vollstreckbarkeit auf §§ 708 Nr. 11, 711 ZPO.

> Das Versäumnisurteil des Amtsgerichts ... vom ... wird aufgehoben.
> Die Klage wird abgewiesen.
> Der Kläger trägt die Kosten des Rechtsstreits mit Ausnahme der Kosten, die durch die Säumnis des Beklagten im Termin vom ... entstanden sind. Diese trägt der Beklagte.
> Das Urteil ist vorläufig vollstreckbar. Der jeweilige Vollstreckungsschuldner darf die Zwangsvollstreckung durch Sicherheitsleistung iHv 110% des aufgrund des Urteils vollstreckbaren Betrages abwenden, wenn der jeweilige Vollstreckungsgläubiger nicht vor der Vollstreckung Sicherheit iHv 110% des jeweils zu vollstreckenden Betrages leistet.

1.b) Sie müssen das VU im Umfang der Verurteilung aufrechterhalten, es im Übrigen aufheben und die Klage insoweit abweisen. Letzteres wird häufig vergessen. Wegen § 187 I BGB analog beginnt die Verzinsung erst am Tag nach Zustellung der Klage.

Bei der Kostenentscheidung ist § 344 ZPO zu beachten. Im Übrigen können Sie die Kosten gem. § 92 I 1 Alt. 1 ZPO gegeneinander aufheben. Das ist sinnvoller als zu quoteln, weil bei Kostenaufhebung nur der Kläger vollstrecken kann, während bei Kostenquoten beide Parteien vollstrecken können und sie für beide Parteien die vorläufige Vollstreckbarkeit tenorieren müssen. Deshalb folgt die vorläufige Vollstreckbarkeit hier nur aus § 709 ZPO. Sie müssen an § 709 S. 3 ZPO denken, der auch gerne übersehen wird.

> Das Versäumnisurteil des Amtsgerichts ... vom ... wird mit der Maßgabe aufrechterhalten, dass der Beklagte verurteilt wird, an den Kläger 2.500 EUR nebst Zinsen iHv 5%-Punkten über dem jeweiligen Basiszinssatz seit dem 2.7.2014 zu zahlen.
> Im Übrigen wird das Versäumnisurteil aufgehoben und die Klage abgewiesen.
> Die Kosten des Rechtsstreits werden gegeneinander aufgehoben mit Ausnahme der Kosten, die durch die Säumnis des Beklagten im Termin vom ... entstanden sind. Diese trägt der Beklagte.
> Das Urteil ist vorläufig vollstreckbar gegen Sicherheitsleistung iHv 110% des jeweils zu vollstreckenden Betrages.
> Die Zwangsvollstreckung aus dem Versäumnisurteil darf nur gegen Leistung dieser Sicherheit fortgesetzt werden.

1.c) Sie müssen das VU im Umfang der Verurteilung aufrechterhalten, es im Übrigen aufheben und die Klage insoweit abweisen. Letzteres wird häufig vergessen.

Bei der Kostenentscheidung müssen Sie § 344 ZPO beachten und die Kosten im Übrigen gem. § 92 I 1 Alt. 2 ZPO quoteln.

Da beide Parteien unter der Wertgrenze des § 709 ZPO liegen, folgt für beide die vorläufige Vollstreckbarkeit aus §§ 708 Nr. 11, 711, 709 ZPO.

> Das Versäumnisurteil des Amtsgerichts ... vom ... wird mit der Maßgabe aufrechterhalten, dass der Beklagte verurteilt wird, an den Kläger 1.000 EUR nebst Zinsen iHv 5%-Punkten über dem jeweiligen Basiszinssatz seit dem 2.7.2014 zu zahlen.
> Im Übrigen wird das Versäumnisurteil aufgehoben und die Klage abgewiesen.
> Von den Kosten des Rechtsstreits trägt der Kläger 4/5, der Beklagte 1/5 mit Ausnahme der Kosten, die durch die Säumnis des Beklagten im Termin vom ... entstanden sind. Diese trägt der Beklagte.
> Das Urteil ist vorläufig vollstreckbar. Der jeweilige Vollstreckungsschuldner darf die Zwangsvollstreckung durch Sicherheitsleistung iHv 110% des aufgrund des Urteils vollstreckbaren Betrages abwenden, wenn nicht der jeweilige Vollstreckungsgläubiger vor der Vollstreckung Sicherheit iHv 110% des jeweils zu vollstreckenden Betrages leistet.

2. Der Kläger erstreitet vor dem Amtsgericht ein Versäumnisurteil über 5.000 EUR nebst Prozesszinsen seit Klagezustellung. Die Zustellung ist am 1.7.2014 erfolgt. Der Beklagte legt rechtzeitig Einspruch ein.

   a) Der Einspruch hat in der Sache keinen Erfolg.

   b) Der Kläger erweitert seine Klage erfolgreich um 5.000 EUR nebst Zinsen iHv 8% seit dem 15.7.2014.

2.a) Sie dürfen auf gar keinen Fall noch einmal »normal« tenorieren. Sie müssen das VU aufrechterhalten.

Bei der Kostenentscheidung kommt § 344 ZPO nicht ins Spiel, weil der Beklagte ohnehin alle Kosten des Rechtsstreits zu tragen hat. Zu tenorieren sind nur die **weiteren** Kosten, da die Kosten bis zum VU ja schon im VU dem Beklagten auferlegt worden sind.

Da der Kläger mehr als 1.250 EUR vollstreckt, folgt die vorläufige Vollstreckbarkeit aus § 709 ZPO. Und Sie müssen wieder an § 709 S. 3 ZPO denken.

> Das Versäumnisurteil des Amtsgerichts … vom … wird aufrechterhalten.
> Der Beklagte trägt auch die weiteren Kosten des Rechtsstreits.
> Das Urteil ist gegen Sicherheitsleistung iHv 110% des jeweils zu vollstreckenden Betrages vorläufig vollstreckbar.
> Die Zwangsvollstreckung aus dem Versäumnisurteil darf nur gegen Leistung dieser Sicherheit fortgesetzt werden.

2.b) Sie dürfen auf gar keinen Fall noch einmal »normal« tenorieren, sie müssen das VU aufrechterhalten und den weiteren Betrag getrennt zuerkennen

Bei der Kostenentscheidung kommt § 344 ZPO nicht ins Spiel, weil der Beklagte ohnehin alle Kosten des Rechtsstreits zu tragen hat. Zu tenorieren sind nur die **weiteren** Kosten, das die Kosten bis zum VU ja schon im VU dem Beklagten auferlegt worden sind.

Da der Kläger mehr als 1.250 EUR vollstreckt, folgt die vorläufige Vollstreckbarkeit aus § 709 ZPO. Und Sie müssen wieder an § 709 III ZPO denken.

> Das Versäumnisurteil des Landgerichts … vom … wird aufrechterhalten.
> Der Beklagte wird darüber hinaus verurteilt, an den Kläger weitere 5.000 EUR nebst Zinsen iHv 8% seit dem 15.7.2014 zu zahlen.
> Der Beklagte trägt auch die weiteren Kosten des Rechtsstreits.
> Das Urteil ist gegen Sicherheitsleistung iHv 110% des jeweils zu vollstreckenden Betrages vorläufig vollstreckbar.
> Die Zwangsvollstreckung aus dem Versäumnisurteil darf nur gegen Leistung dieser Sicherheit fortgesetzt werden.

3. Der Kläger erstreitet vor dem Landgericht ein Versäumnisurteil über die Herausgabe eines Pkw VW Golf. Der Beklagte legt rechtzeitig Einspruch ein und behauptet, den Pkw veräußert zu haben.
    Der Kläger stellt seine Klage von Herausgabe auf Schadensersatz in Höhe des Wertes des Pkw von 10.000 EUR zzgl. Zinsen seit Antragsänderung um und hat damit Erfolg.

4. Der Kläger nimmt zwei Beklagte als Gesamtschuldner auf Zahlung von 8.000 EUR nebst Prozesszinsen in Anspruch.
    a) Der Kläger gewinnt gegen beide.
    b) Der Kläger verliert gegen beide.
    c) Der Kläger gewinnt gegen den Beklagten zu 1) und verliert gegen den Beklagten zu 2).

3. Sie dürfen auf gar keinen Fall noch einmal »normal« tenorieren. Sie dürfen aber auch nicht das VU aufheben, weil dieses Verb für die Niederlage des Klägers steht. Sie müssen also das VU aufrechterhalten, ändern oder neu fassen und inhaltlich modifizieren.
Bei der Kostenentscheidung kommt § 344 ZPO nicht ins Spiel, weil der Beklagte ohnehin alle Kosten des Rechtsstreits zu tragen hat. Zu tenorieren sind nur die **weiteren** Kosten, das die Kosten bis zum VU ja schon im VU dem Beklagten auferlegt worden sind.
Da der Kläger mehr als 1.250 EUR vollstreckt, folgt die vorläufige Vollstreckbarkeit aus § 709 ZPO. Und wieder müssen Sie an § 709 III ZPO denken.

> Das Versäumnisurteil des Landgerichts ... vom ... wird mit der Maßgabe aufrechterhalten/dahingehend geändert/geändert und wie folgt neu gefasst,
> dass der Beklagte verurteilt wird, an den Kläger 10.000 EUR nebst Zinsen iHv 5%-Punkten über dem jeweiligen Basiszinssatz seit dem ... zu zahlen.
> Der Beklagte trägt auch die weiteren Kosten des Rechtsstreits.
> Das Urteil ist gegen Sicherheitsleistung iHv 110% des jeweils zu vollstreckenden Betrages vorläufig vollstreckbar.
> Die Zwangsvollstreckung aus dem Versäumnisurteil darf nur gegen Leistung dieser Sicherheit fortgesetzt werden.

4. a) Die Art der Haftung von Beklagten für die Kosten folgt im Falle einer Verurteilung ohne besonderen Ausspruch aus dem Hauptsachetenor, so § 100 IV ZPO.
Wegen der Höhe des vollstreckbaren Betrages folgt die vorläufige Vollstreckbarkeit aus § 709 ZPO.

> Die Beklagten werden als Gesamtschuldner verurteilt, an den Kläger 8.000 EUR nebst Zinsen iHv 5%-Punkten über dem jeweiligen Basiszinssatz seit dem ... zu zahlen.
> Die Beklagten tragen die Kosten des Rechtsstreits.
> Das Urteil ist gegen Sicherheitsleistung iHv 110% des jeweils zu vollstreckenden Betrages vorläufig vollstreckbar.

4. b) Da nur die Beklagten ihre außergerichtlichen Kosten vollstrecken können, liegt der vollstreckbare Betrag bei dem Streitwert von 8.000 EUR unter 1.500 EUR, deshalb folgt die vorläufige Vollstreckbarkeit aus §§ 708 Nr. 11, 711 ZPO.

> Die Klage wird abgewiesen.
> Der Kläger trägt die Kosten des Rechtsstreits.
> Das Urteil ist vorläufig vollstreckbar. Der Kläger darf die Zwangsvollstreckung durch Sicherheitsleistung iHv 110% des aufgrund des Urteils vollstreckbaren Betrages abwenden, sofern die Beklagten nicht vor der Vollstreckung Sicherheit iHv 110% des jeweils zu vollstreckenden Betrages leisten

4. c) Das ist der klassische Grundfall der Kostenentscheidung nach der sog. Baumbach'schen Formel. Wir haben die Erfahrung gemacht, dass derartige Kostenentscheidungen neuerdings in der Regel erlassen sind. Sie finden die ausführliche Erläuterung in *Kaiser/Kaiser/Kaiser* Zivilgerichtsklausur I Rn. 208, im Examen können Sie auf Thomas/Putzo/*Hüßtege* ZPO § 100 Rn. 15 zurückgreifen.

> Der Beklagte zu 1) wird verurteilt, an den Kläger 8.000 EUR zu zahlen.
> Im Übrigen wird die Klage abgewiesen.
> Der Kläger trägt die außergerichtlichen Kosten des Beklagten zu 2). Die Gerichtskosten tragen der Kläger und der Beklagte zu 1) je zur Hälfte. In diesem Umfang trägt der Beklagte zu 1) auch die außergerichtlichen Kosten des Klägers.
> Das Urteil ist vorläufig vollstreckbar, für den Kläger jedoch nur gegen Sicherheitsleistung iHv 110% des jeweils zu vollstreckenden Betrages. Der Kläger darf die Zwangsvollstreckung durch Sicherheitsleistung iHv 110% des aufgrund des Urteils vollstreckbaren Betrages abwenden, sofern der Beklagte zu 2) nicht vor der Vollstreckung Sicherheit iHv 110% des jeweils zu vollstreckenden Betrages leistet.

5. Der Kläger nimmt zwei einfache Streitgenossen als Gesamtschuldner auf Zahlung von 15.000 EUR in Anspruch. Der Beklagte zu 2) ist säumig.
    a) Die Klage hat vollen Erfolg.
    b) Die Klage hat keinen Erfolg.
    c) Die Klage hat nur gegen den säumigen Beklagten Erfolg.

5.a) Die Überschrift des Urteils lautet »Teilversäumnis- und Endurteil«.

Bei der Kostenentscheidung müssen Sie an § 100 II ZPO denken, sonst müsste auch der säumige Beklagte, der ja weniger Kosten verursacht hat als der erschienene Beklagte, als Gesamtschuldner die Hälfte aller Kosten tragen. Deshalb müssen Sie die Kosten, die durch die streitige Verhandlung entstanden sind, von den anderen Kosten ausnehmen und allein dem erschienenen Beklagten auferlegen.

Bei der vorläufigen Vollstreckbarkeit müssen Sie daran denken, dass das Urteil gegen den säumigen B 2) als VU gem. § 708 Nr. 2 ZPO ohne jede Beschränkung vollstreckbar ist; bezüglich B 1) greift § 709 ZPO.

> Die Beklagten werden als Gesamtschuldner verurteilt, an den Kläger 15.000 EUR zu zahlen.
> Die Beklagten tragen die Kosten des Rechtsstreits mit Ausnahme der Kosten, die durch die streitige Verhandlung vom … entstanden sind; diese trägt der Beklagte zu 1) allein. Das Urteil ist vorläufig vollstreckbar, gegenüber dem Beklagten zu 1) jedoch nur gegen Sicherheitsleistung iHv 110% des jeweils zu vollstreckenden Betrages.

5.b)

> Die Klage wird abgewiesen.
> Der Kläger trägt die Kosten des Rechtsstreits.
> Das Urteil ist gegen Sicherheitsleistung iHv 110% des jeweils zu vollstreckenden Betrages vorläufig vollstreckbar.

5.c) Die Überschrift des Urteils lautet »Teilversäumnis- und Endurteil«.

Das ist wieder ein Fall der Kostenentscheidung nach der sog. Baumbach'schen Formel. Wir haben die Erfahrung gemacht, dass derartige Kostenentscheidungen neuerdings in der Regel erlassen sind. Sie finden die ausführliche Erläuterung in *Kaiser/Kaiser/Kaiser* Zivilgerichtsklausur I Rn. 208, im Examen können Sie auf Thomas/Putzo/*Hüßtege* ZPO § 100 Rn. 15 zurückgreifen.

Bei der vorläufigen Vollstreckbarkeit müssen Sie daran denken, dass das Urteil gegen den säumigen B 2) als VU gem. § 708 Nr. 2 ZPO ohne jede Beschränkung vollstreckbar ist, bezüglich B 1) greift § 709 ZPO, weil seine Kosten über 1.500 EUR liegen.

> Der Beklagte zu 2) wird verurteilt, an den Kläger 15.000 EUR zu zahlen.
> Im Übrigen wird die Klage abgewiesen.
> Der Kläger trägt die außergerichtlichen Kosten des Beklagten zu 1). Die Gerichtskosten tragen der Kläger und der Beklagte zu 2) je zur Hälfte. In diesem Umfang trägt der Beklagte zu 2) auch die außergerichtlichen Kosten des Klägers mit Ausnahme der Kosten, die durch die streitige Verhandlung vom … entstanden sind; diese trägt der Kläger.
> Das Urteil ist vorläufig vollstreckbar, für den Beklagten zu 1) aber nur gegen Sicherheitsleistung iHv 110% des jeweils zu vollstreckenden Betrages.

6. Der Kläger nimmt den Beklagten auf Zahlung von 8.000 EUR in Anspruch. Der Beklagte erklärt im Termin mit einer gleich hohen Forderung die Aufrechnung. Daraufhin erklärt der Kläger den Rechtsstreit für erledigt. Der Beklagte widerspricht der Erledigung.
   a) Der Kläger hat den Rechtsstreit zu Recht für erledigt erklärt.
   b) Der Kläger hat mit seiner Erledigungserklärung Unrecht.
   c) Der Kläger hat mit seiner Erledigungserklärung nur insoweit Recht, als die Klage ursprünglich iHv 4.000 EUR zulässig und begründet war.

7. Der Kläger nimmt den Beklagten auf Zahlung von 10.000 EUR in Anspruch. Der Beklagte erklärt hilfsweise die Aufrechnung mit einer gleich hohen, bestrittenen Forderung.
   a) Die Klage ist begründet, die Hilfsaufrechnung scheitert.
   b) Die Klageforderung besteht nicht.
   c) Die Klageforderung bestand, sie ist aber durch die Aufrechnung erloschen.

6.a) Da der Kläger nur Kosten vollstrecken kann und diese bei einem Streitwert von 8.000 EUR bei ~2.000 EUR, also über 1.500 EUR liegen, folgt die vorläufige Vollstreckbarkeit aus § 709 ZPO.

> Es wird festgestellt, dass der Rechtsstreit in der Hauptsache erledigt ist.
> Die Kosten des Rechtsstreits trägt der Beklagte.
> Das Urteil ist gegen Sicherheitsleistung iHv 110% des jeweils zu vollstreckenden Betrages vorläufig vollstreckbar.

6.b) Da der Beklagte nur seine Kosten vollstrecken kann und diese bei einem Streitwert von 8.000 EUR bei ~1.400 EUR, also nicht über 1.500 EUR liegen, folgt die vorläufige Vollstreckbarkeit aus §§ 708 Nr. 11, 711 ZPO.

> Die Klage wird abgewiesen.
> Die Kosten des Rechtsstreits trägt der Kläger.
> Das Urteil ist vorläufig vollstreckbar. Der Kläger darf die Zwangsvollstreckung durch Sicherheitsleistung iHv 110% des aufgrund des Urteils vollstreckbaren Betrages abwenden, sofern der Beklagte nicht vor der Vollstreckung Sicherheit iHv 110% des jeweils zu vollstreckenden Betrages leistet.

6.c) Da hier bei Kostenaufhebung nur der Kläger die Hälfte der Gerichtskosten vollstrecken kann, folgt die vorläufige Vollstreckbarkeit für den Kläger aus §§ 708 Nr. 11, 711 ZPO.

> Es wird festgestellt, dass der Rechtsstreit in der Hauptsache iHv 4.000 EUR erledigt ist. Im Übrigen wird die Klage abgewiesen.
> Die Kosten des Rechtsstreits werden gegeneinander aufgehoben.
> Das Urteil ist vorläufig vollstreckbar. Der Beklagte darf die Vollstreckung durch Sicherheitsleistung iHv 110% des aufgrund des Urteils vollstreckbaren Betrages abwenden, sofern der Kläger nicht vor der Vollstreckung Sicherheit iHv 110% des jeweils zu vollstreckenden Betrages leistet.

7.a) Da über die Gegenforderung des Beklagten entschieden worden ist, beträgt der Gebührenstreitwert 20.000 EUR. Die vorläufige Vollstreckbarkeit folgt aus § 709 ZPO.

> Der Beklagte wird verurteilt, an den Kläger 10.000 EUR zu zahlen.
> Der Beklagte trägt die Kosten des Rechtsstreits.
> Das Urteil ist gegen Sicherheitsleistung iHv 110% des jeweils zu vollstreckenden Betrages vorläufig vollstreckbar.

7.b) Da über die Gegenforderung des Beklagten mangels Klageforderung nicht entschieden worden ist, beträgt der Gebührenstreitwert hier nur 10.000 EUR. Die vorläufige Vollstreckbarkeit folgt aus § 709 ZPO, weil der Beklagte seine außergerichtlichen Kosten iHv rund 1.700 EUR vollstrecken kann.

> Die Klage wird abgewiesen.
> Der Kläger trägt die Kosten des Rechtsstreits.
> Das Urteil ist gegen Sicherheitsleistung iHv 110% des jeweils zu vollstreckenden Betrages vorläufig vollstreckbar.

7.c) Da über die Gegenforderung des Beklagten entschieden worden ist, beträgt der Gebührenstreitwert hier 20.000 EUR. Beide Parteien haben von diesem Gebührenstreitwert jeweils 10.000 EUR verloren. Deshalb sind die Kosten gegeneinander aufzuheben.
Die vorläufige Vollstreckbarkeit folgt aus §§ 708 Nr. 11, 711 ZPO, weil nur der Kläger die Hälfte der verauslagten Gerichtskosten vollstrecken kann.

> Die Klage wird abgewiesen.
> Die Kosten des Rechtsstreits werden gegeneinander aufgehoben.
> Das Urteil ist vorläufig vollstreckbar. Der Beklagte darf die Vollstreckung durch Sicherheitsleistung iHv 110% des aufgrund des Urteils vollstreckbaren Betrages abwenden, sofern der Kläger nicht vor der Vollstreckung Sicherheit iHv 110% des jeweils zu vollstreckenden Betrages leistet.

8. Der Kläger macht gegen den Beklagten zwei verschiedene Forderungen von jeweils 5.000 EUR geltend. Der Beklagte zahlt 5.000 EUR auf die erste Forderung. Der Kläger erklärt den Rechtsstreit insoweit für erledigt und verlangt den Rest. Der Beklagte widerspricht der Erledigung und beantragt Klageabweisung.

   a) Der Kläger hat den Rechtsstreit zu Recht für erledigt erklärt. Ihm stehen auch die weiteren 5.000 EUR zu.

   b) Die Klage war von Anfang an unbegründet.

   c) Der Kläger hat mit seiner Erledigungserklärung Recht, die weitergehende Forderung steht ihm aber nicht zu.

9. Der Kläger nimmt zwei Beklagte auf Zahlung von 10.000 EUR in Anspruch. Er einigt sich mit B 1) und erklärt diesem gegenüber den Rechtsstreit in der Hauptsache für erledigt. B 1) schießt sich der Erledigungserklärung an. B 2) wird antragsgemäß verurteilt; gegenüber B 1) hätte der Kläger auch gewonnen.

10. Die Parteien erklären den Rechtsstreit übereinstimmend vollständig für erledigt und stellen wechselseitige Kostenanträge.

   a) Wie lautet der Tenor, wenn der Kläger mit seiner Klage Erfolg gehabt hätte?

   b) Wie lautet der Tenor, wenn die Klage keinen Erfolg gehabt hätte?

   c) Wie lautet der Tenor, wenn das Ergebnis bei streitiger Fortsetzung des Rechtsstreits von einer dann durchzuführenden Beweisaufnahme abgehangen hätte und der Kläger beweisbelastet war?

   d) Wie lautet der Tenor, wenn die übereinstimmenden Erledigungserklärungen nach dem Erlass eines Versäumnisurteils abgegeben worden sind?

8.a) Sie müssen über den offenen Rest der Klage und über die Erledigungserklärung entscheiden. Da der Kläger hinsichtlich beider Anträge gewinnt, muss der Beklagte die Kosten des Rechtsstreits tragen.

> Bei einem vollstreckbaren Betrag von 5.000 EUR folgt die vorläufige Vollstreckbarkeit aus § 709 ZPO.
> Der Beklagte wird verurteilt, an den Kläger 5.000 EUR zu zahlen.
> Es wird festgestellt, dass der Rechtsstreit im Übrigen in der Hauptsache erledigt ist.
> Der Beklagte trägt die Kosten des Rechtsstreits.
> Das Urteil ist gegen Sicherheitsleistung iHv 110% des jeweils zu vollstreckenden Betrages vorläufig vollstreckbar.

8.b) Sie müssen über den offenen Rest der Klage und über die Erledigungserklärung entscheiden. Da der Kläger hinsichtlich beider Anträge verliert, muss er die Kosten des Rechtsstreits tragen.
Bei einem Streitwert von 10.000 EUR belaufen sich die außergerichtlichen Kosten des Beklagten auf rund 1.700 EUR, also folgt die vorläufige Vollstreckbarkeit aus § 709 ZPO.

> Die Klage wird abgewiesen.
> Die Kosten des Rechtsstreits trägt der Kläger.
> Das Urteil ist gegen Sicherheitsleistung iHv 110% des jeweils zu vollstreckenden Betrages vorläufig vollstreckbar.

8.c) Sie müssen über den offenen Rest der Klage und über die Erledigungserklärung entscheiden. Da nur der Feststellungsantrag begründet ist, sind die Kosten gegeneinander aufzuheben.
Folglich kann nur der Kläger vollstrecken, und zwar die Hälfte der Gerichtskosten iHv rund 400 EUR, also folgt die vorläufige Vollstreckbarkeit aus §§ 708 Nr. 11, 711 ZPO.

> Es wird festgestellt, dass der Rechtsstreit in der Hauptsache iHv 5.000 EUR erledigt ist. Im Übrigen wird die Klage abgewiesen.
> Die Kosten des Rechtsstreits werden gegeneinander aufgehoben.
> Das Urteil ist vorläufig vollstreckbar. Der Beklagte darf die Zwangsvollstreckung durch Sicherheitsleistung iHv 110% des aufgrund des Urteils vollstreckbaren Betrages abwenden, sofern der Kläger nicht vor der Vollstreckung Sicherheit iHv 110% des jeweils zu vollstreckenden Betrages leistet.

9. Durch die übereinstimmenden Erledigungserklärungen ist der Rechtstreit zwischen dem Kläger und B 1) in der Hauptsache erledigt. Sie dürfen/müssen in der Hauptsache nur noch gegen B 2) entscheiden und über die gesamten Kosten und die vorläufige Vollstreckbarkeit.
Im Rahmen der Begründung der Kostenentscheidung müssen Sie den Teil der Kosten, der auf das Verhältnis Kläger gg. B 1) entfällt, gem. § 91a ZPO mit Text begründen.
Das Urteil ist gegen B 1) gem. § 794 I Nr. 3 ZPO ohne besonderen Ausspruch zur vorläufigen Vollstreckbarkeit, gegen B 2) ganz normal gem. § 709 ZPO.

> Der Beklagte zu 2) wird verurteilt, an den Kläger 10.000 EUR zu zahlen.
> Die Beklagten tragen die Kosten des Rechtsstreits als Gesamtschuldner.
> Das Urteil ist vorläufig vollstreckbar, gegen den Beklagten zu 2) jedoch nur gegen Sicherheitsleistung iHv 110% des jeweils zu vollstreckenden Betrages.

10. Bei vollständigen, übereinstimmenden Erledigungserklärungen müssen Sie einen Beschluss gem. § 91a ZPO machen. S. dazu A.3 und A.9.

a) > Die Kosten des Rechtsstreits trägt der Beklagte.
b) > Die Kosten des Rechtsstreits trägt der Kläger.
c) > Von den Kosten des Rechtsstreits trägt der Kläger 2/3, der Beklagte 1/3.
d) > Die Kosten des Rechtsstreits trägt der ... Das Versäumnisurteil des Amtsgerichts ... vom ... **ist** gegenstandslos/aufgehoben.

11. Der Kläger macht gegen den Beklagten zwei Ansprüche zu je 5.000 EUR geltend. Die Parteien erklären den Rechtsstreit im Termin übereinstimmend bezüglich des ersten Anspruchs des Klägers iHv 5.000 EUR in der Hauptsache für erledigt und verhandeln im Übrigen streitig.
    a) Wie lautet der Tenor, wenn der Kläger voll obsiegt hätte?
    b) Wie lautet der Tenor, wenn der Kläger voll unterlegen gewesen wäre?

12. Der Beklagte zahlt den eingeklagten Betrag vor Rechtshängigkeit. Der Kläger stellt seine Klage um auf Feststellung der Kostentragungspflicht des Beklagten aus Verzug. Wie lautet der Tenor, wenn der Kläger Recht hat?

11.a) Bei übereinstimmenden Teilerledigungserklärungen müssen Sie ein Urteil über den offenen Rest und einen in die Kostenentscheidungen integrierten Beschluss gem. § 91a ZPO erstellen. S. dazu oben, Nr. 9.

Im Rahmen der Begründung der Kostenentscheidung müssen Sie den Teil der Kosten, der auf den für erledigt erklärten Teil der Klage entfällt, gem. § 91a ZPO mit Text begründen.

Das Urteil ist bezüglich des Teils der Kosten, der auf den für erledigt erklärten Teil der Klage entfällt, gem. § 794 I Nr. 3 ZPO ohne besonderen Ausspruch vorläufig vollstreckbar, im Übrigen ganz normal gem. § 709 ZPO.

> Der Beklagte wird verurteilt, an den Kläger 5.000 EUR zu zahlen.
> Der Beklagte trägt die Kosten des Rechtsstreits.
> Das Urteil ist vorläufig vollstreckbar, iHd Hälfte der für den Kläger vollstreckbaren Kosten ohne Sicherheitsleistung, im Übrigen nur gegen Sicherheitsleistung iHv 110% des jeweils zu vollstreckenden Betrages.

11.b) Bei übereinstimmenden Teilerledigungserklärungen müssen Sie ein Urteil über den offenen Rest und einen in die Kostenentscheidungen integrierten Beschluss gem. § 91a ZPO machen. S. dazu oben, Nr. 9.

Im Rahmen der Begründung der Kostenentscheidung müssen Sie den Teil der Kosten, der auf den für erledigt erklärten Teil der Klage entfällt, gem. § 91a ZPO mit Text begründen.

Das Urteil ist bezüglich des Teils der Kosten, der auf den für erledigt erklärten Teil der Klage entfällt, gem. § 794 I Nr. 3 ZPO ohne besonderen Ausspruch vorläufig vollstreckbar, im Übrigen ganz normal gem. §§ 708 Nr. 11, 711 ZPO.

> Die Klage wird abgewiesen.
> Der Kläger trägt die Kosten des Rechtsstreits.
> Das Urteil ist vorläufig vollstreckbar, iHd Hälfte der für den Beklagten vollstreckbaren Kosten ohne Sicherheitsleistung. Im Übrigen darf der Kläger die Zwangsvollstreckung durch Sicherheitsleistung iHv 110% des aufgrund des Urteils vollstreckbaren Betrages abwenden, sofern der Beklagte nicht vor der Vollstreckung Sicherheit iHv 110% des jeweils zu vollstreckenden Betrages leistet.

12. Anders als bei Wegfall des Klageanlasses **nach** Rechtshängigkeit darf der Kläger bei Wegfall des Klageanlasses **vor** Rechtshängigkeit seine Klage umstellen auf Feststellung der Kostentragungspflicht des Beklagten aus Verzug und muss sich nicht mit einer Billigkeitsentscheidung nach § 269 III 3 ZPO begnügen. Der Tenor lautet dann:

> Es wird festgestellt, dass der Beklagte die Kosten des Rechtsstreits zu tragen hat.
> Der Beklagte trägt die Kosten des Rechtsstreits.
> (Die vorl. Vollstreckbarkeit folgt bei vollstreckbaren Kosten bis zu 1.500 EUR aus §§ 708 Nr. 11, 711 ZPO, bei Kosten von mehr als 1.500 EUR aus § 709 ZPO.)

F. Zusammenfassende Darstellung wichtiger Klausurkonstellationen

I. Das Versäumnisurteil in der Zivilgerichtsklausur

1. Allgemeines

Echte Versäumnisurteile kommen in Examensklausuren in der Regel in zwei unterschiedlichen Spielarten vor. Zum einen kann bereits ein Versäumnisurteil ergangen sein, gegen das Einspruch eingelegt worden ist. Zum anderen kann bei einfacher Streitgenossenschaft auf Beklagtenseite ein Beklagter säumig sein. In beiden Konstellationen sollen Sie zeigen, dass Sie die Besonderheiten bezüglich Tenorierung, Tatbestand und Entscheidungsgründen kennen.

Die Übersichten zum Festigen Ihres Präsenzwissens zum Thema Versäumnisurteil finden Sie unter A.40 und 41. In den ersten Kapiteln geht es um diejenigen Versäumnisurteile, die im Examen am häufigsten vorkommen, also solche bei Säumnis des Beklagten. Der Vollständigkeit halber finden Sie unter I.5. die seltene Variante eines Versäumnisurteils gegen den Kläger.

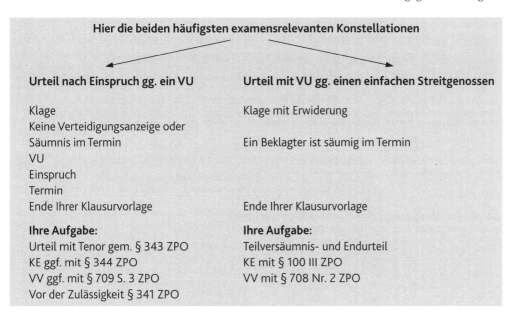

Hier die beiden häufigsten examensrelevanten Konstellationen

Urteil nach Einspruch gg. ein VU	Urteil mit VU gg. einen einfachen Streitgenossen
Klage	Klage mit Erwiderung
Keine Verteidigungsanzeige oder	
Säumnis im Termin	Ein Beklagter ist säumig im Termin
VU	
Einspruch	
Termin	
Ende Ihrer Klausurvorlage	Ende Ihrer Klausurvorlage
Ihre Aufgabe:	**Ihre Aufgabe:**
Urteil mit Tenor gem. § 343 ZPO	Teilversäumnis- und Endurteil
KE ggf. mit § 344 ZPO	KE mit § 100 III ZPO
VV ggf. mit § 709 S. 3 ZPO	VV mit § 708 Nr. 2 ZPO
Vor der Zulässigkeit § 341 ZPO	

2. Das Urteil nach Einspruch gegen ein Versäumnisurteil

a) Besonderheiten des Hauptsachetenors

Nach einem Einspruch gegen ein Versäumnisurteil ist § 343 ZPO zu beachten, dh, Sie dürfen unter keinen Umständen noch einmal »normal« tenorieren. Sie müssen das VU aufrechterhalten, aufheben oder ändern und in den beiden letzteren Fällen auch etwas zur Klage sagen.

Im Tenor eines Urteils nach Einspruch gegen ein Versäumnisurteil ist die Angabe des Aktenzeichens überflüssig, weil die Aktenzeichen des Versäumnisurteils und des abschließenden Urteils nach Einspruch identisch sind.

Hier die wichtigsten Hauptsacheaussprüche:

Fall: Der Kläger erstreitet vor dem Landgericht ein Versäumnisurteil über 10.000 EUR nebst Prozesszinsen. Der Beklagte legt rechtzeitig Einspruch ein.

● **Die Klage ist unbegründet.**

> Das Versäumnisurteil des Landgerichts … vom … wird aufgehoben.
>
> Die Klage wird abgewiesen.

● **Die Klage ist nur iHv 5.000 EUR begründet.**

> Das Versäumnisurteil des Landgerichts … vom … wird mit der Maßgabe aufrechterhalten, dass der Beklagte verurteilt wird, an den Kläger 5.000 EUR nebst Zinsen iHv 5%-Punkten über dem jeweiligen Basiszinssatz seit dem … zu zahlen.
>
> Im Übrigen wird das Versäumnisurteil aufgehoben und die Klage abgewiesen.
>
> (Oder:)
>
> Das Versäumnisurteil des Landgerichts … vom … wird iHv 5.000 EUR nebst Zinsen iHv 5%-Punkten über dem jeweiligen Basiszinssatz seit dem … aufrechterhalten.
> Im Übrigen wird das Versäumnisurteil aufgehoben und die Klage abgewiesen.

● **Die Klage ist begründet.**

> Das Versäumnisurteil des Landgerichts … vom … wird aufrechterhalten.

● **Die Klage ist begründet. Der Kläger erweitert seine Klage erfolgreich um 5.000 EUR.**

> Das Versäumnisurteil des Landgerichts … vom … wird aufrechterhalten.
> Der Beklagte wird darüber hinaus verurteilt, an den Kläger weitere 5.000 EUR nebst Zinsen iHv … seit dem … zu zahlen.

● **Die Klage ist begründet. Der Kläger ändert seine Klage erfolgreich von Herausgabe auf Schadensersatz.**

> Das Versäumnisurteil des Landgerichts … vom … wird mit der Maßgabe aufrechterhalten, dass der Beklagte verurteilt wird, an den Kläger … zu zahlen.

b) Besonderheiten der Kostenentscheidung

Wenn gegen den Beklagten »in gesetzlicher Weise« ein Versäumnisurteil ergangen ist und er nach Einspruch in vollem Umfang gewinnt, müssen Sie bei der Kostenentscheidung § 344 ZPO beachten:

● Wenn das Versäumnisurteil auf Antrag des Klägers nach § 331 III ZPO im schriftlichen Vorverfahren ergangen ist, weil der Beklagte seine Verteidigungsbereitschaft nicht innerhalb der ihm nach § 276 ZPO gesetzten Frist angezeigt hat:

> Der Kläger trägt die Kosten des Rechtsstreits mit Ausnahme der durch die Säumnis des Beklagten entstandenen Kosten. Diese trägt der Beklagte.

● Wenn das Versäumnisurteil auf Antrag des Klägers im Termin ergangen ist, weil der Beklagte trotz ordnungsgemäßer Ladung nicht erschienen ist (§ 331 I ZPO) oder zwar erschienen ist, aber nicht verhandelt, also keinen Antrag gestellt hat (§ 333 ZPO):

> Der Kläger trägt die Kosten des Rechtsstreits mit Ausnahme der durch die Säumnis des Beklagten **im Termin vom** … entstandenen Kosten. Diese trägt der Beklagte.

Wenn Sie gem. § 344 ZPO einzelne Kosten von einer Gesamtregelung »ausnehmen«, müssen Sie daran denken, diesen Teil der Kosten der insoweit kostenpflichtigen Partei ausdrücklich aufzuerlegen. Andernfalls ist Ihre Kostenentscheidung unvollständig.

- Wenn die säumige Partei auch nach Einspruch verliert, ist keine Differenzierung erforderlich, weil der Beklagte dann ohnehin alle Kosten des Rechtsstreits tragen muss. Die Kostenentscheidung muss lauten:

  > Der Kläger/Beklagte trägt **auch die weiteren Kosten** des Rechtsstreits.

- Wenn das Versäumnisurteil nicht »in gesetzlicher Weise« ergangen ist (zB trotz fehlender Schlüssigkeit oder nicht ordnungsgemäßer Ladung des Beklagten), unterbleibt die Auferlegung der Säumniskosten auf den Beklagten. Diese Kosten sind dann Kosten des Rechtsstreits. Es wird einheitlich nur nach Obsiegen und Unterliegen entschieden.

- Wenn zwei Beklagte antragsgemäß verurteilt werden, B 1) durch Versäumnisurteil und B 2) nach streitiger Verhandlung, müssen Sie bei der Kostenentscheidung § 100 III ZPO berücksichtigen.

  > Die Kosten des Rechtsstreits tragen die Beklagten mit Ausnahme der durch die streitige Verhandlung verursachten Mehrkosten. Diese trägt der Beklagte zu 2) allein.

c) Besonderheiten der vorläufigen Vollstreckbarkeit

Wenn nach dem Einspruch gegen ein VU ein Urteil ergeht, aus dem in der Hauptsache mehr als 1.250 EUR oder Kosten iHv mehr als 1.500 EUR vollstreckt werden können, regelt § 709 S. 3 ZPO eine Besonderheit. Bei solchen Urteilen ist im Rahmen der vorläufigen Vollstreckbarkeit auszusprechen, dass die Vollstreckung aus dem Versäumnisurteil nur gegen Leistung der angeordneten Sicherheit fortgesetzt werden darf. Der gesamte Tenor lautet dann:

> Das Versäumnisurteil vom … wird aufrechterhalten.
> Der Beklagte trägt **auch die weiteren** Kosten des Rechtsstreits.
> Das Urteil ist gegen Sicherheitsleistung iHv 110% des jeweils zu vollstreckenden Betrages vorläufig vollstreckbar.
> **Die Vollstreckung aus dem Versäumnisurteil darf nur gegen Leistung dieser Sicherheit fortgesetzt werden.**

Wenn aus dem Urteil in der Hauptsache nicht mehr als 1.250 EUR oder an Kosten nicht mehr als 1.500 EUR vollstreckt werden können, ergeben sich für die Tenorierung der vorläufigen Vollstreckbarkeit keine Besonderheiten. Sie folgt dann ganz normal aus §§ 708 Nr. 11, 711 ZPO.

Bei Urteilen mit einer Beschwer von nicht mehr als 600 EUR entfällt gem. § 713 ZPO die Abwendungsbefugnis.

d) Aufbau des Tatbestandes eines Urteils nach einem Einspruch gegen ein Versäumnisurteil

Im Tatbestand hat das Vorliegen eines Versäumnisurteils lediglich zur Folge, dass Sie diesen Umstand im Rahmen der Prozessgeschichte darstellen müssen. Dabei ist zwischen einem Rechtsstreit mit einem VU im schriftlichen Vorverfahren und in einem Verhandlungstermin zu unterscheiden. Grund dafür ist, dass bei einem VU im schriftlichen Vorverfahren gem. §§ 339 I, 310 III ZPO bei unterschiedlichen Zustellungsdaten die Einspruchsfrist erst mit der zeitlich späteren Zustellung zu laufen beginnt.

Der Tatbestand eines Urteils nach einem VU im schriftlichen Vorverfahren:

- Einleitungssatz
- Unstreitiges
- Streitiges Klägervorbringen
- Angekündigter Sachantrag des Klägers mit dem Antrag nach § 331 III ZPO
- Prozessgeschichte zum Zustandekommen des VU (im Perfekt!)
  - Datum der Zustellung der Klage
  - Ordnungsgemäße Belehrung gem. § 276 II ZPO
  - Fehlende Verteidigungsanzeige
  - Antragsgemäß erlassenes Versäumnisurteil
  - Datum der Zustellung des VU an beide Parteien (wichtig wegen § 310 III ZPO)
  - Daten des Einspruchs und des Eingangs bei Gericht
- Anträge (eingerückt)
  - Neuer Antrag des Klägers: Aufrechterhaltung des VU
  - Antrag des Beklagten: Aufhebung des VU und Klageabweisung
- Streitiges Beklagtenvorbringen
- Allgemeine Prozessgeschichte

Der Tatbestand eines Urteils nach einem VU im Termin zur mündlichen Verhandlung:

Der Antrag nach § 331 III ZPO und das Datum der Zustellung des VU an den Kläger sind bei einem VU im Termin zur mündlichen Verhandlung überflüssig.

- Einleitungssatz
- Unstreitiges
- Streitiges Klägervorbringen
- Prozessgeschichte zum Zustandekommen des VU (im Perfekt!)
  - Ordnungsgemäße Ladung des Beklagten
  - Feststellung des Ausbleibens des Beklagten im Termin
  - Sachantrag des Klägers und Antrag auf Erlass eines Versäumnisurteils
  - Antragsgemäß erlassenes VU
  - Datum der Zustellung des VU an den Beklagten
  - Daten des Einspruchs und des Eingangs bei Gericht
- Neuer Antrag des Klägers (in der Regel Aufrechterhaltung des VU – eingerückt)
- Antrag des Beklagten (in der Regel Aufhebung des VU und Klageabweisung – eingerückt)
- Streitiges Beklagtenvorbringen
- Allgemeine Prozessgeschichte (zB Beweiserhebungen und Zustellungsdaten)

e) Aufbau des Tatbestandes eines Urteils nach einem Einspruch gegen ein Versäumnisurteil mit Wiedereinsetzungsantrag

Einen Wiedereinsetzungsantrag des Beklagten bringen Sie mit Begründung als Fließtext (Rn. 64) als letzten Punkt im Rahmen der Prozessgeschichte des VU nach den Daten des Einspruchs und des Eingangs bei Gericht.

f) Aufbau der Entscheidungsgründe eines Urteils nach Einspruch gegen ein VU

In den Entscheidungsgründen hat das Vorliegen eines Versäumnisurteils gem. § 341 ZPO zur Folge, dass Sie zunächst die – im Examen grundsätzlich anzunehmende – Statthaftigkeit und Zulässigkeit des Einspruchs darlegen und dann zum normalen Aufbau übergehen.

Auch wenn der Beklagte später als zwei Wochen nach Zustellung des Versäumnisurteils Einspruch eingelegt hat, sollten Sie zunächst grundsätzlich von einem rechtzeitigen Einspruch ausgehen. Die gilt auch, wenn ein begründetes Wiedereinsetzungsgesuch vorliegt. Nach unseren Erfahrungen war in der ganz überwiegenden Zahl der bisher gelaufenen Examensklausuren das Wiedereinsetzungsgesuch eine Falle. Erwartet wurde, dass die Kandidaten die folgenden Überlegungen anstellten:

- Fällt das Fristende auf einen gesetzlichen Feiertag, läuft die Frist gem. § 222 II ZPO erst am nächsten Werktag ab.
- Handelt es sich um ein VU im schriftlichen Vorverfahren, ist an beide Parteien zuzustellen und die Frist gem. § 331 III ZPO beginnt erst ab der späteren der beiden Zustellungen zu laufen.
- Die Frist hat gar nicht zu laufen begonnen, wenn die Zustellung des VU nicht ordnungsgemäß war, zB wegen Verstoßes gegen §§ 172, 87 II ZPO oder bei fehlerhafter öffentlicher Zustellung.

Wenn wirklich kein Zweifel an der verspäteten Einlegung des Einspruchs besteht, wenden Sie sich dem Wiedereinsetzungsgesuch zu. Gegenstand von Examensklausuren mit begründeten Wiedereinsetzungsgesuchen waren der Fall der ordnungsgemäßen Zustellung mit fehlerhafter Belehrung über die Fristen sowie verspätete Einlegung des Einspruchs durch Verschulden des Personals des Prozessbevollmächtigten. Im ersten Fall setzt die ordnungsgemäße Zustellung die Frist in Gang, das Versäumen ist aber wegen der falschen Belehrung entschuldigt, im zweiten Fall war kurz darzulegen, dass der Partei nur das Verschulden ihres Prozessbevollmächtigten gem. § 85 II ZPO zugerechnet wird, nicht aber das Verschulden von dessen Personal. § 278 BGB greift in diesem Fall nicht.

- Pauschales Voranstellen des Ergebnisses
- Zulässigkeit des Einspruchs
  - Statthaftigkeit, § 338 ZPO
  - Frist, § 339 ZPO
  - Form, § 340 ZPO
  - Folge, § 342 ZPO
- Eventuelle Sonderprobleme, zB
  - Auslegung eines Widerspruchs gegen einen Mahnbescheid als Einspruch gegen Vollstreckungsbescheid (Rn. 463)
  - Zeitlich unterschiedliche Zustellung eines Versäumnisurteils im schriftlichen Vorverfahren (Rn. 464)
  - Wiedereinsetzung in den vorigen Stand nach Versäumung der Einspruchsfrist (Rn. 465)
- Erfolg der Klage
  - Zulässigkeit der Klage
  - Begründetheit der Klage
- Ausführungen zu Nebenforderungen
- Prozessuale Nebenentscheidungen und gegebenenfalls Rechtsbehelfsbelehrung

g) Aufbau der Entscheidungsgründe eines Urteils nach Einspruch gegen ein VU mit Entscheidung über ein Wiedereinsetzungsgesuch

Wenn Sie über ein Wiedereinsetzungsgesuch entscheiden, fügen Sie im vorstehenden Schema unter »Frist« die folgenden Punkte ein:

Zulässigkeit des Antrags auf Wiedereinsetzung in den vorigen Stand

- Statthaftigkeit, § 233 S. 1 ZPO
- Frist, § 234 ZPO
- Form, § 236 ZPO
- Zuständigkeit des Gerichts, § 237 ZPO

Begründetheit des Antrags, § 233 S. 1 ZPO

- Versäumung ohne Verschulden
- Ursächlichkeit
- Glaubhaftmachung

3. Das Teilversäumnisurteil gegen einen Streitgenossen

Wenn ein notwendiger Streitgenosse säumig ist, müssen Sie in den Entscheidungsgründen zwischen Zulässigkeit und Begründetheit kurz erörtern, dass ein Versäumnisurteil nicht ergehen darf, weil bei notwendiger Streitgenossenschaft der säumige Streitgenosse durch den erschienenen Streitgenossen gem. § 62 I ZPO als vertreten gilt.

Anders ist es bei einfacher Streitgenossenschaft. Dann müssen Sie ein **Teilversäumnis- und Endurteil** machen. Und so lautet auch die Überschrift Ihres Urteils. Bei der Kostenentscheidung müssen Sie § 100 III ZPO berücksichtigen (Rn. 179). Die vorläufige Vollstreckbarkeit bezüglich des säumigen B 1) folgt aus § 708 Nr. 2 ZPO, die des B 2) normal aus § 709 ZPO oder §§ 708 Nr. 11, 711 ZPO. Hier ein Beispiel:

> **Fall:** Der Kläger verklagt mit schlüssigem Vortrag zwei **einfache** Streitgenossen als Gesamtschuldner auf Zahlung von 10.000 EUR nebst Prozesszinsen. B 2) ist säumig. Der Kläger beantragt den Erlass eines VU gegen B 2). Im Übrigen wird streitig verhandelt.

> Die Beklagten werden als Gesamtschuldner verurteilt, an den Kläger … zu zahlen.
> Die Beklagten tragen die Kosten des Rechtsstreits mit Ausnahme der Kosten, die durch die streitige Verhandlung vom … entstanden sind; diese trägt der Beklagte zu 1) allein.
> Das Urteil ist vorläufig vollstreckbar, gegenüber dem Beklagten zu 1) jedoch nur gegen Sicherheitsleistung iHv 110% des jeweils zu vollstreckenden Betrages.

Wenn im Bearbeitervermerk nichts anderes steht, erwähnen Sie im Tatbestand den streitigen Vortrag des säumigen Beklagten nicht. In den Entscheidungsgründen legen Sie nur die Rechtslage zwischen Kläger und dem erschienenen Beklagten dar. Wenn Sie wollen, können Sie vor den prozessualen Nebenentscheidungen folgenden Satz schreiben:

> Gegen den Beklagten zu 2) war aufgrund der schlüssigen Klage durch Versäumnisurteil zu entscheiden.

4. Das Urteil nach Einspruch gegen einen Vollstreckungsbescheid

Wenn der Einspruch statt gegen ein Versäumnisurteil gegen einen Vollstreckungsbescheid eingelegt worden ist, müssen Sie das Aktenzeichen des Vollstreckungsbescheides im Tenor angeben, weil der Vollstreckungsbescheid – anders als das Versäumnisurteil – nicht das Aktenzeichen des Rechtsstreits vor dem Streitgericht trägt.

Zudem müssen Sie den rechtzeitig eingelegten Widerspruch gegen einen Mahnbescheid als Einspruch gegen den Vollstreckungsbescheid auslegen, wenn der rechtzeitig eingegangene Widerspruch dem Richter verspätet vorgelegt worden ist und deshalb fälschlicherweise noch ein Vollstreckungsbescheid ergangen ist.

Im Examen wird der Einspruch statthaft und rechtzeitig sein, damit Sie zu der materiellen Rechtslage kommen. Achten Sie darauf, dass ein rechtzeitiger Widerspruch analog § 694 II ZPO als Einspruch zu werten ist, wenn gleichwohl versehentlich ein Vollstreckungsbescheid ergangen ist.

> **Fall:** Der Kläger erwirkt einen Mahnbescheid, der Beklagte legt rechtzeitig Widerspruch ein. Durch Verzögerungen im Postlauf des Gerichts wird der Widerspruch dem zuständigen Richter verspätet vorgelegt. Es ist bereits ein Vollstreckungsbescheid ergangen.

Erörtern: Der Widerspruch ist analog § 694 II ZPO als rechtzeitiger Einspruch zu werten.

Beachte: Im Tenor muss ein Vollstreckungsbescheid wie ein Versäumnisurteil je nach Verfahrensausgang aufrechterhalten oder aufgehoben werden. Im Tatbestand müssen Sie den Teil der Prozessgeschichte, der den Vollstreckungsbescheid betrifft, mit Daten vor den Anträgen bringen, weil diese sonst unverständlich sind.

Formulierungsvorschlag:

Der Widerspruch des Beklagten gegen den Mahnbescheid ist analog § 694 II ZPO als statthafter und rechtzeitiger Einspruch gegen den Vollstreckungsbescheid zu werten, der nicht mehr hätte erlassen werden dürfen, da der Widerspruch schon bei Gericht eingegangen war.

(Weiter geht es mit der Statthaftigkeit und Zulässigkeit des als Einspruch zu wertenden Widerspruchs und danach mit der Zulässigkeit und Begründetheit der Klage, Rn. 464.)

5. Das echte Versäumnisurteil gegen den Kläger

Wenn der Kläger im Termin säumig ist, ergeht gegen ihn gem. § 330 ZPO ein klageabweisendes Versäumnisurteil. Wenn der Kläger nach Einspruch obsiegt, müssen Sie bei der Kostenentscheidung an § 344 ZPO denken. Der Tatbestand sieht bei einem Versäumnisurteil gegen den Kläger wie folgt aus:

- Einleitungssatz
- Unstreitiges
- Streitiges Klägervorbringen
- Prozessgeschichte zum Zustandekommen des Versäumnisurteils (im Perfekt!)
  - Ordnungsgemäße Ladung des Klägers
  - Feststellung des Ausbleibens des Klägers im Termin
  - Klageabweisungsantrag des Beklagten und Antrag auf Erlass eines Versäumnisurteils
  - Antragsgemäß erlassenes Versäumnisurteil
  - Datum der Zustellung des Versäumnisurteils an den Kläger
  - Daten des Einspruchs und des Eingangs bei Gericht
- Gegebenenfalls weiteres streitiges Klägervorbringen
- Anträge des Klägers (in der Regel Aufhebung des Versäumnisurteils und Sachantrag – eingerückt)
- Anträge des Beklagten (in der Regel Aufrechterhaltung des Versäumnisurteils und Klageabweisung – eingerückt)
- Streitiges Beklagtenvorbringen
- Allgemeine Prozessgeschichte (zB Beweiserhebungen und Zustellungsdaten)

In den Entscheidungsgründen handeln Sie wie bei einem Versäumnisurteil gegen den Beklagten zunächst die Zulässigkeit des Einspruchs ab und machen danach die Ausführungen zur Zulässigkeit und Begründetheit der Klage.

6. Das unechte Versäumnisurteil

a) Das vollständige unechte VU

Wenn die Klage nicht schlüssig ist, muss gem. § 331 II Hs. 2 ZPO auch bei Säumnis des Beklagten ein sog. »unechtes« Versäumnisurteil, dh ein klageabweisendes Urteil gegen den erschienenen Kläger ergehen. Die Überschrift im Rubrum lautet wie im Normalfall »Urteil«. Dieses Urteil unterscheidet sich nur im Tatbestand von einem streitigen Urteil. Da bei Säumnis des Beklagten gem. § 331 I 1 ZPO das tatsächliche Vorbringen des Klägers als zugestanden gilt, besteht der Tatbestand eines »unechten« Versäumnisurteils lediglich aus dem Sachvortrag des Klägers, der als unstreitig dargestellt wird, und aus der Prozessgeschichte. Den Inhalt einer Klageerwiderung erwähnen Sie nicht. Der Tatbestand eines »unechten« Versäumnisurteils lautet also:

- Einleitungssatz
- Unstreitiges (= Klägervortrag)
- Daten
  - der Klagezustellung
  - der gem. § 276 ZPO gesetzten Fristen zur Verteidigungsanzeige und Klageerwiderung

> – des Eingangs der Verteidigungsanzeige und ggf. der Klageerwiderung
> – der Ladung zum Termin
> • Feststellung der Säumnis des Beklagten
> • Antrag des Klägers (Sachantrag und Antrag auf Erlass eines Versäumnisurteils) (eingerückt)

Die Entscheidungsgründe beginnen Sie wie folgt:

Formulierungsvorschlag:

Die zulässige Klage ist unbegründet. Trotz der Säumnis des Beklagten war nicht zu dessen Lasten im Wege eines Versäumnisurteils zu entscheiden. Die Klage ist vielmehr gem. § 331 II Hs. 2 ZPO abzuweisen, weil das tatsächliche Vorbringen des Klägers den Klageantrag nicht rechtfertigt.

(Nach eventuellen Ausführungen zur Zulässigkeit schreiben Sie:)

Die Klage ist nicht schlüssig. Der Vortrag des Klägers erfüllt nicht die Voraussetzungen der für den geltend gemachten Anspruch in Betracht kommenden Anspruchsgrundlagen.
§ … scheitert daran, dass …

(Wenn im Bearbeitervermerk nicht schon steht, dass Sie davon ausgehen sollen, dass § 139 ZPO beachtet worden ist, sollten Sie entweder vor oder nach Ihren materiell-rechtlichen Ausführungen erwähnen, dass ein richterlicher Hinweis auf die fehlende Schlüssigkeit nicht erforderlich war. Grund dafür wird in der Regel sein, dass der Kläger schlichtweg Unrecht hat oder dass er nicht mehr vortragen konnte.)

b) Die Kombination von echtem und unechtem VU

Eine weitere Besonderheit bei Säumnis des Beklagten kann sich ergeben,

• wenn der Kläger mehrere Anträge kumulativ stellt, von denen nicht alle schlüssig begründet sind
oder
• wenn er einen Haupt- und einen Hilfsantrag stellt und nur der Hilfsantrag schlüssig begründet ist.

Dann müssen Sie den schlüssigen Teil der Klage durch »echtes« Teilversäumnisurteil zusprechen und den unschlüssigen Teil durch »unechtes« Teilversäumnisurteil abweisen. Diese Urteile tragen die Überschrift: »*Teilversäumnis- und Endurteil*«. Die Entscheidungsgründe bei kumulativer Klagenhäufung beginnen Sie zB wie folgt:

Die zulässige Klage ist hinsichtlich des Antrags zu 1) begründet, im Übrigen ist sie unbegründet.
Dem schlüssig begründeten Antrag zu 1) war gem. § 331 I 1 und II Hs. 1 ZPO durch Teilversäumnisurteil stattzugeben, weil der Beklagte trotz ordnungsgemäßer Ladung nicht zum Termin erschienen ist.
Dem Klageantrag zu 2) war hingegen nicht stattzugeben. Die Klage war insoweit gem. § 331 II Hs. 2 ZPO durch ein sog. unechtes Versäumnisurteil abzuweisen, weil das tatsächliche Vorbringen des Klägers diesen Klageantrag nicht rechtfertigt.
Die Klage ist bezüglich des Antrags zu 2) nicht schlüssig. Der Vortrag des Klägers erfüllt nicht die Voraussetzungen der für den geltend gemachten Anspruch in Betracht kommenden Anspruchsgrundlagen …

Es folgen die Darlegungen zum Scheitern des Antrags aus allen in Betracht kommenden Anspruchsgrundlagen wie bei einem streitigen klageabweisenden Urteil (Rn. 250 ff.).

Bei eventuellen Klagenhäufungen beginnen Sie mit den Darlegungen zum Scheitern des Hauptantrages. Zum Hilfsantrag schreiben Sie abschließend nur noch den folgenden Satz:

Aufgrund des zum Hilfsantrag schlüssigen Vortrags des Klägers, der gem. § 331 I 1 ZPO als zugestanden gilt, war der Beklagte insoweit gem. § 331 II Hs. 1 ZPO durch Teilversäumnisurteil antragsgemäß zu verurteilen.

Achten Sie bei der vorläufigen Vollstreckbarkeit darauf, das Urteil für den Kläger ohne Einschränkungen für vorläufig vollstreckbar zu erklären, was aus § 708 Nr. 2 ZPO folgt. Die vorläufige Vollstreckbarkeit für den Beklagten, der ja nur einen Teil seiner Kosten vollstrecken kann, folgt bei einem Betrag bis zu 1.500 EUR aus §§ 708 Nr. 11, 711 ZPO, bei höheren Beträgen aus § 709 ZPO.

c) Die Kombination von echtem und unechtem Teilversäumnisurteil bei einer Widerklage

Wenn der Beklagte Widerklage erhoben hat und der ordnungsgemäß geladene Kläger im Termin nicht erscheint, ist die Klage auf Antrag des Beklagten gem. § 330 ZPO durch echtes Versäumnisurteil abzuweisen. Hinsichtlich der Widerklage bieten sich Ihnen die gleichen Möglichkeiten wie oben unter a) und b) dargestellt. Ein Versäumnisurteil bezüglich des mit der Widerklage geltend gemachten Anspruchs zulasten des nicht erschienenen Klägers ist im Examen mehr als unwahrscheinlich. Realistisch ist ein unechtes Versäumnisurteil zulasten des Beklagten oder eine Kombination aus echtem und unechtem Versäumnisurteil bei Teilerfolg der Widerklage, also wieder ein Teilversäumnis- und Endurteil.

Da die Klage bei Säumnis des Klägers abgewiesen werden muss, ist eine Darstellung seines Vortrags im Tatbestand entbehrlich. Es reicht in der Regel ein Satz zum Verständnis seines Anliegens. Die Tatsachen, die die Konnexität begründen, dürften sich aus dem Vortrag des Beklagten ergeben.

7. Exkurs: Das Urteil nach Lage der Akten gem. § 331a ZPO

Beim Ausbleiben einer Partei im Termin zur mündlichen Verhandlung kann der Gegner statt eines Versäumnisurteils gem. § 331a ZPO auch ein Urteil nach Lage der Akten beantragen (Rn. 467).

Ein Urteil nach Lage der Akten gem. § 331a ZPO ergeht,

- wenn die erschienene Partei es beantragt,
- wenn der Gegner säumig ist,
- wenn der Sachstand für ein Urteil hinreichend geklärt erscheint (§ 331a S. 1 Hs. 2 ZPO) und
- wenn bereits einmal mündlich verhandelt worden ist (§§ 331a S. 2, 251a II ZPO).

Die maßgeblichen Unterschiede zu einem Versäumnisurteil sind die folgenden:

- Anders als bei § 331 ZPO wird bei § 331a ZPO kein Geständnis der säumigen Partei fingiert. Ihr Bestreiten löst deshalb die Beweislast aus.
- Statt eines Einspruchs ist als Rechtsmittel gegen ein Urteil nach Lage der Akten nicht der Einspruch, sondern ausschließlich die Berufung statthaft.

Eine examensrelevante Konstellation wäre zB ein Rechtsstreit, in dem die Parteien in der ersten Verhandlung erschienen sind und das Gericht anschließend einen Beweisbeschluss erlassen und einen zweiten Termin anberaumt hat, in dem der Beklagte nicht erscheint. Die Beweisaufnahme wird durchgeführt und anschließend stellt der Kläger zusätzlich zu seinem Sachantrag den Antrag auf Entscheidung nach Lage der Akten.

Das Urteil nach Lage der Akten unterscheidet sich in folgenden drei Punkten von einem »normalen« Urteil:

- Da sich aus der Überschrift – sie lautet nämlich wie sonst auch nur »Urteil« – nicht ergibt, dass es sich um ein Urteil nach Lage der Akten handelt, müssen Sie im Rubrum nach dem Anführen der Parteien diese Besonderheit erwähnen:
  Bei Urteilen nach Lage der Akten gem. § 251a ZPO ist anstelle des Tages der letzten mündl. Verhandlung das Datum des versäumten Termins anzugeben:

> **hat** die 14. Zivilkammer des Landgerichts Lübeck
> **durch** die Richterin am Landgericht Lucke als Einzelrichterin
> **nach Lage der Akten**
> **am** (Datum des versäumten Termins)
> **für** Recht erkannt: ...

- Im Tatbestand weisen Sie vor oder nach dem Sachantrag der erschienenen Partei auf den zusätzlich gestellten Antrag auf Entscheidung durch ein Urteil nach Lage der Akten hin. Wenn dies der Kläger ist, schreiben Sie:

> Der Kläger beantragt, ...
> Er beantragt ferner, durch Urteil nach Lage der Akten zu entscheiden.

Es folgt der Sachantrag des im zweiten Termin säumigen Beklagten, den dieser im ersten Termin gestellt hat.

Am Ende des Tatbestandes bringen Sie im Rahmen der Prozessgeschichte die Tatsache des streitigen Verhandelns im ersten Termin, die Daten der Ladung des Beklagten zum zweiten Termin und sein Fernbleiben. Die gesamte Prozessgeschichte nach Durchführung einer Beweisaufnahme könnte wie folgt lauten:

> Die Klage ist dem Beklagten am ... zugestellt worden.
> Im Termin vom ... haben die Parteien streitig mit den oben angegebenen Anträgen verhandelt.
> Der Beklagte ist durch Verfügung vom ..., zugestellt am ..., zum zweiten Termin am ... geladen worden. Er ist nicht erschienen.
> Das Gericht hat Beweis erhoben durch Vernehmung der Zeugen ... Wegen des Ergebnisses der Beweisaufnahme wird auf die Sitzungsniederschrift vom ... Bezug genommen.

- Am Anfang der Entscheidungsgründe, also noch vor den Zulässigkeitserwägungen, führen Sie an, dass die Voraussetzungen für ein Urteil nach Lage der Akten vorliegen. Dies könnte etwa wie folgt lauten:

> Da der Beklagte im Termin vom ... mündlich verhandelt hat, er aber trotz ordnungsgemäßer Ladung nicht zum Termin vom ... erschienen ist und der Sachstand nach Durchführung des Beweisaufnahme hinreichend geklärt erscheint, war auf Antrag des Klägers gem. § 331a ZPO durch ein Urteil nach Lage der Akten zu entscheiden.
> Die Klage ist zulässig und ...

Weiter geht es wie bei einem »normalen« Urteil. Denken Sie daran, dass die vorstehenden Hinweise auch dann gelten, wenn der Kläger im zweiten Termin säumig ist und der Beklagte den Antrag auf Entscheidung nach Lage der Akten stellt.

Zudem muss das Gericht durch einen Beschluss das beabsichtigte Vorgehen nach § 331a ZPO angekündigt und einen Verkündungstermin anberaumt haben. Das müsste sich in einer Examensklausur zumindest konkludent aus dem Bearbeitervermerk ergeben, etwa mit dem Hinweis: »*Die formalen Voraussetzungen für eine Entscheidung des Gerichts sind erfüllt.*« Mehr dürfte da nicht stehen, um nicht zu viel zu verraten.

Die Hinweise zum Urteil nach Lage der Akten gem. § 331a ZPO gelten entsprechend für ein Urteil nach Lage der Akten gem. § 251a ZPO. Wenn beide Parteien säumig sind oder nicht verhandeln, kann das Gericht gem. § 251a ZPO auch ohne Antrag nach einem Hinweisbeschluss ein Urteil nach Lage der Akten erlassen.

II. Die Aufrechnung in der Zivilgerichtsklausur

1. Allgemeines zu Klagen mit Aufrechnungen

Fälle mit Aufrechnungserklärungen des Beklagten kommen in Examensklausuren besonders häufig vor. Der Beitrag fasst die wichtigsten Aspekte für Zivilgerichtsklausuren zusammen.

Achten Sie zunächst auf die richtigen Begriffe. Die Klageforderung heißt auch *»Hauptforderung«*, die Forderung, mit der der Beklagte aufrechnet, heißt *»Gegenforderung«*.

Durch eine im Prozess erklärte Aufrechnung kann der Beklagte verhindern, zu einer Zahlung verurteilt zu werden, selbst wenn die Klageforderung – isoliert betrachtet – ganz oder teilweise begründet ist. Die bis zu Erklärung der Aufrechnung begründete Klageforderung erlischt gem. § 389 BGB soweit die Gegenforderung begründet war, die Aufrechnung im Prozess ordnungsgemäß erklärt worden ist und kein Aufrechnungsverbot besteht.

Sofern der Beklagte der Auffassung ist, mit anderem Verteidigungsvorbringen, insbesondere dem Bestreiten von klägerischem Vortrag, die Klage bereits zu Fall bringen zu können, wird er seine Gegenforderung nur hilfsweise, also unter der Bedingung, dass die Klageforderung ansonsten vollständig oder teilweise Erfolg hat, zur Aufrechnung stellen. Hilfsaufrechnungen sind die häufigsten Fälle.

Wenn der Beklagte keine Chance sieht, der Berechtigung der Klageforderung zu widersprechen, wird er unbedingt aufrechnen. Dies hat vor allem Kostenvorteile für den Beklagten, weil sich der Streitwert bei einer Primäraufrechnung – anders als bei einer Hilfsaufrechnung – nicht erhöht und er im Erfolgsfall, dh wenn die Klage dank seiner erfolgreichen Aufrechnung abgewiesen wird, keine Kosten tragen muss. Anders bei einer Hilfsaufrechnung, bei deren Erfolg gem. § 45 III GKG die Kosten hälftig geteilt oder gegeneinander aufgehoben werden.

Beide Arten der Aufrechnung im Prozess haben unterschiedliche Auswirkungen auf den Gebührenstreitwert, die Kostenentscheidung und die Darstellung in einem Gerichtsurteil.

Die wirksame Aufrechnung beeinflusst die Entscheidung in der Hauptsache. Bei mindestens gleich hoher Gegenforderung erlischt die Klageforderung vollständig, bei einer niedrigeren Gegenforderung erlischt sie zum Teil.

Hinsichtlich der Entscheidung über die auf die Klageforderung geltend gemachten Zinsen müssen Sie bei Primär- und bei Hilfsaufrechnungen Folgendes bedenken:

- Wenn sich die beiden Forderungen von Anfang an aufrechenbar gegenüberstanden und die Gegenforderung mindestens so hoch ist wie die Klageforderung, entfällt bei einer wirksamen Aufrechnung der Zinsanspruch des Klägers ex tunc.
- Wenn sich die Forderungen erst nach dem Zeitpunkt der Geltendmachung seitens des Klägers erstmals aufrechenbar gegenüberstanden, müssen Sie auch bei einem vollen Erfolg der Aufrechnung dem Kläger Zinsen vom Zeitpunkt der berechtigten Geltendmachung der Klageforderung (Verzug oder Rechtshängigkeit) bis zur Fälligkeit der Gegenforderung zusprechen.
- Wenn die Gegenforderung niedriger als die Klageforderung ist, müssen Sie dem Kläger auch bei einem vollen Erfolg der Aufrechnung den verbleibenden Teil der Klageforderung nebst Zinsen zusprechen.

Der **Zuständigkeitsstreitwert** bestimmt sich auch bei Fällen mit Aufrechnungen immer nur nach dem Streitwert der Klage. Hilfsaufrechnungen können aber wegen § 45 III GKG den **Gebührenstreitwert** und damit die Kostenentscheidung und die Entscheidung über die vorläufige Vollstreckbarkeit beeinflussen. Näheres dazu unter II.3.

Aufrechnung mit einer Gegenforderung in anderen Währungen ist nur zulässig bei Ersetzungsbefugnis, andernfalls fehlt die Gleichartigkeit, die § 387 BGB fordert.

Nach hM ist die Rücknahme einer Prozessaufrechnung möglich.

2. Klagen mit Primäraufrechnungen

Der inhaltliche Unterschied zwischen Primär- und Hilfsaufrechnungen besteht lediglich darin, dass es bei Primäraufrechnungen grundsätzlich kein streitiges Klägervorbringen gibt. Eine Primäraufrechnung liegt nur vor, wenn der Beklagte das tatsächliche Vorbringen des Klägers nicht bestreitet und sich nur mit seiner Aufrechnung zur Wehr setzt.

Eine Einschränkung wird nur bei Streit um materielle Nebenforderungen des Klägers gemacht. Eine Primäraufrechnung liegt bei ansonsten unstreitigem Sachverhalt zur Klage auch dann vor, wenn der Beklagte die Höhe der geltend gemachten Verzugszinsen bestreitet.

Achtung: Der Unterschied zwischen einer Primär- und einer Hilfsaufrechnung, der insbesondere für die Kostenentscheidung bedeutsam sein kann (Rn. 201), ist nicht ganz einfach. Bei schlichter Betrachtung könnte man sagen, eine Hilfsaufrechnung liege auch vor, wenn der Beklagte die Entscheidung über die Aufrechnung unter der Bedingung der Schlüssigkeit der Klageforderung stellt.

Bei näherer Betrachtung ist diese Bedingung aber jeder Entscheidung über eine Aufrechnung immanent, denn das Gericht muss vor jeder Aufrechnung auch ohne Hinweis des Beklagten das Bestehen der Klageforderung prüfen, weil die Aufrechnung ohne Bestehen der Klageforderung ins Leere läuft. Es ist nämlich einheitliche Meinung, dass eine Primäraufrechnung kein Anerkenntnis der Klageforderung, sondern nur ein Unstreitigstellen der vom Kläger vorgetragenen Tatsachen ist. Die Bedingung des Beklagten »Zuerst bitte das Bestehen der Klageforderung prüfen!« ist also überflüssig. Daraus ergibt sich für uns, dass es sich in den Fällen, in denen der Beklagte keine vom Kläger vorgetragenen Tatsachen bestreitet, sondern ausschließlich die Schlüssigkeit der Klageforderung bezweifelt und seine Aufrechnung unter der Bedingung erklärt, dass die Klageforderung besteht, um eine Primäraufrechnung handelt.

Die Mehrheit der von uns ermittelten Kommentarstellen und Gerichtsentscheidungen teilt die »schlichte« Betrachtung und qualifiziert auch diese Fälle als echte Hilfsaufrechnung, dies mit der ebenso schlichten Begründung »Bedingung ist Bedingung«. Wir sehen auch hier von Zitaten ab, wie in diesem Buch weitgehend üblich, weil es dem Problem zu viel Ehre erweisen würde. Sie sollten in einem Urteil diese Frage nur im Rahmen der Kostenscheidung oder in der Begründung des Streitwertbeschlusses kurz ansprechen (Rn. 201). Wir finden es weitaus überzeugender, der Mindermeinung zu folgen. und etwa wie folgt zu argumentieren:

> Das Gericht sieht in der »hilfsweise« erklärten Aufrechnung des Beklagten eine Primäraufrechnung, weil er die vom Kläger vorgetragenen Tatsachen nicht bestritten hat und das Gericht die Schlüssigkeit der Klageforderung auch ohne die vorgebrachten Rechtsansichten des Beklagten von Amts wegen prüfen muss.

Bei Primäraufrechnungen treten bezüglich der Kostenentscheidung keine Besonderheiten auf, weil Primäraufrechnungen von § 45 III GKG nicht erfasst werden. Diese Vorschrift greift nur bei Hilfsaufrechnungen. Die Kostenentscheidung bei Klagen mit Primäraufrechnungen richtet sich gem. §§ 91 ff. ZPO nur nach der Unterliegensquote in Bezug auf den einfachen Streitwert der Klage. Wenn der Beklagte verliert, trägt er die Kosten des Rechtsstreits, wenn seine Aufrechnung voll durchgreift und die Klage abgewiesen wird, trägt sie der Kläger, bei Teilerfolgen wird ab 10% gequotelt.

a) Der Tatbestand bei Klagen mit Primäraufrechnungen

Beim Abfassen des Tatbestandes müssen Sie bei allen Klagen mit Aufrechnungen – gleich ob Primär- oder Hilfsaufrechnungen und egal ob mit oder ohne Hilfswiderklage – Folgendes beachten:

Sie sollten beim Aufbau des Tatbestandes unterscheiden zwischen Aufrechnungen, die ihren Grund in demselben Lebenssachverhalt wie die Klage haben und solchen, die mit dem vom Kläger geltend gemachten Anspruch nichts zu tun haben. Ersteres sind Fälle wie Klage auf restlichen Werklohn und Aufrechnung mit Schadensersatzansprüchen aus demselben Werkvertrag. Letzteres sind Fälle wie Klage auf Kaufpreis, Aufrechnung mit Darlehensforderung. In der ersten Konstellation sollten Sie das Unstreitige von Klage und Gegenforderung zusammen darstellen, im zweiten Fall getrennt. So mögen es nach unseren Erfahrungen die meisten Prüfer am liebsten haben.

Das Aufbauschema für Klagen mit Primäraufrechnungen lautet:

- Einleitungssatz
- Unstreitiges zur Klageforderung (= der Vortrag des Klägers)
  und Unstreitiges zur Gegenforderung, sofern sie auf demselben Sachverhalt beruht wie die Klage
- Gegebenenfalls streitiges Klägervorbringen zu seinen Nebenforderungen
- Anträge (eingerückt)
- Gegebenenfalls qualifiziert bestrittener Vortrag des Beklagten zu den Nebenforderungen des Klägers
- Überleitungssatz zur Aufrechnung, zB:

  > Gegenüber der Forderung des Klägers hat der Beklagte die Aufrechnung mit einer Forderung aus … erklärt.

- Unstreitiges zur Gegenforderung, sofern sie auf einem anderen Sachverhalt beruht als die Klage
- Streitiges Beklagtenvorbringen zur Gegenforderung
- Streitiges Klägervorbringen zur Gegenforderung
- Allgemeine Prozessgeschichte (zB Beweiserhebungen und Zustellungsdaten)

b) Die Entscheidungsgründe bei Klagen mit Primäraufrechnungen (Rn. 263)

Bei Primäraufrechnungen ergeben sich für die Entscheidungsgründe keine großen Besonderheiten im Verhältnis zu Klagen ohne Aufrechnungen. Da bei einer Primäraufrechnung die Tatsachenbehauptungen des Klägers unstreitig sind, geht es nur darum, ob die Aufrechnung den klägerischen Anspruch zu Fall bringt oder nicht. Fälle, in denen der klägerische Anspruch nicht schlüssig und die Klage ohne Erörterung der Aufrechnung abzuweisen ist, werden im Examen eher selten sein. Ein kurzer Check der Schlüssigkeit schadet trotzdem nicht.

Die Gegenforderung wird in der Regel mindestens so hoch sein wie die Klageforderung. Wenn sie niedriger ist, müssen Sie dem Kläger auch bei einem vollen Erfolg der Aufrechnung den verbleibenden Teil seiner Forderung nebst Zinsen zusprechen. Achten Sie ferner darauf, dass dem Kläger gegebenenfalls Zinsen auf seine – erloschene – Forderung zustehen vom Verzugseintritt oder der Rechtshängigkeit bis zu dem Zeitpunkt des Erlöschens beider Forderungen gem. § 389 BGB.

Benutzen Sie die richtige Zeitform: Sofern und soweit die Aufrechnung des Beklagten durchgreift, **standen** (nicht stehen!) den Parteien die nach § 389 BGB erloschenen Ansprüche zu. Der Einleitungssatz in den Entscheidungsgründen nach der Darstellung der Zulässigkeit lautet bei einer erfolgreichen Aufrechnung:

> Der dem Kläger ursprünglich zustehende Anspruch auf … ist durch die vom Beklagten wirksam erklärte Aufrechnung gem. § 389 BGB erloschen.
> Dem Kläger **stand** der geltend gemachte Anspruch aus § … zu …

Das Aufbauschema der Entscheidungsgründe lautet:

- Pauschales Voranstellen des Ergebnisses
- Ausführungen zur Zulässigkeit der Klage
- Ausführungen zur Begründetheit der Klage aus einer Anspruchsgrundlage
- Ausführungen zur Begründetheit der Gegenforderung aus einer Anspruchsgrundlage
  (Oder:)
- Ausführungen zur Unbegründetheit der Gegenforderung aus allen in Betracht kommenden Anspruchsgrundlagen

- Bei geringerer Höhe der Gegenforderung: Darlegen der nicht erloschenen Differenz und Ausführungen zu den Nebenforderungen des Klägers
- Prozessuale Nebenentscheidungen
- Gegebenenfalls Rechtsbehelfsbelehrung
- Unterschrift/en der/des erkennenden Richter/s

3. Klagen mit Hilfsaufrechnungen

Wenn der Beklagte mit seinem primären Vorbringen gegen die Klageforderung scheitert, tritt die Bedingung für die Entscheidungsbefugnis des Gerichts über seine Gegenforderung ein. Dann befindet das Gericht darüber, ob die Gegenforderung ganz oder teilweise bestand und die Klageforderung zum Erlöschen gebracht hat oder ob Sie nicht besteht. Mit »hilfsweise« ist nämlich gemeint, dass das Gericht über die Gegenforderung entscheiden soll, wenn die primären Einreden und Einwendungen nicht greifen und der Beklagte ohne Berücksichtigung der Aufrechnung ganz oder teilweise zur Zahlung verurteilt würde.

Nun zu den Auswirkungen von § 45 III GVG.

> **Merke:** Hilfsaufrechnungen mit einer streitigen Gegenforderung erhöhen gem. § 45 III GKG den für die Kostenentscheidung maßgeblichen Gebührenstreitwert, soweit über die Gegenforderung eine inhaltliche, der Rechtskraft fähige Entscheidung ergeht.
> Sofern das Gericht über die Gegenforderung entscheidet, erfasst die Rechtskraft die Gegenforderung gem. § 322 II ZPO nur bis zur derjenigen Höhe der Klageforderung, die ohne die Aufrechnung zuerkannt worden wäre.

Selbst wenn es sich bei der Gegenforderung um eine einheitliche Forderung in einer die Klageforderung übersteigenden Höhe handelt und das Gericht die Aufrechnung mit der Begründung ablehnt, die Gegenforderung bestehe nicht, ist gem. § 322 II ZPO immer nur über den Teil entschieden worden, der der Höhe nach der ansonsten begründeten Klageforderung entspricht. Nur dieser Teil der Gegenforderung erhöht den Streitwert.

Wenn also gegen eine – isoliert betrachtet – begründete Klageforderung von 10.000 EUR mit einer Forderung von 20.000 EUR hilfsweise aufgerechnet wird, setzt sich der Gebührenstreitwert gem. § 45 III GKG, § 322 II ZPO aus dem Streitwert der Klage und dem der Höhe nach durch diesen Wert begrenzten Wert der Gegenforderung zusammen, also nur 10.000 EUR + 10.000 EUR, insgesamt 20.000 EUR und nicht etwa 30.000 EUR. § 45 III GKG führt also, von gestaffelten Hilfsaufrechnungen mit mehreren Forderungen abgesehen, grundsätzlich höchstens zu einer Verdoppelung des Streitwerts der Klage. Ist die obige Klage – isoliert betrachtet – nur iHv 5.000 EUR begründet, beträgt der Streitwert nur 15.000 EUR, bestehend aus dem Streitwert der Klage iHv 10.000 EUR plus 5.000 EUR von der Gegenforderung, weil dieser Teil der Gegenforderung ausreicht, um die Klageforderung zum Erlöschen zu bringen.

Nur bei Aufrechnung mit mehreren Forderungen erhöht sich der Gebührenstreitwert mit jeder Forderung, über die das Gericht entscheidet. Dann kann es zu einem höheren Gebührenstreitwert als dem Doppelten der Klageforderung kommen. Wenn der Beklagte zB gegen eine – isoliert betrachtet – begründete Klageforderung von 10.000 EUR mit drei gleich hohen Forderungen von ebenfalls 10.000 EUR oder mehr hilfsweise die Aufrechnung erklärt und das Gericht erkennt, dass die ersten beiden Forderungen nicht bestehen, sondern nur die dritte zur Klageabweisung geführt hat, beträgt der Gebührenstreitwert 40.000 EUR, weil über die Klageforderung und drei Gegenforderungen iHv jeweils 10.000 EUR entschieden worden ist. Von diesen insgesamt 40.000 EUR hat der Beklagte 30.000 EUR und der Kläger 10.000 EUR eingebüßt. Die Kostenentscheidung lautet:

Von den Kosten des Rechtsstreits tragen der Kläger ¼, der Beklagte ¾.

Die Hilfsaufrechnung kommt nicht zum Zuge, wenn die Bedingung über die Entscheidungsbefugnis des Gerichts nicht eintritt, also wenn die Klage bereits scheitert, weil sie unschlüssig ist oder der Beklagte mit seinen in erster Linie vorgebrachten Einreden oder Einwendungen durchdringt. Dann greift § 45 III GKG nicht, weil die Aufrechnung nicht Gegenstand des Rechtsstreits geworden ist. Es bleibt beim Streitwert der Klage. Das gleiche gilt, wenn die Gegenforderung unstreitig ist – so der Wortlaut von § 45 GKG – oder wenn die Hilfsaufrechnung aus prozessualen Gründen scheitert, zB wegen Verstoßes gegen § 253 II Nr. 2 ZPO, wegen fehlender Rechtswegzuständigkeit oder aufgrund von Präklusion.

Bei der Ermittlung der Kostenquote in Fällen mit Hilfsaufrechnungen müssen Sie also zunächst entscheiden, von welchem Gebührenstreitwert auszugehen ist, also ob § 45 III GKG Anwendung findet oder nicht. Dann ermitteln Sie, welche Partei in Ansehung dieses Streitwertes in welchem Umfang unterlegen ist.

1. Fall: Der Kläger klagt 10.000 EUR ein, der Beklagte rechnet hilfsweise mit einer streitigen Forderung über 20.000 EUR auf. Der Klage wird stattgegeben, weil die Klage begründet ist und die Gegenforderung nicht besteht.

Der Gebührenstreitwert beträgt gem. § 45 III GKG 20.000 EUR, weil über die Klage und über die Gegenforderung in Höhe der isoliert betrachtet begründeten Klageforderung entschieden worden ist. Davon hat der Beklagte 10.000 EUR verloren, weil der Klage stattgegeben worden ist, und weitere 10.000 EUR, weil das Gericht seine Gegenforderung in dieser Höhe rechtskräftig als nicht begründet abgewiesen hat.

  Die Kosten des Rechtsstreits trägt der Beklagte.

2. Fall: Die obige Klage wird abgewiesen. Das Gericht hat die Klageforderung zwar als entstanden und ursprünglich begründet angesehen, die Forderung ist aber durch die Aufrechnung erloschen.

Der Gebührenstreitwert beträgt 20.000 EUR, weil über die Klage und die Gegenforderung entschieden in Höhe der Klageforderung worden ist. Beide Parteien haben 10.000 EUR verloren, weil sie ihre jeweiligen Forderungen eingebüßt haben.

  Die Kosten des Rechtsstreits werden gegeneinander aufgehoben.

3. Fall: Der Kläger erstreitet im obigen Fall folgendes Urteil: »Der Beklagte wird verurteilt, an den Kläger 5.000 EUR zu zahlen. Im Übrigen wird die Klage abgewiesen.« Aus den Entscheidungsgründen folgt, dass die Klage in voller Höhe, die zur Aufrechnung gestellte Forderung jedoch nur iHv 5.000 EUR begründet war.

Auch hier beträgt der Gebührenstreitwert wieder 20.000 EUR, weil das Gericht über die Klage und die Gegenforderung in Höhe der Klageforderung entschieden hat. Von diesem Streitwert hat der Kläger 5.000 EUR verloren, weil die Gegenforderung in dieser Höhe seine Forderung zum Erlöschen gebracht hat. Der Beklagte hat iHv 15.000 EUR verloren, weil er 5.000 EUR zahlen muss und von seiner Gegenforderung weitere 5.000 EUR für unbegründet erachtet wurden. Die Kostenentscheidung lautet:

  Von den Kosten des Rechtsstreits trägt der Kläger ¼, der Beklagte ¾.

Der Einfluss von § 45 III GKG auf die Entscheidung über die vorläufige Vollstreckbarkeit besteht darin, dass wegen des gegebenenfalls höheren Gebührenstreitwerts und der deshalb höheren vollstreckbaren Kosten die Grenze für die Anwendbarkeit von §§ 708 Nr. 11, 711 ZPO, also 1.500 EUR, überschritten sein könnte und Sie gem. § 709 ZPO tenorieren müssen.

a) Der Tatbestand bei Klagen mit Hilfsaufrechnungen

Sie sollten auch hier unterscheiden zwischen Hilfsaufrechnungen, die ihren Grund im selben Sachverhalt wie die Klage haben und solchen, die mit dem vom Kläger geltend gemachten Anspruch nichts zu tun haben. Im ersten Fall sollten Sie das Unstreitige von Klage und Aufrechnung zusammen darstellen, im zweiten Fall getrennt.

- Einleitungssatz
- Unstreitiges zur Klageforderung und Unstreitiges zur Gegenforderung, sofern sie auf demselben Lebenssachverhalt beruht wie die Klage
- Streitiges Klägervorbringen zur Klageforderung
- Anträge (eingerückt)
- Streitiges Beklagtenvorbringen zur Klageforderung
- Überleitungssatz zur Hilfsaufrechnung

> Hilfsweise erklärt der Beklagte die Aufrechnung mit einer Forderung aus …

- Unstreitiges zur Gegenforderung, sofern sie auf einem anderen Lebenssachverhalt beruht als die Klage
- Streitiges Beklagtenvorbringen zur Gegenforderung
- Streitiges Klägervorbringen zur Gegenforderung
- Allgemeine Prozessgeschichte (zB Beweiserhebungen und Zustellungsdaten)

b) Die Entscheidungsgründe bei Klagen mit Hilfsaufrechnungen

Sie beginnen wie stets mit dem pauschalen Voranstellen des Ergebnisses. Wenn die Klage schon unbegründet ist, bleibt die Hilfsaufrechnung unerwähnt. Ergebnissatz und Aufbau sind Sie dann so wie bei anderen unbegründeten Klagen.

Wenn die Aufrechnung die Klageforderung zum Erlöschen bringt, lautet das Ergebnis:

> Die dem Kläger ursprünglich zustehende Forderung ist durch die vom Beklagten wirksam erklärte Aufrechnung gem. § 389 BGB erloschen.
> Dem Kläger stand der geltend gemachte Anspruch bis zur Aufrechnungserklärung aus § … zu …

Nach dem Abhandeln der ursprünglichen Begründetheit der Klage bringen sie den Überleitungssatz zur Aufrechnung:

> Dieser Anspruch ist durch die vom Beklagten wirksam erklärte Aufrechnung gem. § 389 BGB erloschen.

Sodann sollten Sie zur grundsätzlichen Zulässigkeit von Hilfsaufrechnungen schreiben. (§ 253 II Nr. 2 ZPO, Stichwort: Die innerprozessuale Bedingung schadet nicht, und § 388 S. 2 BGB steht aus demselben Grund auch nicht entgegen.)

> Es bestehen keine Bedenken gegen die Zulässigkeit der unter der Bedingung des Scheiterns der primären Einwendungen gegen die Klage erklärten Aufrechnung. Der § 253 II Nr. 2 ZPO zu entnehmende Grundsatz, dass alle Prozesshandlungen bedingungsfeindlich sind, gilt nicht für innerprozessuale Bedingungen, weil sie keine Rechtsunsicherheit bewirken, die § 253 II Nr. 2 ZPO verhindern soll. Denn durch die eigene Entscheidung des Gerichts steht fest, ob die Bedingung eingetreten ist oder nicht.
>
> Aus demselben Grund steht auch § 388 S. 2 BGB der Wirksamkeit der Aufrechnungserklärung nicht entgegen.

Weiter geht es mit dem ursprünglichen Bestehen der Gegenforderung im Präteritum, da sie ja gem. § 389 BGB erloschen ist, also nicht mehr »besteht«, sondern »bestand«.

> Dem Beklagten **stand** die Gegenforderung zu. Sie **folgte** aus § …

Wenn Klage und/oder Gegenforderung nur zum Teil bestanden, stellen Sie dies dar wie bei anderen teilweise begründeten Ansprüchen: Sie begründen den erfolgreichen Teil aus einer Anspruchsgrundlage und stellen die restliche Unbegründetheit aus allen in Betracht kommenden Anspruchsgrundlagen dar.

4. Klagen mit Hilfsaufrechnungen und Hilfswiderklagen

Diese Konstellation finden Sie im Folgenden bei dem Thema »Widerklage«.

5. Die Aufrechnung des Beklagten gegen in gewillkürter Prozessstandschaft auftretende Kläger

Eine Aufrechnung mit Ansprüchen gegen einen in Prozessstandschaft auftretenden Kläger scheint auf den ersten Blick an der fehlenden Gegenseitigkeit der Forderungen zu scheitern, da – anders als bei Teilabtretungen – nur der Ermächtigende, nicht aber der Kläger Forderungsinhaber ist (Palandt/*Grüneberg* BGB § 398 Rn. 35). Dies gilt aber nicht für die in der Regel im Examen vorkommenden Fälle, in denen der Kläger als früherer Rechtsinhaber in gewillkürter Prozessstandschaft auftritt. Dann kann der Beklagte auch mit Forderungen, die sich durch die Abtretung nunmehr gegen den materiellen Rechtsinhaber richten, unter den Voraussetzungen des § 406 BGB gegenüber dem Kläger als früherem Rechtsinhaber aufrechnen (vgl. BGH NJW 1990, 2544 ff.). In diesen Fällen soll der Beklagte als Schuldner durch das Auftreten des Klägers in gewillkürter Prozessstandschaft nicht schlechter gestellt werden, als wenn der jetzige Rechtsinhaber klagen würde.

Achtung: Wenn die Gegenforderung aber den Bestand des Anspruchs des materiellen Rechtsinhabers selbst betrifft, kann dies gegenüber dem Prozessstandschafter eingewandt werden. Dies sind insbesondere Fälle, in denen der Beklagte den großen Schadensersatz nach §§ 634 Nr. 4, 281, 280 BGB geltend macht. Dann gehen die gegenseitigen Ansprüche von Besteller (hier Beklagter) und Werkunternehmer (hier nach Abtretung die Bank) in einem Abrechnungsverhältnis auf (vgl. Palandt/*Heinrichs* BGB § 281 Rn. 18 ff., 52; Palandt/*Sprau* BGB § 633 Rn. 13). Die daraus resultierenden Einwendungen gegen den Werklohnanspruch muss sich der Prozessstandschafter nach § 404 BGB entgegenhalten lassen. Einer Aufrechnung bedarf es dann nicht, weil durch die Erklärung des großen Schadensersatzes ohnehin ein Abrechnungsverhältnis vorliegt. Sofern zur Irreführung eine Aufrechnung erklärt worden ist, ist dies analog §§ 133, 157 BGB als Abrechnungserklärung auszulegen.

Zur Kombination Aufrechnung und isolierte Drittwiderklage s. III.5.b).

Fall: Der Kläger macht gegen den Beklagten eine Werklohnforderung geltend, die er zuvor zur Sicherheit an seine Hausbank abgetreten hat. Diese hat ihn, nachdem der Beklagte die Zahlung verweigert hat, zur Geltendmachung der Forderung im eigenen Namen bevollmächtigt.
Der Beklagte erklärt die Aufrechnung mit Schadensersatzansprüchen (kleiner Schadensersatz) aus dem Werkvertrag mit dem Kläger.
Der Kläger rügt die fehlende Gegenseitigkeit der Forderungen, weil er nicht mehr materieller Rechtsinhaber sei. In der Sache steht dem Beklagten die Gegenforderung zu.

Erörtern: Die Zulässigkeit des Auftretens in gewillkürter Prozessstandschaft.
Die der Voraussetzungen einer Aufrechnung gegen einen gewillkürten Prozessstandschafter.

Formulierungsvorschlag:

Die Klage ist zulässig ...
Durch die vom Beklagten erklärte Aufrechnung ist der dem Kläger ursprünglich zustehende Anspruch gem. § 389 BGB iHv ... erloschen. Im Gegensatz zu der Auffassung des Klägers scheitert die Aufrechnung nicht daran, dass es nach der Abtretung der Forderung an der nach § 387 BGB erforderlichen Gegenseitigkeit fehlt. Der in gewillkürter Prozessstandschaft auftretende Kläger ist aufgrund der Abtretung der Forderung an die Bank zwar nicht mehr materieller Forderungsinhaber, als ursprünglicher Forderungsinhaber muss er sich aber gem. § 406 BGB so behandeln lassen, weil der Beklagte durch das Auftreten des Klägers in gewillkürter Prozessstandschaft nicht schlechter gestellt werden darf, als wenn der materielle Rechtsinhaber klagen würde.

6. Die Kombination von Aufrechnung und Erledigung des Rechtsstreits

Fall: Der Kläger klagt vor dem Amtsgericht 4.000 EUR ein. Der Beklagte erklärt nach Rechtshängigkeit die Aufrechnung mit einer gleich hohen Forderung. Die beiden Forderungen standen sich schon vor Rechtshängigkeit aufrechenbar gegenüber. Der Kläger erklärt daraufhin den Rechtsstreit in der Hauptsache für erledigt. Der Beklagte widerspricht und beantragt weiterhin Klageabweisung.

Erörtern: Zulässige Klageänderung nach § 264 Nr. 2 ZPO.
Feststellungsinteresse gem. § 256 I ZPO.
Bei Klagen vor dem LG gegebenenfalls § 261 III Nr. 2 ZPO ansprechen.

Beachte: Wenn der Beklagte erfolgreich aufrechnet, ist ein Teil der Literatur und der Rspr. der Auffassung, das »erledigende Ereignis« sei das Erlöschen der Forderung im Zeitpunkt der Aufrechnung**slage**, und nicht die Aufrechnungs**erklärung**. Wenn die Aufrechnungslage schon vor Rechtshängigkeit bestand, führt die Rückwirkungsfiktion von § 389 BGB nach dieser Auffassung dazu, dass die Klage von vornherein unbegründet, eine Erledigung des Rechtsstreits mithin nicht eingetreten und die Klage deshalb abzuweisen ist.

Der BGH hat diesen Streit beendet. Es ist nach hRspr nur noch auf den Zeitpunkt der Aufrechnungs**erklärung** abzustellen. Um Wissen zu zeigen, sollten Sie das Problem kurz ansprechen.

> **Formulierungsvorschlag:**
>
> Die Klage ist zulässig und begründet.
> Dem Kläger steht es frei, seine ursprünglich auf Zahlung gerichtete Klage nach der Aufrechnung seitens des Beklagten für erledigt zu erklären.
> In der Erledigungserklärung des Klägers liegt eine gem. § 264 Nr. 2 ZPO stets zulässige Klageänderung auf Feststellung, dass sich der Rechtsstreit in der Hauptsache erledigt hat. Das gem. § 256 ZPO erforderliche Feststellungsinteresse ist aufgrund der Frage der Kostentragungspflicht gegeben.
> (Die Begründetheit beginnen Sie dann wie folgt:)
> Die Klage ist auch begründet. Eine einseitige Erledigungserklärung ist erfolgreich, wenn die ursprüngliche Klage zulässig und begründet war und durch ein nach Rechtshängigkeit eingetretenes Ereignis unzulässig oder unbegründet geworden ist. Diese Voraussetzungen liegen vor.
> Die Klage war ursprünglich zulässig …
> Im Zeitpunkt der Klageerhebung stand dem Kläger der geltend gemachte Anspruch auch zu …
> Dieser Anspruch ist durch die vom Beklagten im Prozess erklärte Aufrechnung mit seiner Forderung aus … gem. § 389 BGB erloschen. Dem Beklagten stand nämlich der zur Aufrechnung gestellte Anspruch aus § … zu …
> Damit ist die Klage nach Rechtshängigkeit unbegründet geworden. Die Aufrechnungserklärung ist das maßgebende erledigende Ereignis, das nach Rechtshängigkeit, nämlich mit Schriftsatz vom …, stattgefunden hat. Dem steht nicht entgegen, dass aufgrund der gesetzlichen Fiktion der Rückwirkung einer Aufrechnungserklärung gem. § 389 BGB die Erfüllung bereits in dem Zeitpunkt eingetreten ist, als sich die beiden Forderungen erstmals aufrechenbar gegenüberstanden. Dieser Zeitpunkt lag hier vor der Erhebung der Klage.
> Das angerufene Gericht folgt der hRspr, nach der die Rückwirkung der Aufrechnung als lediglich materiell-rechtliche Fiktion für die prozessuale Frage der Erledigung bedeutungslos ist. Es ist die Erklärung der Aufrechnung und nicht die Aufrechnungslage, die das Erlöschen »bewirkt«. Es erscheint auch nicht unbillig, den Beklagten in diesen Fällen mit den Kosten zu belasten, weil er nach vorprozessualer Aufforderung zur Zahlung sofort die Aufrechnung hätte erklären und so den Rechtsstreit vermeiden, zumindest aber die Klage von vornherein unbegründet machen können. Wenn der Beklagte mit seiner Aufrechnungserklärung bis zum Prozess wartet, erscheint es sachgerechter, ihn statt den Kläger mit den Kosten des Rechtsstreits zu belasten.

7. Die Kombination von Aufrechnung und Klagerücknahme gem. § 269 III 3 ZPO

Fall: Der Kläger klagt vor dem Amtsgericht 4.000 EUR ein. Der Beklagte erklärt nach dem Einreichen, aber vor der Zustellung der Klage die Aufrechnung mit einer Forderung iHv 2.000 EUR. Klageforderung und Gegenforderung standen sich bereits lange vor Einreichen der Klage aufrechenbar gegenüber. Der Kläger nimmt daraufhin die Klage iHv 2.000 EUR zurück und beantragt, den Beklagten zur Zahlung der restlichen 2.000 EUR und zur vollen Kostentragung zu verurteilen. Der Beklagte beantragt Klageabweisung. Die Klage war und ist voll und ganz begründet.

Beachte: Die Entscheidung ergeht in der Hauptsache nur noch über den rechtshängigen Teil der Klage. Der Teil der Kosten, der auf § 269 III 3 ZPO beruht, ist von der vorläufigen Vollstreckbarkeit auszunehmen (Rn. 443).

Im Tatbestand den alten Antrag (gegebenenfalls abgekürzt), die Aufrechnung mit Daten und den neuen Antrag des Klägers angeben.

In den Entscheidungsgründen ist die Zulässigkeit der teilweisen Klagerücknahme nach § 269 I ZPO kurz anzusprechen.

In der Begründetheit darf der zurückgenommene Teil der Klage nicht erwähnt werden.

In der Kostenentscheidung ist der auf den zurückgenommenen Teil der Klage entfallende Kostenanteil gem. § 269 III 3 ZPO zu begründen und bei den Kostenvorschriften anzugeben. Dabei sollten Sie wie bei Erledigungserklärungen nach Aufrechnungen (s. oben unter b)) auf das Problem des maßgeblichen Ereignisses, also der Aufrechnungslage oder der Aufrechnungserklärung, eingehen.

Die vorläufige Vollstreckbarkeit beruht auf §§ 709, 794 I Nr. 3 ZPO.

Der Tenor müsste danach lauten:

Der Beklagte wird verurteilt, an den Kläger 2.000 EUR zu zahlen.

Der Beklagte trägt die Kosten des Rechtsstreits.

Das Urteil ist in Höhe der Hälfte der für den Kläger vollstreckbaren Kosten ohne Sicherheitsleistung, im Übrigen gegen Sicherheitsleistung iHv 110% des jeweils zu vollstreckenden Betrages vorläufig vollstreckbar.

Formulierungsvorschlag:

Die Klage ist zulässig und begründet.

Die Zulässigkeit der teilweisen Klagerücknahme folgt aus § 269 I ZPO.

Die Klage ist auch begründet. Dem Kläger steht der Rest des geltend gemachten Anspruchs zu.

Er folgt aus § …

Die Kostenentscheidung beruht auf § 91 I iVm § 269 III 3 ZPO.

Soweit der Kläger die Klage zurückgenommen hat, hat der Beklagte auch den auf den zurückgenommenen Teil entfallenden Kostenteil gem. § 269 III 3 ZPO zu tragen. Dies ist nach dieser Vorschrift dann der Fall, wenn der zurückgenommene Teil der Klage ursprünglich zulässig und begründet war und durch den Wegfall des Klageanlasses unbegründet geworden ist.

Dies ist hier der Fall. Wie aus den obigen Ausführungen folgt, stand dem Kläger ursprünglich der volle, von ihm geltend gemachte Betrag zu.

(In Fällen, in denen der Kläger einen Teil eines einheitlichen Anspruchs zurückgenommen hat, reicht der Verweis auf die vorstehenden Entscheidungsgründe als Begründung der Kostenentscheidung aus.

Wenn der zurückgenommene Teil der Klage aber einen selbstständigen Anspruch betraf, müssen Sie dessen ursprüngliche Begründetheit wie bei einem Beschluss nach § 91a ZPO hier darlegen. Vorliegend geht es wegen der Aufrechnungsproblematik wie folgt weiter:)

Erst durch die nach Einreichung der Klage erklärte Aufrechnung des Beklagten ist der Klageanlass in Höhe des zurückgenommenen Teils der Klage entfallen und die Klage insoweit unbegründet geworden. Dabei ist es unbeachtlich, dass aufgrund der gesetzlichen Fiktion der Rückwirkung einer

Aufrechnungserklärung gem. § 389 BGB die Erfüllung bereits in dem Zeitpunkt eingetreten ist, als sich die beiden Forderungen erstmals aufrechenbar gegenüberstanden und dass dieser Zeitpunkt hier vor der Erhebung der Klage lag. Das Gericht folgt der hRspr, nach der die Rückwirkung der Aufrechnung als lediglich materiell-rechtliche Fiktion für die prozessuale Frage des Wegfalls des Klageanlasses bedeutungslos ist. Es ist die Erklärung der Aufrechnung und nicht die Aufrechnungslage, die das Erlöschen der Forderungen »bewirkt«. Es erscheint auch nicht unbillig, den Beklagten in diesen Fällen mit den Kosten zu belasten, weil er nach vorprozessualer Aufforderung zur Zahlung sofort die Aufrechnung hätte erklären und so die Klage im Umfang der ihm zustehenden Gegenforderung von vornherein hätte unbegründet machen können. Wenn der Beklagte mit seiner Aufrechnungserklärung bis zum Prozess wartet, erscheint es sachgerechter, ihn statt den Kläger mit den anteiligen Kosten des Rechtsstreits zu belasten.

Die Entscheidung über die vorläufige Vollstreckbarkeit folgt aus §§ 709, 794 I Nr. 3 ZPO.

8. Die Aufrechnung des Klägers im Prozess

Aufrechnungen des Klägers kommen in Examensklausuren in drei Spielarten vor.

a) Der Kläger rechnet gegen eine Gegenforderung des Beklagten auf.
b) Der Kläger rechnet gegen eine Widerklageforderung auf
c) Der Kläger setzt sich gegen eine Zwangsvollstreckung mit einer Aufrechnung zur Wehr.

Zu a) Aufrechnungen des Klägers gegen zuvor erklärte Primär- oder Hilfsaufrechnungen des Beklagten – hier Gegenaufrechnung genannt – sind grundsätzlich erfolglos. Entweder ist die Gegenforderung erloschen, oder sie besteht nicht oder sie ist nicht Teil des Rechtsstreits geworden. Im Einzelnen:

aa) Wenn das Gericht befindet, dass die Klageforderung und die Gegenforderung des Beklagten bestanden haben, ist die Gegenforderung des Beklagten durch dessen zuerst erklärte Aufrechnung gem. § 389 BGB erloschen und die später erklärte Gegenaufrechnung des Klägers geht ins Leere.

Sie schreiben in diesem Fall:

> Die Aufrechnung des Klägers geht ins Leere, weil die Gegenforderung des Beklagten bereits durch die von diesem erklärte Aufrechnung gem. § 389 BGB erloschen ist.

bb) Wenn das Gericht befindet, dass die Klageforderung besteht und die Gegenforderung des Beklagten nicht besteht, scheitert die Gegenaufrechnung des Klägers am Fehlen der Forderung des Beklagten.

Hier schreiben Sie zB:

> Die Aufrechnung des Klägers geht ins Leere, weil die Gegenforderung des Beklagten – wie oben dargestellt – nicht besteht.

cc) Wenn die Klageforderung schon ohne Berücksichtigung der Hilfsaufrechnung scheitert, ist die Bedingung für die Entscheidungsbefugnis des Gerichts über die Gegenforderung des Beklagten nicht eingetreten. Über das Bestehen und gegebenenfalls das Erlöschen der Forderung des Beklagten durch die Gegenaufrechnung des Klägers kann nicht entschieden werden. weil die Forderung des Beklagten nicht rechtshängig und damit nicht Teil des Rechtsstreits geworden ist.

Formulierungsvorschlag:

> Die Aufrechnung des Klägers geht ins Leere, weil über das Bestehen der Gegenforderung des Beklagten keine Entscheidung ergehen kann, da die Bedingung für die Entscheidungsbefugnis des Gerichts nicht eingetreten ist. Die Forderung des Beklagten ist nicht Gegenstand dieses Rechtsstreits geworden, sodass die Aufrechnung des Klägers gegen diese Forderung prozessual bedeutungslos ist und dieser Umstand die Erklärung wegen ihrer prozessualen und materiell-rechtlichen Doppelnatur gem. § 139 BGB insgesamt unwirksam macht.

In dem Tatbestand Ihre Klausur hängen Sie an den Tatbestand mit Aufrechnung des Beklagten die Aufrechnung des Klägers hinten an.

- Überleitungssatz zur Gegenaufrechnung des Klägers
- Unstreitiges zur Gegenforderung des Klägers
- Streitiges Vorbringen des Klägers zu seiner Gegenforderung
- Streitiges Beklagtenvorbringen zur Gegenforderung des Klägers
- Allgemeine Prozessgeschichte

Zu b) Gegenüber einer unbedingten erhobenen Widerklage auf Zahlung ist die Aufrechnung des Klägers problemlos möglich. Gegen eine im Wege der Hilfswiderklage geltend gemachte Forderung greift die Aufrechnung des Klägers nur, wenn die Klageforderung ohne Berücksichtigung der Hilfsaufrechnung abzuweisen ist. Denn nur dann ist die Bedingung für die Entscheidungsbefugnis über die Widerklage eingetreten. Andernfalls, dh wenn schon die Hilfsaufrechnung zum Zuge kommt, geht die Gegenaufrechnung des Klägers in Leere (s. oben 9.a)aa)).

Auch hier fügen Sie im Tatbestand die Aufrechnung des Klägers vor der abschließenden Prozessgeschichte ein:

- Überleitungssatz zur Aufrechnung des Klägers
- Unstreitiges zur Gegenforderung des Klägers
- Streitiges Vorbringen des Klägers zu seiner Gegenforderung
- Streitiges Beklagtenvorbringen zur Gegenforderung des Klägers
- Allgemeine Prozessgeschichte

Zu c) Der Kläger kann sich natürlich in Zwangsvollstreckungsklausuren neben Einwänden wie Erfüllung und Anfechtung zusätzlich hilfsweise mit einer Aufrechnung gegenüber der Forderung zur Wehr setzen, die der Beklagte vollstrecken lässt. Dies ist eine unproblematisch zulässige Einwendung gegen den titulierten Anspruch, wobei das Standardproblem »Präklusion« zu beachten ist (Rn. 425a, *Kaiser/Kaiser/Kaiser* Zwangsvollstreckungsklausur Rn. 22 ff.).

Auf eine besondere Konstellation möchten wir Sie in diesem Zusammenhang hinweisen: Wenn auch der Vollstreckungsgläubiger/Beklagte gegen die klägerische Forderung aufrechnet, ist der Zeitpunkt entscheidend: Wenn der Kläger zuerst die Aufrechnung erklärt hat, ist seine Forderung im Erfolgsfall nach § 389 BGB erloschen, sodass die Gegenaufrechnung des Beklagten ins Leere geht. Hat der Beklagte jedoch vor der Aufrechnung des Klägers dessen Forderung mit einer Aufrechnung zum Erlöschen gebracht, kann der Kläger nicht mehr aufrechnen, da ihm dann keine Forderung mehr zusteht (vgl. *Kaiser/Kaiser/Kaiser* Zwangsvollstreckungsklausur Rn. 19).

Tatbestand bei Hilfsaufrechnung des Klägers in der ZVR-Klausur:

- Einleitungssatz
- Unstreitiges zur Klage
- Streitiges Klägervorbringen zur Klage = Einwände gegen die Vollstreckung
- Überleitungssatz zur Hilfsaufrechnung des Klägers
- Unstreitiges zur Gegenforderung des Klägers
- Streitiges Klägervorbringen zu seiner Gegenforderung
- Anträge
- Streitiges Beklagtenvorbringen zur Klage
- Streitiges Beklagtenvorbringen zur Gegenforderung des Klägers
- Allgemeine Prozessgeschichte

III. Die Widerklage in der Zivilgerichtsklausur

Klausuren mit Widerklagen kommen im Assessorexamen sehr häufig vor. Die Prüfungsämter nutzen sie, um Klausuren, die ihrer Meinung nach zu wenig Stoff für fünf Stunden Bearbeitungszeit enthalten, umfangreicher und damit schwieriger zu machen. Meistens ist der Mehraufwand gering, jedenfalls dann, wenn man sich auskennt, wie Sie im Folgenden sehen werden.

Mit einer Widerklage kann der Beklagte in einem laufenden Rechtsstreit eigene Ansprüche aktiv gegen den Kläger geltend machen. Von Vorteil für den Beklagten ist, dass er für die Widerklage keinen Gerichtskostenvorschuss einzuzahlen braucht und wegen der degressiv steigenden Gebühren im Fall des Scheiterns seiner Widerklage ein geringeres Kostenrisiko hat als bei einer getrennt erhobenen Klage.

1. Allgemeines zu Widerklagen

Bei einer Klausur mit Widerklage müssen Sie die Parteibezeichnungen im Rubrum anpassen: Die Parteien heißen »*Kläger und Widerbeklagter*« sowie »*Beklagter und Widerkläger*«. Im Tatbestand und in den Entscheidungsgründen heißen die Parteien durchgehend nur »*Kläger*« und »*Beklagter*«.

Der Hauptsachetenor muss jeweils zur Klage und zur Widerklage erfolgen. Wenn die Widerklage erfolglos ist, lautet der Tenor:

> Die Widerklage wird abgewiesen.

Bei Erfolg der Widerklage beginnt der Ausspruch üblicherweise mit der Formulierung:

> Auf die Widerklage wird der Kläger verurteilt, ...

Bei Erfolg von Klage und Widerklage mit Geldforderungen dürfen Sie ohne das Vorliegen von Aufrechnungserklärungen keine Saldierung vornehmen! Sie müssen dann beide Parteien zur Zahlung an die jeweils andere verurteilen.

a) Die Konnexität bei Widerklagen

§ 33 ZPO begründet für konnexe Widerklagen einen zusätzlichen **besonderen Gerichtsstand**. In der Zulässigkeit greifen Sie aber nur dann auf diese Vorschrift zurück, wenn das angerufene Gericht nicht ohnehin nach den allgemeinen Vorschriften wie §§ 12, 13 oder § 32 ZPO zuständig ist oder der Kläger sich – bei Klagen vor dem Landgericht – rügelos auf die Widerklage eingelassen hat. Im letzteren Fall heilt § 39 S. 1 ZPO die fehlende örtliche Zuständigkeit.

Es gibt einen Meinungsstreit zwischen Literatur und Rechtsprechung, ob Konnexität grundsätzlich eine besondere Sachurteilsvoraussetzung von Widerklagen ist (so die Rspr.) oder sie nur für die Begründung der örtlichen Zuständigkeit gem. § 33 ZPO vorliegen muss (so die Lit.). In der Praxis schert sich niemand um diesen Streit. Im Examen spielt der Streit in der Regel auch keine Rolle, weil Sie es grundsätzlich mit konnexen Widerklagen zu tun haben werden, so die Erfahrung der letzten Jahre. Wenn Sie die örtliche Zuständigkeit aus § 33 ZPO herleiten, legen Sie die Konnexität im Rahmen der örtlichen Zuständigkeit dar und lassen den Meinungsstreit unerwähnt.

Wenn Sie die örtliche Zuständigkeit nicht aus § 33 ZPO herleiten, begründen Sie die Konnexität isoliert als weitere Zulässigkeitsvoraussetzung von Widerklagen. Dann können und sollten Sie Ihr Wissen zeigen und den Meinungsstreit kurz anreißen, aber dahinstehen lassen, weil er bei konnexen Widerklagen keine Rolle spielt, da beide Ansichten zum selben Ergebnis kommen.

aa) Formulierungsvorschlag bei örtlicher Zuständigkeit gem. § 33 ZPO

(Nach den Ausführungen zur Begründetheit der Klage:)
Die Widerklage ist zulässig und ...
Das angerufene Gericht ist auch zur Entscheidung über die Widerklage örtlich zuständig. Dies folgt aus § 33 ZPO, der für konnexe Widerklagen den örtlichen Gerichtsstand des Gerichts der Klage bestimmt. Konnexität ist immer dann gegeben, wenn zwischen Klage und Widerklage ein innerlich zusammengehöriges, einheitliches Lebensverhältnis besteht, das es als gegen Treu und Glauben verstoßend erscheinen ließe, wenn der eine Anspruch ohne Rücksicht auf den anderen geltend gemacht und verwirklicht werden könnte.
Ein in diesem Sinne erforderlicher Zusammenhang zwischen Widerklage und Klage besteht unter anderem immer dann, wenn die beiden Ansprüche auf ein gemeinsames Rechtsverhältnis zurückzuführen sind. Dies ist hier der Fall, da ...

bb) Formulierungsvorschlag bei örtlicher Zuständigkeit aus anderen Normen als § 33 ZPO

Die Widerklage ist zulässig und ...
Die örtlich Zuständigkeit folgt aus (zB § 32 oder §§ 12, 13 ZPO), die sachliche aus ...
Die Widerklage ist auch konnex ...
Da die Widerklage konnex ist, kann es dahinstehen, ob Konnexität grds. eine besondere Sachurteilsvoraussetzung von Widerklagen ist (so die Rspr.) oder sie nur für die Begründung der örtlichen Zuständigkeit gem. § 33 ZPO vorliegen muss (so die Lit.), da beide Ansichten hier zum selben Ergebnis kommen.

Beachte: Konnexität ist immer dann gegeben, wenn zwischen Klage und Widerklage ein innerlich zusammengehöriges, einheitliches Lebensverhältnis besteht, das es als gegen Treu und Glauben verstoßend erscheinen ließe, wenn der eine Anspruch ohne Rücksicht auf den anderen geltend gemacht und verwirklicht werden könnte. Bei fehlender Konnexität ist die Widerklage nach hRspr unzulässig.
Die Konnexität kann auch daraus folgen, dass sich der erforderliche Zusammenhang aus dem Verteidigungsvorbringen des Beklagten ergibt, etwa aus einer Aufrechnung.

Merke: Jede Aufrechnung des Beklagten macht Ansprüche, die Teil der Gegenforderung sind oder die mit der Gegenforderung im Zusammenhang stehen, konnex, weil die Gegenforderung durch die Aufrechnung Teil des Rechtsstreits ist.

b) Der Gebührenstreitwert von Klagen mit Widerklagen, § 45 I GVG

Bei Klagen und Widerklagen müssen Sie bedenken, dass der Gebührenstreitwert nach § 45 I 1 GKG in der Regel die Summe der Einzelstreitwerte von Klage und Widerklage ist. Eine Addition findet nach § 45 I 3 GKG nur dann nicht statt, wenn Klage und Widerklage denselben Gegenstand betreffen. Das dürfte selten vorkommen.

Die Regel lautet deshalb:

Die beiden Einzelstreitwerte von Klage und Widerklage werden zur Ermittlung des Gebührenstreitwerts grundsätzlich addiert.

Dies betrifft aber nur den Gebührenstreitwert gem. § 45 I 1 GKG, nicht den Zuständigkeitsstreitwert gem. § 5 ZPO. Das Amtsgericht bleibt also bei Streitwerten von 5.000 EUR für die Klage und 4.000 EUR für die Widerklage gem. § 5 ZPO sachlich zuständig, weil der Zuständigkeitsstreitwert nur der höhere der beiden Einzelstreitwerte ist, also 5.000 EUR. Der für die Berechnung der Gebühren und der Unterliegensquote maßgebliche Gebührenstreitwert beträgt aber gem. § 45 I 1 GKG 9.000 EUR.

Im Examen werden grundsätzlich nur Fälle vorkommen, in denen die Einzelstreitwerte jeweils in die Zuständigkeit des angerufenen Amtsgerichts fallen, oder bei Klagen vor dem Landgericht, wenn zumindest einer der beiden Streitwerte die Zuständigkeit des Landgerichts begründet oder wenn die Parteien rügelos verhandeln. Ist das Landgericht für die Klage sachlich zuständig, folgt daraus auch die sachliche Zuständigkeit für die Widerklage, wenn deren Streitwert 5.000 EUR nicht übersteigt. Dies ergibt sich nicht direkt aus § 33 ZPO, sondern aus allgemeinen Grundsätzen wie auch bei unterschiedlichen Streitwerten von Haupt- und Hilfsanträgen. Aus §§ 504, 506 ZPO (arg. e contrario) folgt, dass diese Zuständigkeitsregelung auch im umgekehrten Fall gilt, wenn nur der Streitwert der Widerklage, nicht aber auch der Wert der Klageforderung 5.000 EUR übersteigt.

Wenn der Kläger mit der Klage durchdringt und die Widerklage abgewiesen wird, hat der Beklagte beides verloren.

> Der Beklagte trägt die Kosten des Rechtsstreits.

Wenn Kläger und Beklagter jeweils gewinnen, ist nach den unterschiedlichen Einzelstreitwerten von Klage und Widerklage im Verhältnis zum Gesamtstreitwert zu quoteln.

> **1. Fall:** Der Streitwert der Klage beträgt 10.000 EUR, der Streitwert der Widerklage 5.000 EUR. Der Kläger dringt mit seiner Klage durch und wird auf die Widerklage hin voll verurteilt.

Der Gebührenstreitwert beträgt gem. § 45 I 1 GKG 15.000 EUR. Davon hat der Kläger 5.000 EUR und der Beklagte 10.000 EUR verloren.

> Von den Kosten des Rechtsstreits trägt der Kläger 1/3, der Beklagte 2/3.

> **2. Fall:** Der Streitwert der Klage beträgt 10.000 EUR, der Streitwert der Widerklage 5.000 EUR. Der Kläger dringt mit seiner Klage nur iHv 5.000 EUR durch, auf die Widerklage wird er zur Zahlung von 2.500 EUR verurteilt. Im Übrigen werden Klage und Widerklage abgewiesen.

Der Gebührenstreitwert beträgt gem. § 45 I 1 GKG 15.000 EUR. Der Kläger verliert seine eigene Klage iHv 5.000 EUR und die Widerklage iHv 2.500 EUR. Der Beklagte verliert im gleichen Umfang.

> Die Kosten des Rechtsstreits werden gegeneinander aufgehoben.

> (Oder:)

> Von den Kosten des Rechtsstreits tragen Kläger und Beklagter jeweils die Hälfte.

Wenn Sie bei dem Ausspruch über die vorläufige Vollstreckbarkeit die Sicherheitsleistung ausrechnen, müssen Sie darauf achten, bei den außergerichtlichen Kosten der Parteien den nach § 45 I 1 GKG höheren Gebührenstreitwert zugrunde zu legen. Das kann für die richtige Einordnung unter § 709 ZPO oder §§ 708 Nr. 11, 711 ZPO von Bedeutung sein, wenn die Kosten im Bereich von 1.500 EUR liegen.

Wenn der Kläger als Reaktion auf eine Widerklage seine Klage erweitert und dies nicht unter § 264 Nr. 2 oder Nr. 3 ZPO fällt, müssen Sie die Zulässigkeit dieser als »**Wider-Widerklage**« (kein Scherz!) anzusehenden nachträglichen, objektiven Klagenhäufung statt mit Sachdienlichkeit gem. § 263 Alt. 2 ZPO mit den Voraussetzungen von § 33 ZPO, also der Konnexität zwischen Klageerweiterung und Widerklage, begründen. Wird die Wider-Widerklage nur hilfsweise erhoben, folgt die Zulässigkeit auch aus § 33 ZPO, ohne dass es der Prüfung der Sachdienlichkeit bedarf.

> **Fall:** Der Kläger verlangt vom Beklagten, der in einem anderen Gerichtsbezirk wohnt, die Zahlung des restlichen Kaufpreises. Der Beklagte begehrt widerklagend die Rückzahlung der geleisteten Anzahlung. Die Einzelstreitwerte fallen jeweils in die Zuständigkeit des angerufenen Gerichts.

Erörtern: Ausführungen zur Zulässigkeit der Widerklage:
- § 33 ZPO als besonderer Gerichtsstand
- Konnexität, Parteiidentität, gegebenenfalls allgemeines Rechtsschutzbedürfnis

Beachte: Konnexität von Klage und Widerklage ist bei einem Gerichtsstand nach § 33 ZPO im Rahmen dieser Vorschrift darzustellen. Ausführungen zur Zulässigkeit der Widerklage folgen erst nach der Abhandlung der Zulässigkeit und Begründetheit der Klage.

Formulierungsvorschlag:

Die Klage ist zulässig und begründet ... (Nach den Ausführungen zur Klage:)
Die Widerklage ist ebenfalls zulässig und ... Das angerufene Gericht ist auch zur Entscheidung über die Widerklage örtlich zuständig. Dies folgt aus § 33 ZPO, der für konnexe Widerklagen den örtlichen Gerichtsstand des Gerichts der Klage bestimmt. Konnexität ist immer dann gegeben, wenn zwischen Klage und Widerklage ein innerlich zusammengehöriges, einheitliches Lebensverhältnis besteht, das es als gegen Treu und Glauben verstoßend erscheinen ließe, wenn der eine Anspruch ohne Rücksicht auf den anderen geltend gemacht und verwirklicht werden könnte. Ein in diesem Sinne erforderlicher Zusammenhang zwischen Widerklage und Klage besteht unter anderem immer dann, wenn die beiden Ansprüche auf ein gemeinsames Rechtsverhältnis zurückzuführen sind.
Dies ist hier der Fall, da beide Parteien Ansprüche aus demselben Vertrag geltend machen.

c) Die örtliche Zuständigkeit für Widerklagen

Die örtliche Zuständigkeit des angerufenen Gerichts für Widerklagen folgt zunächst aus den allgemeinen Vorschriften, vor allem aus §§ 12, 13 und § 32 ZPO.

Für Ansprüche aus Verkehrsunfällen, bei denen der Versicherer und Halter als Drittwiderbeklagte einbezogen werden, ergibt sich für diese die Zuständigkeit aus § 20 StVG.

In letzter Zeit wiederholt im Examen vorgekommen: Klage nach Verkehrsunfällen gegen EU-Ausländer mit Widerklagen. **Die örtliche Zuständigkeit der deutschen Gerichte für Klagen gegen EU-Ausländer folgt aus den Vorschriften der Brüssel Ia-VO,** abgedruckt im Thomas/Putzo.

Nach neuerer Rspr. des BGH gilt: **§ 33 ZPO analog begründet die örtliche Zuständigkeit für Drittwiderbeklagte, wenn andere Normen wie §§ 12, 13 ZPO, § 32 ZPO oder § 20 StVG nicht direkt greifen.**

d) Die sachliche Zuständigkeit für Widerklagen

Unter III.1.a) haben wir bereits erläutert, dass der Gebührenstreitwert gem. § 45 I GKG zu ermitteln ist, während sich der Zuständigkeitsstreitwert, um den es hier geht, nach §§ 5 ff. ZPO richtet.

Grundsätzlich gilt: Der höhere der beiden Einzelstreitwerte von Klage und Widerklage bestimmt die sachliche Zuständigkeit des Gerichts.

1. Fall: Der Kläger verlangt vom Beklagten vor dem für beide Parteien als Gericht des Wohnsitzes örtlich zuständigen Landgericht Zahlung eines restlichen Kaufpreises von 6.000 EUR. Der Beklagte begehrt widerklagend die Rückzahlung der geleisteten Anzahlung von 1.000 EUR wegen Rücktritts.

Erörtern: Ausführungen zur Zulässigkeit der Widerklage:
- Örtliche Zuständigkeit folgt bereits aus §§ 12, 13 ZPO.
- § 33 ZPO, Konnexität, Parteiidentität, gegebenenfalls allgemeines Rechtsschutzbedürfnis.
- Sachl. Zuständigkeit des LG für die Widerklage, auch wenn deren Streitwert 5.000 EUR nicht übersteigt, folgt aus dem Rechtsgedanken von §§ 504, 506 ZPO.
- Konnexität von Klage und Widerklage.

Beachte: Der Gerichtsstand der Widerklage gem. § 33 ZPO ist hier nicht zu erörtern, da das Landgericht ohnehin nach §§ 12, 13 ZPO örtlich zuständig ist. Die Konnexität ist isoliert darzustellen, weil sie im Rahmen der örtlichen Zuständigkeit keine Rolle spielt. Der Gebührenstreitwert ist nach § 45 I GKG Summe der beiden Streitwerte (wichtig für Kostenentscheidung und Höhe der Kosten).

Formulierungsvorschlag:

Die Klage ist zulässig und ...

(Nach den Ausführungen zur Klage:)

Die Widerklage ist ebenfalls zulässig und ... Die örtliche Zuständigkeit des angerufenen Gerichts folgt aus §§ 12, 13 ZPO, weil der Kläger im hiesigen Bezirk wohnt.

Das Landgericht ist für die Widerklage auch sachlich zuständig, obwohl deren Streitwert die Zuständigkeitsgrenze gem. §§ 23 Nr. 1, 71 I GVG nicht erreicht. Aus der gesetzlichen Regelung in § 33 ZPO, wonach Klage und Widerklage miteinander verbunden werden können, und dem den §§ 504, 506 ZPO zu entnehmenden allgemeinen Grundsatz, dass das angerufene Gericht für den gesamten Rechtsstreit sachlich zuständig sein muss, um umfassend entscheiden zu können, ergibt sich zwingend, dass bei Rechtsstreiten vor dem Landgericht die sachliche Zuständigkeit für Widerklagen der sachlichen Zuständigkeit für die Klage folgt.

Die nach stRspr erforderliche besondere Zulässigkeitsvoraussetzung der Konnexität liegt vor ...

---

2. Fall: Der Kläger verlangt vom Beklagten die Zahlung eines restlichen Kaufpreises von 1.000 EUR, der Beklagte begehrt widerklagend die Rückzahlung der geleisteten Anzahlung von 6.000 EUR. Der Rechtsstreit ist auf Rüge einer Partei gem. § 506 ZPO vom Amtsgericht an das Landgericht verwiesen worden.

Erörtern: Ausführungen zur Zulässigkeit der Widerklage:
- Gegebenenfalls § 33 ZPO als besonderer Gerichtsstand.
- Konnexität, Parteiidentität, gegebenenfalls allgemeines Rechtsschutzbedürfnis.
- Sachliche Zuständigkeit des Landgerichts wegen des Streitwerts der Widerklage, § 506 ZPO.

Beachte: Hier müssen Sie die sachliche Zuständigkeit, die sich gem. § 506 ZPO aus dem Streitwert der Widerklage ergibt, am Anfang der Entscheidungsgründe darstellen. Die übrigen Zulässigkeitsvoraussetzungen der Widerklage erörtern Sie wie stets nach den Ausführungen zur Klage vor den Ausführungen zur Begründetheit der Widerklage.

Formulierungsvorschlag:

Die Klage ist zulässig und ...

Das Landgericht ist auch sachlich zuständig, obwohl der Streitwert der Klage die Zuständigkeitsgrenze von 5.000 EUR gem. §§ 23 Nr. 1, 71 I GVG nicht übersteigt. Die Zuständigkeit folgt aus dem Streitwert der Widerklage, der 5.000 EUR übersteigt. Aus der gesetzlichen Regelung in § 506 ZPO folgt, dass nachträgliche Klageerweiterungen oder Widerklagen, die ihrem Streitwert entsprechend in die Zuständigkeit des Landgerichts fallen, dessen sachliche Zuständigkeit für den gesamten Rechtsstreit begründen.

(Jetzt folgen mögliche weitere Zulässigkeitserwägungen, die die Klage betreffen.)

Die Widerklage ist ebenfalls zulässig und ... Die örtliche Zuständigkeit des angerufenen Gerichts folgt aus §§ 12, 13 ZPO, weil der Kläger im hiesigen Bezirk wohnt. (Oder aus § 33 ZPO, wenn nicht der allgemeine Gerichtsstand gegeben ist.)

Die nach stRspr erforderliche besondere Zulässigkeitsvoraussetzung der Konnexität liegt vor. Ein in diesem Sinne erforderlicher Zusammenhang ...

e) Das Rechtsschutzbedürfnis für Widerklagen

Das allgemeine Rechtsschutzbedürfnis für Widerklagen bestimmt sich nach den allgemeinen Grundsätzen und ist in folgenden zwei Fällen examensrelevant:

Das Rechtsschutzbedürfnis für eine Widerklage fehlt,

- wenn mit der Widerklage nur das kontradiktorische Gegenteil der Klage begehrt wird
- wenn der Beklagte dem Kläger mit der Widerklage Vortrag verbieten lassen will, der der Rechtsverfolgung des Klägers dient.

Fall: Der Kläger verlangt vom Beklagten Schadensersatz und behauptet, der Beklagte habe ihn durch Manipulation am Tachometer des gekauften Pkw betrogen. Der Beklagte verlangt daraufhin widerklagend die Unterlassung dieser ehrverletzenden Behauptung.

Erörtern: Darlegung der Unzulässigkeit der Widerklage wegen fehlenden Rechtsschutzbedürfnisses.

Beachte: Gegen ein der Rechtsverfolgung im Zivilprozess dienendes Vorbringen gibt es grundsätzlich keinen negatorischen Rechtsschutz, arg.: Art. 2 I, 19 IV, 103 I GG. Wenn eine Norm, auf die der Kläger seinen Anspruch stützt, das Vorbringen ehrverletzender Tatsachen zur Darlegung der Schlüssigkeit erfordert wie zB bei § 823 II BGB iVm Strafnormen oder bei § 826 BGB, fehlt dem Gegner das Rechtsschutzbedürfnis für einen Unterlassungsanspruch.
Eine auf Unterlassung gerichtete Widerklage wäre nur zulässig, wenn der Beklagte behauptet, der Kläger trage die ehrverletzende Behauptung bewusst wider besseres Wissen vor. Dann läge ein Fall einer doppelt relevanten Tatsache vor.

Formulierungsvorschlag:

Die Klage ist zulässig und…

(Nach den Ausführungen zur Klage:)

Die Widerklage ist unzulässig. Dem Kläger fehlt das auch für eine Widerklage erforderliche Rechtsschutzbedürfnis. Gegen ein der Rechtsverfolgung im Zivilprozess dienendes Vorbringen gibt es nämlich grundsätzlich keinen negatorischen Rechtsschutz. Wenn eine Norm, auf die der Kläger seinen Anspruch stützt, das Vorbringen ehrverletzender Tatsachen zur Darlegung der Schlüssigkeit erfordert wie hier § 823 II BGB iVm § 263 StGB, fehlt dem Gegner das Rechtsschutzbedürfnis für einen Unterlassungsanspruch. Vielmehr dürfen die Parteien in einem Gerichtsverfahren grundsätzlich alles vortragen, was sie zur Wahrung ihrer Rechte für erforderlich halten. Dies trägt dem Recht der Parteien auf wirkungsvollen gerichtlichen Rechtsschutz aus Art. 2 I GG iVm dem Rechtsstaatsprinzip sowie dem Recht auf rechtliches Gehör aus Art. 103 I GG Rechnung.
Einer der in der Rechtsprechung für die Frage des Anspruchs auf Unterlassung von Parteivortrag in einem Zivilprozess erwogenen Ausnahmefälle, namentlich bei bewusst unrichtigen oder leichtfertig aufgestellten Tatsachenbehauptungen, bei Tatsachenbehauptungen, die offensichtlich keinen inneren Zusammenhang zu der Ausführung oder Verteidigung von Rechten haben oder bei Meinungsäußerungen, die den Charakter der Schmähung erreichen, liegt hier nicht vor.

2. Die »einfachen« Widerklagen

Mit »einfachen« Widerklagen sind solche gemeint, die sich ohne Bedingung nur gegen den Kläger oder einen von mehreren Klägern richten.

a) Der Tatbestand bei Klagen mit Widerklagen

Im **Einleitungssatz** müssen Sie bereits das Ziel der Widerklage neben dem der Klage anführen. Folgender Einleitungssatz mag als Beispiel dienen:

Der Kläger verlangt vom Beklagten Schadensersatz, der Beklagte begehrt widerklagend die Unterlassung ehrverletzender Äußerungen des Klägers.

Sie sollten grundsätzlich innerhalb Ihres Tatbestandes zwei »Tatbestände« schreiben, einen zur Klage und einen zur Widerklage, verbunden durch einen Überleitungssatz:

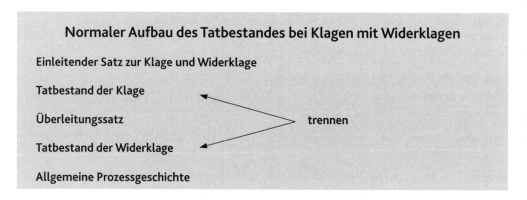

In der Praxis werden Sie häufig bei nahezu völlig übereinstimmenden Lebenssachverhalten von Klage und Widerklage, wie zB bei einem Verkehrsunfall, bei dem nur die Ampelstellung streitig ist, einen einheitlichen Tatbestand mit allen Anträgen zur Klage und zur Widerklage zwischen den streitigen Parteivorbringen antreffen. Es ist natürlich nicht möglich vorherzusagen, wie Ihr Prüfer diesen Aufbau in Ihrer Examensklausur bewertet, aber im Lichte des obersten Grundsatzes für einen guten Tatbestand, der Verständlichkeit, dürfte auch nichts gegen diesen Aufbau einzuwenden sein. Der Tatbestand sähe dann so aus:

- Einleitungssatz zur Klage und Widerklage
- Unstreitiges zur Klage und Widerklage
- Streitiges Klägervorbringen zur Klage und Widerklage
- Anträge zur Klage und Widerklage (eingerückt!)
- Streitiges Beklagtenvorbringen zur Klage und Widerklage
- Allgemeine Prozessgeschichte (zB Beweiserhebungen und Zustellungsdaten)

b) Die Entscheidungsgründe bei Klagen mit Widerklagen

Sie handeln zunächst die Klage ab und dann die Widerklage nach den üblichen Schemata für Erfolg, Teilerfolg oder Misserfolg.

3. Die Hilfswiderklage

Der Beklagte kann jede innerprozessuale Bedingung zur Voraussetzung der Entscheidungsbefugnis des Gerichts über seine Widerklage machen, was allerdings sehr selten vorkommt und keine besonderen Probleme aufwirft. Tritt die Bedingung ein, entscheiden Sie auch über die Widerklage.

Wir konzentrieren uns hier auf die in der Praxis und auch im Examen in der Regel vorkommende Konstellation der Kombination von Hilfswiderklage und Hilfsaufrechnung (s. oben unter Aufrechnung II.3.). In diesen Fällen macht der Beklagte dieselbe Forderung, mit der er hilfsweise die Aufrechnung erklärt hat, zum Gegenstand seiner Hilfswiderklage. Der Sinn dieser Vorgehensweise ist das Interesse des Beklagten, auf jeden Fall eine Entscheidung über das Bestehen seiner Gegenforderung zu bekommen, entweder über die Aufrechnung oder durch eine Entscheidung im Rahmen der Widerklage. Die Bedingung, ermittelt über die Auslegung des Begriffs »hilfsweise«, lautet: »Wenn meine Aufrechnung nicht zum Zuge kommt, beantrage ich die Zuerkennung meiner Gegenforderung im Wege der Widerklage.« Eine kleine Besonderheit – selten aber reizvoll – finden Sie im 2. Fall am Ende dieses Kapitels.

Wenn Sie über die Hilfswiderklage entscheiden, müssen Sie daran denken, im Rubrum die Parteibezeichnungen anzupassen. Die Parteien heißen dann »Kläger und Widerbeklagter« sowie »Beklagter und Widerkläger«, also nicht »Hilfs-«. Im Tatbestand und in den Entscheidungsgründen bleibt es bei der einfachen Bezeichnung »Kläger« und »Beklagter«.

Wenn Sie über die Hilfswiderklage entscheiden – und nur dann –, müssen Sie den Gegenstand der Gegenforderung auch im Einleitungssatz erwähnen, also zB:

> Der Kläger verlangt restlichen Kaufpreis, der Beklagte widerklagend Schadensersatz wegen …

a) Der Tatbestand bei Klagen mit Hilfsaufrechnungen und Hilfswiderklagen

Bei dieser Konstellation bauen Sie den Tatbestand wie bei Klagen mit Hilfsaufrechnungen (s. oben unter 3.a)) auf. Denken Sie auch hier daran, das Unstreitige der Gegenforderung zusammen mit dem Unstreitigen der Klage darzustellen, wenn Klage und Gegenforderung aus demselben Lebenssachverhalt resultieren. Zum Sachvortrag der Parteien zur Hilfswiderklage brauchen Sie nichts mehr zu schreiben, weil dieser ja schon im Rahmen der Hilfsaufrechnung dargestellt worden ist. Nach den Ausführungen zur Hilfsaufrechnung fügen Sie nur folgende Passage ein:

> Diese Forderung macht der Beklagte zum Gegenstand einer Hilfswiderklage.
> Er beantragt hilfsweise widerklagend,
> > den Kläger zu verurteilen, …
>
> Der Kläger beantragt,
> > die Hilfswiderklage abzuweisen.
>
> Die Parteien nehmen insoweit Bezug auf ihren Vortrag zur Hilfsaufrechnung.

b) Die Entscheidungsgründe bei Klagen mit Hilfsaufrechnungen und Hilfswiderklagen

Eins ist klar: Sie müssen in jedem Fall über die Gegenforderung des Beklagten entscheiden, entweder im Rahmen der Hilfsaufrechnung, wenn die Klageforderung isoliert betrachtet begründet ist, oder im Rahmen der Widerklage, wenn die Klageforderung isoliert betrachtet unbegründet ist.

Wenn Sie über die Gegenforderung bereits im Rahmen der Aufrechnung entschieden haben, entfallen Ausführungen zur Hilfswiderklage, weil die Bedingung für die Entscheidungsbefugnis des Gerichts nicht eingetreten ist. Der Aufbau entspricht dann dem für Klagen mit Hilfsaufrechnungen (s. oben unter 3.b)). In den Entscheidungsgründen erwähnen Sie die Widerklage mit keinem Wort. Auch im Rubrum heißen die Parteien nur Kläger und Beklagter.

Wenn im Rahmen der Klage aber nicht über die Hilfsaufrechnung entschieden worden ist, weil die Klage ohne Berücksichtigung der Aufrechnung schon unbegründet ist, ist die Bedingung für die Entscheidung über die Hilfswiderklage eingetreten. Im Rubrum heißen die Parteien dann Kläger und Widerbeklagter sowie Beklagter und Widerkläger. Sie müssen dann im Rahmen der Widerklage die Begründetheit/Unbegründetheit der Gegenforderung des Beklagten darlegen.

- Klage begründet: Entscheidung über die Gegenforderung im Rahmen der Aufrechnung (s. oben II.3.)
- Klage unbegründet: Entscheidung über die Gegenforderung im Rahmen der Hilfswiderklage (1. Fall)
- Klage teilweise begründet: Entscheidung über die Gegenforderung im Rahmen der Aufrechnung und gegebenenfalls über den Rest im Rahmen der Hilfswiderklage (2. Fall)

Noch einmal: Es gibt einen Meinungsstreit zwischen Literatur und Rechtsprechung, ob § 33 ZPO nur die örtliche Zuständigkeit für konnexe Widerklagen regelt (so die Lit.) oder ob die Konnexität grundsätzlich eine eigene Zulässigkeitsvoraussetzung von Widerklagen ist (so die Rspr.). In der Praxis schert sich niemand um diesen Streit, deshalb sollten Sie das Im Examen auch nicht tun. Wenn Sie die örtliche Zuständigkeit über § 33 ZPO begründen, legen Sie die Konnexität im Rahmen des § 33 ZPO dar. Wenn Sie die örtliche Zuständigkeit aber aus den allgemeinen Normen wie §§ 12, 13 oder § 32 ZPO herleiten, begründen Sie die Konnexität getrennt. In jedem Fall können und sollten Sie Ihr Wissen dadurch zeigen dass Sie das »Problem« kurz anreißen, aber dahinstehen lassen, weil der Streit bei konnexen Widerklagen – und die liegen im Assessorexamen in der Regel vor – keine Rolle spielt, da beide Ansichten zum selben Ergebnis kommen.

- Pauschales Voranstellen des Ergebnisses von Klage und Hilfswiderklage
- Ausführungen zur Zulässigkeit der Klage
- Ausführungen zur fehlenden Begründetheit der Klage
  (Kein Wort zur Hilfsaufrechnung!!)
- Ausführungen zur Zulässigkeit der Hilfswiderklage
  - Grundsätzlich Zulässigkeit von Hilfswiderklagen gem. § 253 II Nr. 2 ZPO
  - Örtliche und sachliche Zuständigkeit
  - Konnexität (mit Hinweis auf den irrelevanten Meinungsstreit)
  - Parteiidentität
- Ausführungen zur Begründetheit/Unbegründetheit der Gegenforderung des Beklagten
- Prozessuale Nebenentscheidungen
- Gegebenenfalls Rechtsbehelfsbelehrung
- Unterschrift der/des erkennenden Richter/s

1. Fall: Der Beklagte macht die Forderung, mit der er hilfsweise die Aufrechnung erklärt hat, in demselben Rechtsstreit hilfsweise widerklagend geltend. Die Klageforderung besteht nicht, die Gegenforderung ist begründet. Der Kläger wohnt im selben Gerichtsbezirk wie der Beklagte.

Erörtern: Örtliche Zuständigkeit für die Widerklage gem. § 33 ZPO.
Parteiidentität.
Keine Bedenken wegen des Bestimmtheitsgrundsatzes gem. § 253 II Nr. 2 ZPO.
Keine anderweitige Rechtshängigkeit der Forderung durch die Hilfsaufrechnung gem. § 261 III Nr. 1 ZPO, da Aufrechnung keine Rechtshängigkeit begründet.
Konnexität zwischen Widerklage und Verteidigungsvorbringen des Beklagten.

Formulierungsvorschlag:

Die Klage ist zulässig ... (Nach Abhandlung der Zulässigkeit und Unbegründetheit der Klage:)
Die vom Beklagten hilfsweise erhobene Widerklage ist zulässig und ...
Die örtlicher Zuständigkeit des angerufenen Gerichts folgt aus §§ 12, 13 ZPO, da ... Die sachliche Zuständigkeit folgt aus ...
Der Umstand, dass die Widerklage unter einer Bedingung erhoben worden ist, steht als Ausnahme von dem in § 253 II Nr. 2 ZPO niedergelegten Grundsatz der Bedingungsfeindlichkeit von Prozesshandlungen der Zulässigkeit der Widerklage nicht entgegen.
Die Bedingung ist ein innerprozessuales Ereignis, da die Erfolglosigkeit der Klage und damit das Scheitern des Aufrechnungseinwandes allein von der Entscheidung des erkennenden Gerichts abhängt und keine Rechtsunsicherheit bewirkt, wie sie § 253 II Nr. 2 ZPO verhindern soll.
Die Tatsache, dass der Beklagte mit dem hilfsweise widerklagend erhobenen Anspruch gleichzeitig die Eventualaufrechnung erklärt hat, steht der Erhebung der Widerklage auch nicht aus dem Gesichtspunkt der anderweitigen Rechtshängigkeit gem. § 261 III Nr. 1 ZPO entgegen. Durch die im Prozess erklärte hilfsweise Aufrechnung wird dieser Anspruch nämlich nicht rechtshängig.
Die für die Zulässigkeit erforderliche Konnexität folgt daraus, dass die mit der Hilfswiderklage geltend gemachte Forderung gleichzeitig hilfsweise zur Aufrechnung gestellt worden ist. Darin liegt der erforderliche innerlich zusammengehörige Lebenssachverhalt zwischen Klage und Widerklage.

(Der Meinungsstreit zwischen Literatur und Rechtsprechung, ob § 33 ZPO nur die örtliche Zuständigkeit für konnexe Widerklagen regelt oder ob die Konnexität grundsätzlich eine eigene Zulässigkeitsvoraussetzung von Widerklagen ist, kann hier dahinstehen, weil er keine Rolle spielt, da beide Ansichten zum selben Ergebnis kommen.)

Die Widerklage ist auch begründet. Dem Beklagten steht der Anspruch aus § ... zu...

Eine Besonderheit ergibt sich, wenn die Klageforderung teilweise begründet war und nach der Hilfsaufrechnung des Beklagten von dessen Gegenforderung noch ein Teil übriggeblieben ist, er aber mit seiner Hilfswiderklage – wie immer – den vollen Betrag seiner Gegenforderung geltend gemacht hat. Hier bieten sich zwei Lösungswege an:

Zum einen kann man argumentieren, dass die Bedingung für die Entscheidungsbefugnis des Gerichts über die Hilfswiderklage nicht eingetreten ist, weil dem Antrag, der ja auf Zuerkennung der gesamten Gegenforderung lautet, zu entnehmen ist, dass die Bedingung nur bei dem kompletten Scheitern der Aufrechnung eingetreten ist.

Bei dieser Argumentation bleibt aber der Grundsatz auf der Strecke, dass Anträge im Lichte des vermutlich wirklichen Willens des Antragstellers zu verstehen und gegebenenfalls analog §§ 133, 157 BGB auszulegen sind. Deshalb liegt es näher zu sagen, dass in dem Antrag »Ich will die gesamte Gegenforderung zuerkannt bekommen« als Minus iSv 308 II ZPO unausgesprochen enthalten ist »oder jedenfalls so viel, wie mir bei einem Teilerfolg der Hilfsaufrechnung von meiner Gegenforderung noch zusteht«. Bei jeder Zuvielforderung eines Klägers ist diese Sichtweise ja auch eine Selbstverständlichkeit.

Bei dieser Lösung bleibt dann die Frage, welche Auswirkung die Zuerkennung des Differenzbetrags zwischen geforderter Gesamtsumme und zuerkanntem Rest auf den Hauptsachetenor, den Gebührenstreitwert und die Kostenentscheidung hat.

Der Streitwert ist in jedem Fall gleich. Bei angenommenen Einzelstreitwerten von Klage und Gegenforderung von jeweils 10.000 EUR beträgt der Streitwert immer 20.000 EUR. Wenn die Klageforderung schon ohne Berücksichtigung der Aufrechnung scheitert, folgt das aus § 45 I GKG, wenn die Aufrechnung voll oder gar nicht greift aus § 45 III GKG und bei einem Teilerfolg aus der Kombination der beiden Vorschriften.

Eine Teilabweisung der Widerklage kommt nicht in Betracht, weil der Beklagte durch die Auslegung der Bedingung »hilfsweise« und die daraus resultierende Folge für den Antrag, der damit als »in der nach einem etwaigen Teilerfolg der Aufrechnung sich ergebenden Höhe« gestellt anzusehen ist, nicht unterliegt.

2. Fall: Der Beklagte macht dieselbe Forderung, mit der er hilfsweise die Aufrechnung erklärt hat, in demselben Rechtsstreit hilfsweise widerklagend geltend. Die Klageforderung war nur zur Hälfte und die gleichhohe Gegenforderung in vollem Umfang begründet.

Formulierungsvorschlag:

(Nach den Ausführungen zur Zulässigkeit und zur ursprünglichen Begründetheit der Klage in Höhe der Hälfte der Forderung kommen Sie zunächst zur Hilfsaufrechnung:)

Diese dem Kläger ursprünglich zustehende Forderung ist durch die vom Beklagten wirksam erklärte Aufrechnung erloschen. Es bestehen keine Bedenken gegen die Zulässigkeit der unter der Bedingung des Scheiterns der primären Einwendungen gegen die Klage erklärten Aufrechnung. Der § 253 II Nr. 2 ZPO zu entnehmende Grundsatz, dass alle Prozesshandlungen bedingungsfeindlich sind, gilt nicht für innerprozessuale Bedingungen, weil sie keine Rechtsunsicherheit bewirken, die § 253 II Nr. 2 ZPO verhindern soll. Denn durch die eigene Entscheidung des Gerichts steht fest, ob die Bedingung eingetreten ist oder nicht.

Aus demselben Grund steht auch § 388 S. 2 BGB der Wirksamkeit der Aufrechnungserklärung nicht entgegen.

(Nun begründen Sie die Gegenforderung, von der nach der Aufrechnung gem. § 389 BGB ein Rest zugunsten des Beklagten übrigbleibt. Und dann geht es weiter:)

Über diesen Betrag war im Rahmen der Hilfswiderklage zu entscheiden.

(Dann erörtern Sie die »üblichen Verdächtigen« einer Hilfswiderklage wie im 1. Fall und kommen dann zu der Besonderheit dieses Falles, dem Bedingungseintritt:)

Die Voraussetzung für die Entscheidungsbefugnis des Gerichts über die Hilfswiderklage ist auch gegeben, weil die vom Beklagten gesetzte Bedingung eingetreten ist.

Dem Antrag des Beklagten, der auf Zuerkennung der gesamten Gegenforderung lautet, ist bei verständiger Würdigung nicht zu entnehmen, dass die Bedingung nur bei einer völlig unbegründeten

Klage eingetreten ist. Anträge sind im Lichte des vermutlich wirklichen Willens des Antragstellers zu verstehen und gegebenenfalls analog §§ 133, 157 BGB auszulegen. Nach diesem anerkannten Grundsatz ist in dem Antrag auf hilfsweise Verurteilung zur gesamten geltend gemachten Gegenforderung im Rahmen einer Hilfswiderklage als Minus iSv 308 II ZPO unausgesprochen enthalten, dass der Beklagte jedenfalls so viel verlangt, wie ihm auch bei einem Teilerfolg der Klage von seiner Gegenforderung noch zusteht. Bei jeder Zuvielforderung eines Klägers ist diese Sichtweise ja auch eine Selbstverständlichkeit.

Die Widerklage ist auch, wie aus den obigen Ausführungen zum Bestehen der Gegenforderung folgt, in Höhe des Rests der Forderung begründet.

Die Kostenentscheidung folgt aus …, die vorläufige Vollstreckbarkeit aus …

4. Klagen mit Hilfsaufrechnungen, Hilfswiderklagen und unbedingten Widerklagen

Wenn die Gegenforderung des Beklagten die Klageforderung übersteigt, kann der Beklagte zusätzlich zur Hilfsaufrechnung und Hilfswiderklage mit dem übersteigenden Teil seiner Forderung, die ja von der Aufrechnung nicht berührt wird, eine unbedingte Widerklage erheben.

Kleines Beispiel: Klageforderung 10.000 EUR, Gegenforderung 20.000 EUR. Der Beklagte erklärt iHv 10.000 EUR hilfsweise die Aufrechnung, macht dieselben 10.000 EUR zum Gegenstand einer Hilfswiderklage und erhebt zusätzlich eine unbedingte Widerklage über die restlichen 10.000 EUR.

a) Der Tatbestand bei Klagen mit Hilfsaufrechnungen, Hilfswiderklagen und unbedingten Widerklagen

Bei dieser Konstellation bauen Sie den Tatbestand auch wie bei Klagen mit Hilfsaufrechnungen auf (s. oben 3.a)). Denken Sie auch hier daran, das Unstreitige der Gegenforderung zusammen mit dem Unstreitigen der Klage darzustellen, wenn Klage und Gegenforderung aus demselben Lebenssachverhalt resultieren. Zum Sachvortrag der Parteien zu beiden Widerklagen brauchen Sie auch in dieser Konstellation nichts mehr zu schreiben, weil der ja schon im Rahmen der Hilfsaufrechnung dargestellt worden ist. Nach den Ausführungen zur Hilfsaufrechnung fügen Sie nur folgende Passage ein:

Diese Forderung macht der Beklagte in Höhe der Klageforderung zum Gegenstand einer Hilfswiderklage, den die Klageforderung übersteigenden Betrag macht er unbedingt widerklagend geltend.

Der Beklagte beantragt hilfsweise widerklagend,
    den Kläger zu verurteilen, …

Der Beklagte beantragt widerklagend,
    den Kläger zu verurteilen, …

Der Kläger beantragt,
    die Widerklagen abzuweisen.

Die Parteien nehmen insoweit Bezug auf ihren Vortrag zur Hilfsaufrechnung.

b) Die Entscheidungsgründe bei Klagen mit Hilfsaufrechnungen, Hilfswiderklagen und unbedingten Widerklagen

Wenn die Klage isoliert betrachtet schon unbegründet ist und deshalb über die Hilfsaufrechnung nicht zu entscheiden ist, machen Sie im Rahmen der Widerklage einheitliche Ausführungen zur Begründetheit der gesamten Gegenforderung des Beklagten.

Wenn über die Gegenforderung in Höhe der Klageforderung bereits im Rahmen der Hilfsaufrechnung entschieden worden ist, entfallen natürlich Ausführungen zur Hilfswiderklage. Dann gehen Sie nach den Ausführungen zum Erfolg oder Misserfolg der Hilfsaufrechnung nur auf die unbedingte Widerklage ein. Hier reicht bezüglich deren Begründetheit ein Verweis auf die Ausführungen zur Hilfsaufrechnung, weil dort ja schon alles erörtert worden ist. Wenn die Gegenforderung besteht, greifen Hilfsaufrechnung und überschießende Widerklage, wenn aus den Ausführungen zur Hilfsaufrechnung folgt, dass die Gegenforderung nicht besteht, scheitern beide. Es ist natürlich auch möglich, dass die Gegenforderung nicht in voller Höhe besteht. Dann legen Sie das Ergebnis wie bei Teilerfolgen üblich im Rahmen der Begründetheit der unbedingten Widerklage dar.

Fall: Gegenforderung übersteigt Klageforderung.

* Klage begründet, Gegenforderung begründet:
  Entscheidung über Gegenforderung im Rahmen der Aufrechnung + im Rahmen der unbedingten Widerklage
  Ergebnis: Klage abweisen, unbedingten Widerklage zusprechen (Verweisung auf Aufrechnung)
* Klage begründet, Gegenforderung unbegründet:
  Entscheidung über die Gegenforderung im Rahmen der Aufrechnung + im Rahmen der unbedingten Widerklage
  Ergebnis: Klage zusprechen, unbedingte Widerklage abweisen (Verweisung auf Aufrechnung)
* Klage unbegründet, Gegenforderung begründet:
  Gemeinsame Entscheidung über beide Widerklagen
  Ergebnis: Klage abweisen, Gegenforderung voll zusprechen (mit Begründung)
* Klage unbegründet, Gegenforderung unbegründet:
  Gemeinsame Entscheidung über beide Widerklagen
  Ergebnis: Klage abweisen, Gegenforderung abweisen
* Klage begründet, Gegenforderung nur in Höhe der Klageforderung begründet:
  Entscheidung im Rahmen der Aufrechnung + im Rahmen der unbedingten Widerklage
  Ergebnis: Klage und unbed. Widerklage abweisen (Verweisung auf Aufrechnung)
* Klage teilweise begründet, Gegenforderung begründet:
  Entscheidung im Rahmen der Aufrechnung + im Rahmen der unbedingten Widerklage
  Ergebnis: Klage und unbedingte Widerklage abweisen, Verweisung auf Aufrechnung

Hier die Standardfälle:

1. Fall: Der Beklagte macht die Forderung, mit der er bereits hilfsweise die Aufrechnung erklärt hat, in demselben Rechtsstreit hilfsweise widerklagend geltend. Da seine Forderung höher ist als die Klageforderung, erhebt er in Höhe der Differenz auch noch unbedingte Widerklage. Die Klageforderung besteht nicht.

Erörtern: Gegebenenfalls örtliche Zuständigkeit für die Widerklage gem. § 33 ZPO.
Parteiidentität, allg. Rechtsschutzbedürfnis.
Keine Bedenken wegen des Bestimmtheitsgrundsatzes gem. § 253 II Nr. 2 ZPO.
Keine anderweitige Rechtshängigkeit der Forderung durch die Hilfsaufrechnung gem. § 261 III Nr. 1 ZPO, da Aufrechnungen keine Rechtshängigkeit begründen.
Konnexität zwischen Widerklage und Verteidigungsvorbringen des Beklagten.

Beachte: Wegen des Scheitern der Klage kein Wort zur Aufrechnung.
Beide Widerklagen zusammen abhandeln.

Formulierungsvorschlag:

Die Klage ist zulässig aber unbegründet.
(Nach Abhandlung der Zulässigkeit und Unbegründetheit der Klage verlieren Sie kein Wort zur Aufrechnung, es geht gleich zu den beiden Widerklagen:)
Die beiden Widerklagen sind zulässig und begründet/aber nicht begründet.
Der Umstand, dass die Hilfswiderklage unter einer Bedingung erhoben worden ist, ist als Ausnahme von dem in § 253 II Nr. 2 ZPO niedergelegten Grundsatz der Bedingungsfeindlichkeit

von Anträgen unbedenklich. Die Bedingung ist ein innerprozessuales Ereignis, da die Erfolglosig-keit der Klage und damit das Scheitern des Aufrechnungseinwandes allein von der Entscheidung des erkennenden Gerichts abhängt und keine Rechtsunsicherheit bewirkt, wie sie § 253 II Nr. 2 ZPO verhindern soll.

Die für die Zulässigkeit beider Widerklagen erforderliche Konnexität folgt daraus, dass ein Teil der Gegenforderung gleichzeitig hilfsweise zur Aufrechnung gestellt worden ist. Darin liegt der erfor-derliche innerlich zusammengehörige Lebenssachverhalt zwischen Klage und Widerklagen.

Auch die weiteren Zulässigkeitskriterien Parteiidentität und das allgemeine Rechtsschutzbedürfnis liegen vor.

Die Tatsache, dass der Beklagte mit dem widerklagend erhobenen Anspruch gleichzeitig die Hilfsaufrechnung erklärt hat, steht der Zulässigkeit der Widerklage auch nicht aus dem Ge-sichtspunkt der anderweitigen Rechtshängigkeit gem. § 261 III Nr. 1 ZPO entgegen. Durch die im Prozess erklärte hilfsweise Aufrechnung wird dieser Anspruch nämlich nicht rechtshängig.

Der mit den beiden Widerklagen geltend gemachte Anspruch ist begründet/nicht begründet ...

(Es folgen die materiell-rechtlichen Ausführungen zur Gegenforderung.)

2. Fall: Der Beklagte macht die Forderung, mit der er bereits hilfsweise die Aufrechnung erklärt hat, in demselben Rechtsstreit hilfsweise widerklagend geltend. Da seine Forderung höher ist als die Klageforderung, erhebt er in Höhe der Differenz auch noch unbedingte Widerklage. Die Klageforde-rung bestand ursprünglich, die Gegenforderung auch.

Erörtern: Gegebenenfalls örtliche Zuständigkeit für die Widerklage gem. § 33 ZPO.

                Parteiidentität und allg. Rechtsschutzbedürfnis.

                Keine Bedenken wegen des Bestimmtheitsgrundsatzes gem. § 253 II Nr. 2 ZPO. Keine anderweitige Rechtshängigkeit der Forderung durch die Hilfsaufrechnung gem. § 261 III Nr. 1 ZPO, da Aufrechnung keine Rechtshängigkeit begründet. Konnexität zwischen Widerklage und Verteidigungsvorbringen des Beklagten. In der Begründetheit müssen Sie vor den Ausführungen zum Erfolg der Hilfsauf-rechnung ansprechen, dass der Wirksamkeit der Aufrechnungserklärung § 388 S. 2 BGB nicht entgegensteht, da die Bedingung innerprozessual ist.

Beachte: Wegen der Entscheidung über die Hilfsaufrechnung kein Wort zur Hilfswider-klage.

                Bei Begründetheit der unbedingten Widerklage auf Aufrechnung verweisen.

Formulierungsvorschlag:

Die Klage ist zulässig, aber unbegründet.

(Nach Abhandlung der Zulässigkeit der Klage und des ursprünglichen Bestehens der Klageforde-rung:)

Die Klageforderung ist jedoch durch die vom Beklagten wirksam erklärte Aufrechnung gem. § 389 BGB erloschen.

Es bestehen keine Bedenken gegen die Zulässigkeit der unter der Bedingung des Scheiterns der primären Einwendungen gegen die Klage erklärten Aufrechnung. Der § 253 II Nr. 2 ZPO zu ent-nehmende Grundsatz, dass alle Prozesshandlungen bedingungsfeindlich sind, gilt nicht für inner-prozessuale Bedingungen, weil sie keine Unsicherheit in den Prozess bringen. Denn durch die eige-ne Entscheidung des Gerichts steht fest, ob die Bedingung eingetreten ist oder nicht.

Aus demselben Grund steht auch § 388 S. 2 BGB der Wirksamkeit der Aufrechnungserklärung nicht entgegen.

(Dann geht es weiter mit der unbedingten Widerklage:)

Die vom Beklagten erhobene unbedingte Widerklage ist zulässig und begründet.

Die für die Zulässigkeit erforderliche Konnexität folgt daraus, dass die mit der Hilfswiderklage gel-tend gemachte Forderung gleichzeitig hilfsweise zur Aufrechnung gestellt und damit Teil des Rechtsstreits worden ist. Darin liegt der erforderliche innerlich zusammengehörige Lebenssach-verhalt zwischen Klage und Widerklage.

Auch die weiteren Zulässigkeitskriterien Parteiidentität und das allgemeine Rechtsschutzbedürfnis liegen vor.

Die Tatsache, dass der Beklagte mit dem widerklagend erhobenen Anspruch gleichzeitig die Hilfsaufrechnung erklärt hat, steht der Zulässigkeit der Widerklagen auch nicht aus dem Gesichtspunkt der anderweitigen Rechtshängigkeit gem. § 261 III Nr. 1 ZPO entgegen. Durch die im Prozess erklärte hilfsweise Aufrechnung wird dieser Anspruch nämlich nicht rechtshängig.
(Es folgt die Darlegung der Begründetheit der Gegenforderung durch den Verweis nach oben:)
Der mit der unbedingten Widerklage geltend gemachte Anspruch ist, wie aus den obigen Ausführungen zur Hilfsaufrechnung folgt, begründet.
Der Zinsanspruch folgt aus ...
Die Kostenentscheidung ergibt sich aus § ..., die vorläufige Vollstreckbarkeit aus § ...

5. Die streitgenössischen Drittwiderklagen

Grundsätzlich ist **die Parteiidentität** eine weitere Zulässigkeitsvoraussetzung von Widerklagen. Danach muss die Hauptpartei **auch** widerbeklagt sein, dh, die Widerklage kann sich in der Regel nicht allein gegen Dritte, wohl aber gegen den Kläger und einen Dritten richten. Dieser Grundsatz ist durch die Rspr. zur isolierten Drittwiderklage (s. unter 5.) weitgehend aufgehoben worden.

Die Einbeziehung eines Dritten ist eine nachträglich begründete Streitgenossenschaft und eine gewillkürte Parteierweiterung, also eine Klageänderung. Sie ist nur mit Einwilligung des widerbeklagten Dritten oder bei Sachdienlichkeit zulässig.

Der klassische Fall einer streitgenössischen Widerklage ist ein Rechtsstreit nach einem Verkehrsunfall. Keiner war schuld. Ein Unfallbeteiligter verklagt den anderen und dessen Haftpflichtversicherung, woraufhin der andere Unfallbeteiligte Widerklage erhebt gegen den Kläger und dessen Haftpflichtversicherung. Dann sind Kläger und seine Haftpflichtversicherung Streitgenossen, daher die Bezeichnung »streitgenössische Drittwiderklage«. Der Kläger heißt dann im Rubrum Kläger und Widerbeklagter zu 1), die Haftpflichtversicherung des Klägers heißt Widerbeklagte zu 2).

Hilfswiderklagen gegen Dritte sind grundsätzlich unzulässig, weil das Prozessrechtsverhältnis der Dritten nicht in der Schwebe bleiben darf.

Im Tatbestand gibt es keine Besonderheiten. Er wird wie folgt aufgebaut:

- Pauschales Voranstellen des Ergebnisses von Klage und Drittwiderklage
- Ausführungen zur Zulässigkeit der Klage
- Ausführungen zur Begründetheit der Klage
- Ausführungen zur Zulässigkeit der Widerklage
  - Örtliche Zuständigkeit
  - § 33 ZPO, Konnexität, Parteiidentität, gegebenenfalls allgemeines Rechtsschutzbedürfnis
  - Sachliche Zuständigkeit
  - Konnexität von Klage und Widerklage.
- Ausführungen zur Zulässigkeit der Drittwiderklage
  - Parteiidentität
  - Gerichtsstand für den Dritten, Einwilligung oder Sachdienlichkeit analog § 263 ZPO
  - Voraussetzungen von § 59 ZPO
- Ausführungen zur Begründetheit der Widerklage gegen alle Widerbeklagten
- Prozessuale Nebenentscheidungen, gegebenenfalls mit Rechtsbehelfsbelehrung

Fall: Der Kläger macht gegen den Beklagten Ansprüche aus einem Verkehrsunfall vor dem Gericht geltend, in dessen Bezirk der Unfall stattgefunden hat. Der Beklagte erhebt Widerklage gegen den Kläger und dessen Haftpflichtversicherung, die ihren Wohnsitz in einem anderen Bezirk haben.

Erörtern: Örtliche Zuständigkeit für die Widerklage gegen den Kläger gem. § 33 ZPO.
Örtliche Zuständigkeit der Drittwiderklage gegen die Versicherung gem. § 20 StVG. Zulässigkeit der nachträglichen Parteierweiterung gem. § 263 Alt. 2 und § 260 ZPO analog iVm §§ 59, 60 ZPO. Der Begriff »Parteiidentität« muss fallen.

Konnexität und gegebenenfalls allgemeines Rechtsschutzbedürfnis.
§ 115 I 4 VVG ist zu erwähnen.
Für Ansprüche aus Verkehrsunfällen, bei denen der Versicherer und Halter als Drittwiderbeklagte einbezogen werden, ergibt sich für diese die Zuständigkeit aber schon aus § 20 StVG.
Versicherung und Versicherungsnehmer sind nur **einfache** Streitgenossen.

Formulierungsvorschlag:

Die Klage ist zulässig …
Die Widerklage ist ebenfalls zulässig. Die örtliche Zuständigkeit des Gerichts für die konnexe Widerklage folgt bezüglich des Klägers aus § 33 ZPO, bezüglich der Widerbeklagten zu 2) aus § 20 StVG. Die besondere Zulässigkeitsvoraussetzung einer Widerklage, die sog. Konnexität, also ein innerer Sachzusammenhang zwischen Klage und Widerklage, liegt hier darin, dass beide Parteien Ansprüche aus demselben Verkehrsunfall herleiten.
Der Beklagte kann auch die Haftpflichtversicherung des Klägers als weitere Widerbeklagte in den Prozess einbeziehen. Der für Widerklagen geltende Grundsatz der Parteiidentität gilt bei Einbeziehung Dritter nur mit der Einschränkung, dass sich die Widerklage zumindest auch gegen den Kläger richten muss und die Voraussetzungen der nachträglichen Parteierweiterung gegeben sind. Das sind das Vorliegen einer zulässigen Streitgenossenschaft nach §§ 59, 60 ZPO zwischen dem Kläger und dem Dritten sowie entweder die Einwilligung des Dritten oder die Sachdienlichkeit analog § 263 Alt. 2 ZPO. Dies ist hier der Fall, …

Wenn die Versicherung einwilligt, reicht der Hinweis auf § 263 Alt. 1 ZPO aus:

… denn die Haftpflichtversicherung des Klägers hat im Schriftsatz vom … ausdrücklich eingewilligt.

Wenn in einem anderen Fall der Dritte nicht einwilligt oder sogar widerspricht, müssen Sie die Sachdienlichkeit gem. § 263 Alt. 2 ZPO wie üblich darlegen. Das kann dann wie folgt lauten:

Die Einbeziehung des … in den Rechtsstreit ist wegen Sachdienlichkeit iSv § 263 Alt. 2 ZPO zulässig. Die Sachdienlichkeit ist objektiv nach der Prozesswirtschaftlichkeit zu beurteilen. Sie liegt vor, wenn der bereits gewonnene Prozessstoff eine verwertbare Entscheidungsgrundlage bleibt und ein weiterer Rechtsstreit vermieden wird. Dies ist der Fall, denn … Die Zulässigkeit der durch die Einbeziehung entstandenen nachträglichen subjektiven Klagenhäufung folgt aus § 260 ZPO analog.

6. Die isolierten Drittwiderklagen

Isolierte Drittwiderklagen, also Widerklagen, die sich ausschließlich gegen bislang nicht am Rechtsstreit beteiligte Dritte richten, sind ausnahmsweise zulässig, wenn das Vorgehen sachdienlich ist und keine schutzwürdigen Interessen des Widerbeklagten durch dessen Einbeziehung in den Rechtsstreit verletzt werden (lesenswert BGH NJW 2007, 1753 ff., 2008, 2852 ff.; 2011, 460 ff.). »Sachdienlichkeit« ist dabei nach den Kriterien des BGH mehr als Konnexität, die gemäß der Definition in § 33 ZPO ja bereits vorliegt, wenn der Gegenanspruch mit dem in der Klage geltend gemachten Anspruch **oder** einem Verteidigungsmittel des Beklagten in Zusammenhang steht. Sachdienlichkeit ist als Voraussetzung für die Zulässigkeit isolierter Drittwiderklagen aber nur gegeben, wenn die zu erörternden Gegenstände der Klage und Widerklage tatsächlich **und** rechtlich eng miteinander verknüpft sind. Der BGH fordert hier also eine Art »qualifizierter« Konnexität. Diese ist jedenfalls in Fällen anzunehmen, in denen die Klageforderung ein abgetretener Teil der Gesamtforderung des Dritten ist, gegen die sich die Widerklage richtet oder wenn ein überschießender Teil der Gegenforderung des Beklagten gegenüber dem Dritten geltend gemacht wird (Rn. 458).

Die Sachdienlichkeit kommt in diesen Fällen in der Regel durch eine Aufrechnung des Beklagten gegenüber dem Kläger mit einer Forderung zustande, deren überschießender Teil gegenüber dem Drittbeklagten geltend gemacht wird. Durch die Aufrechnung ist die Gegenforderung Teil des Rechtsstreits, sodass es sachdienlich ist, dass weitere Teile dieser Forderung oder andere Ansprüche, die mit der Gegenforderung zusammenhängen, von demselben Gericht entschieden werden können und sollen, um sich widersprechende Urteile zu vermeiden.

Drittwiderklagen von einem bislang nicht am Rechtsstreit beteiligten Dritten gegen den Kläger sind grundsätzlich unzulässig. Eine Ausnahme macht die Rspr. bei sog. Ehrschutzklagen, wenn ein Bezug der den bislang nicht am Rechtsstreit beteiligten Dritten betreffenden ehrverletzenden Äußerungen zum Ausgangsrechtsstreit nicht erkennbar ist, diese offenkundig falsch sind oder sich als unzulässige Schmähung darstellen.

Die Entscheidungsgründe isolierter Drittwiderklagen sollten Sie so aufbauen:

- Pauschales Voranstellen des Ergebnisses von Klage und Drittwiderklage
- Ausführungen zur Zulässigkeit der Klage
- Ausführungen zur Begründetheit der Klage
- Gegebenenfalls Ausführungen zu den Nebenforderungen des Klägers
- Ausführungen zur Zulässigkeit der isolierten Drittwiderklage
  - Gerichtsstand für den Dritten (gegebenenfalls analog § 33 ZPO)
  - Einwilligung des Dritten oder Sachdienlichkeit analog § 263 ZPO
  - Keine Benachteiligung des Dritten
- Ausführungen zur Begründetheit der isolierten Drittwiderklage
- Prozessuale Nebenentscheidungen, gegebenenfalls mit Rechtsbehelfsbelehrung

Zu isolierten Drittwiderklagen sind folgende Fallgruppen, die bislang Gegenstand höchstrichterlicher Entscheidungen waren, zu unterscheiden:

a) Der Kläger macht eine abgetretene Forderung geltend

Wenn der Kläger eine ihm zum Teil abgetretene Forderung gegen den Beklagten geltend macht und dieser sich im Wege der Aufrechnung mit Schadensersatzansprüchen aus dem Vertragsverhältnis mit dem Zedenten zur Wehr setzt, die den abgetretenen Teil der Forderung übersteigen, kann der Beklagte den bislang nicht am Prozess beteiligten Zedenten im Wege einer isolierten Drittwiderklage in den Prozess einbeziehen. Die Tatsache, dass das Gericht ohnehin bei der Beurteilung der Aufrechnung über die Forderung des Beklagten entscheiden muss, begründet die Sachdienlichkeit der Widerklage (BGH NJW 2001, 2094 ff.).

Gleiches gilt für Fälle, in denen die Wirksamkeit einer – teilweisen oder vollständigen – Abtretung zweifelhaft ist und der Beklagte ein rechtliches Interesse an der Feststellung hat, dass nicht nur dem Kläger (Zessionar), sondern auch dem Zedenten keine Ansprüche gegen ihn zustehen (BGH NJW 2001, 2094 ff.).

Denken Sie daran, dass der Beklagte bei Ansprüchen gegen den Zedenten gegenüber dem als Kläger auftretenden Zessionar gem. § 404 BGB ein Zurückbehaltungsrecht geltend machen und nach Maßgabe von § 406 BGB die Aufrechnung erklären kann.

> **Fall:** Der Kläger macht gegen den Beklagten den Teil eines ihm abgetretenen Anspruchs geltend. Der Beklagte erklärt die Aufrechnung mit Ansprüchen aus dem Rechtsverhältnis mit dem Zedenten, die den eingeklagten Teil der Forderung übersteigen. Den die Klageforderung übersteigenden Betrag seiner Forderung macht der Beklagte widerklagend gegen den Zedenten geltend. Kläger und Zedent haben ihren Wohnsitz in unterschiedlichen Gerichtsbezirken.

Erörtern: Die besonderen Zulässigkeitsvoraussetzungen einer isolierten Drittwiderklage:
- § 33 ZPO analog begründet örtlichen Gerichtsstand bei isolierten Drittwiderklagen
- Sachdienlichkeit
- Keine Benachteiligung des Dritten

> **Formulierungsvorschlag:**
>
> Die Klage ist zulässig …

Die Widerklage ist ebenfalls zulässig. Die örtliche Zuständigkeit des Gerichts für die Widerklage folgt aus § 33 ZPO analog. Das Gericht folgt der Rechtsprechung des BGH, nach der die Bestimmung über den besonderen Gerichtsstand der Widerklage auf Drittwiderklagen gegen den bislang am Rechtsstreit nicht beteiligten Zedenten einer Forderung entsprechend anwendbar ist, um die Zersplitterung von Prozessen über einen einheitlichen Lebenssachverhalt und die damit einhergehende Gefahr sich widersprechender Entscheidungen zu vermeiden.

Die Sachdienlichkeit als besondere Zulässigkeitsvoraussetzung einer isolierten Drittwiderklage liegt ebenfalls vor. Sie erfordert mehr als bloße Konnexität, nämlich dass die zu erörternden Gegenstände der Klage und der Widerklage tatsächlich und rechtlich eng miteinander verknüpft sind. Dies ist hier der Fall, da die vom Beklagten geltend gemachte Gegenforderung sowohl den eingeklagten, abgetretenen Teil der Forderung als auch deren restlichen, bei dem Widerbeklagten verbliebenen Teil betrifft und das angerufene Gericht den Bestand der Gegenforderung im Rahmen der Aufrechnung ohnehin prüfen muss.

Der Zulässigkeit steht auch nicht das grundsätzliche Verbot entgegen, im Wege der Widerklage ausschließlich einen bislang nicht am Rechtsstreit beteiligten Dritten zu verklagen. Der Grundsatz der Parteiidentität, nach dem zumindest auch die Hauptpartei widerbeklagt sein muss, tritt zurück, weil dem Beklagten kein Nachteil daraus erwachsen soll, dass er von einem Zessionar in Anspruch genommen wird, sofern seine Widerklage gegen den Zedenten dieselbe Forderung betrifft, die Gegenstand der Klage ist und die Klärung in ein und demselben Rechtsstreit prozessökonomisch sinnvoll ist. Dies ist vorliegend der Fall.

Auch eine Benachteiligung des Drittwiderbeklagten ist nicht zu erkennen.

b) Der Kläger tritt in Prozessstandschaft auf

Es macht hier grundsätzlich keinen Unterschied, in welcher der beiden examensrelevanten Formen der Prozessstandschaft der Kläger auftritt, also in gewillkürter Prozessstandschaft, wenn er von vornherein einen fremden Anspruch im eigenen Namen geltend macht, oder in gesetzlicher Prozessstandschaft gem. § 265 I ZPO, wenn er den zunächst im eigenen Namen geltend gemachten Anspruch nach Rechtshängigkeit abtritt.

- **Der Beklagte macht Ansprüche gegen den Kläger geltend.**

Eine einfache Widerklage gegen den als Prozessstandschafter auftretenden Kläger ist nach den allgemeinen Grundsätzen zulässig (vgl. Zöller/*Vollkommer* ZPO Vor § 50 Rn. 57; Thomas/Putzo/*Hüßtege* ZPO § 51 Rn. 44).

Eine Drittwiderklage gegen den Dritten als jetzigen Forderungsinhaber scheidet aus, weil er nicht Anspruchsgegner ist.

Zu dem Problem der Aufrechnung mit Ansprüchen gegen den in Prozessstandschaft auftretenden Kläger (Gegenseitigkeit der Forderungen), s. oben unter F.II.4.b).

- **Der Beklagte macht Ansprüche gegen den materiellen Rechtsinhaber geltend.**

Wenn der Kläger in Prozessstandschaft klagt und der Beklagte einen Anspruch gegen den materiellen Rechtsinhaber geltend macht, kommt eine Widerklage gegen den Kläger wegen dieses Anspruches nicht in Betracht, da sich der Anspruch des Beklagten nicht gegen den Kläger, sondern ausschließlich gegen den materiellen Rechtsinhaber richtet. Eine sog. gewillkürte passive Prozessstandschaft, in die der Kläger bei einer solchen Widerklage gedrängt würde, wird allgemein abgelehnt (vgl. Zöller/*Vollkommer* ZPO Vor § 50 Rn. 43).

Der Beklagte kann allerdings mit diesem Anspruch gegenüber dem Kläger aufrechnen und/oder grundsätzlich gegen den materiellen Rechtsinhaber im Wege einer isolierte Drittwiderklage vorgehen (vgl. Zöller/*Vollkommer* ZPO Vor § 50 Rn. 57; BGH NJW 2007, 1753 f.). Bei einem Auftreten des Klägers in gewillkürter Prozessstandschaft wird aber in der Regel die erforderliche Sachdienlichkeit für eine isolierten Drittwiderklage fehlen, weil mögliche Ansprüche des Beklagten gegen den Dritten, zB eine Bank als materielle Rechtsinhaberin, in der Regel nicht mit dem abgetretenen, eingeklagten Anspruch (zB einer Werklohnforderung) zusammenhängen dürften. Anders ist es in diesen Fällen, wenn der Beklagte mit einem Teil seiner Forderung gegenüber dem Kläger aufrechnet und den überschießenden Teil im Wege der isolierten Drittwiderklage gegen die Zedentin geltend macht. Dann begründet die Aufrechnung die Sachdienlichkeit.

Eine isolierte Hilfswiderklage gegen den Dritten wäre in jedem Fall unzulässig (s. oben).

Wenn in diesen Fällen der Drittwiderbeklagte seinen Wohnsitz in einem anderen Gerichtsbezirk hat, sollten Sie die örtliche Zuständigkeit wie oben unter aa) dargestellt analog § 33 ZPO annehmen.

Fall: Der Kläger macht gegen den Beklagten eine begründete Werklohnforderung geltend, die er zuvor zur Sicherheit an die ABC-Bank abgetreten hat. Diese hat ihn, nachdem der Beklagte die Zahlung verweigert hat, zur Geltendmachung der Forderung im eigenen Namen bevollmächtigt.
Der Beklagte erklärt hilfsweise die Aufrechnung mit berechtigten Schadensersatzansprüchen aus einem eigenen Vertragsverhältnis mit der ABC-Bank, die den eingeklagten Anspruch übersteigen. Wegen des übersteigenden Betrages erhebt er Widerklage gegen die ABC-Bank, die ihren Sitz in einem anderen Gerichtsbezirk hat als der Beklagte.

Erörtern: Die Zulässigkeit des Auftretens in gewillkürter Prozessstandschaft.
Zulässigkeit der Hilfsaufrechnung.
Die besonderen Zulässigkeitsvoraussetzungen einer isolierten Drittwiderklage:
- § 33 ZPO analog begründet örtlichen Gerichtsstand bei isolierten Drittwiderklagen
- Sachdienlichkeit
- Keine Benachteiligung des Dritten

Formulierungsvorschlag:

Die Klage ist zulässig ...
Die hilfsweise erklärte Aufrechnung ist zulässig. Die innerprozessuale Bedingung verstößt nicht gegen § 253 II Nr. 2 ZPO, weil das erkennende Gericht über den Bedingungseintritt entscheidet und so keine Unsicherheit in den Rechtsstreit getragen wird, die § 253 II Nr. 2 ZPO verhindern will. Aus demselben Grund steht auch § 388 S. 2 BGB der Wirksamkeit der Aufrechnung nicht entgegen.
Die Aufrechnung hat zum Erlöschen der Klageforderung geführt. Die gem. § 389 BGB erforderliche Gegenseitigkeit der Forderungen liegt vor, da der Kläger eine Forderung der ABC-Bank einklagt und die Gegenforderung des Beklagten sich gegen die ABC-Bank richtet.
Dem Beklagten steht die Gegenforderung aus § ... in Höhe der Klageforderung auch zu ...
Die isolierte Drittwiderklage gegen die ABC-Bank ist ebenfalls zulässig. Die örtliche Zuständigkeit des Gerichts folgt aus § 33 ZPO analog. Das Gericht folgt der Rechtsprechung des BGH, nach der die Bestimmung über den besonderen Gerichtsstand der Widerklage auf Drittwiderklagen gegen den bislang am Rechtsstreit nicht beteiligten Zedenten einer Forderung entsprechend anwendbar ist, um die Zersplitterung von Prozessen über einen einheitlichen Lebenssachverhalt und die damit einhergehende Gefahr sich widersprechender Entscheidungen zu vermeiden.
Die Sachdienlichkeit als besondere Zulässigkeitsvoraussetzung einer isolierten Drittwiderklage liegt ebenfalls vor. Sie erfordert mehr als bloße Konnexität. Die zu erörternden Gegenstände der Klage und der Widerklage müssen tatsächlich und rechtlich eng miteinander verknüpft sein. Dies ist hier der Fall, da die vom Beklagten geltend gemachte Gegenforderung sowohl den eingeklagten, abgetretenen Teil der Forderung als auch deren restlichen, bei dem Widerbeklagten verbliebenen Teil betrifft und das angerufene Gericht den Bestand der Gegenforderung im Rahmen der Aufrechnung ohnehin prüfen muss.
Der Zulässigkeit steht auch nicht das grundsätzliche Verbot entgegen, im Wege der Widerklage ausschließlich einen bislang nicht am Rechtsstreit beteiligten Dritten zu verklagen. Der Grundsatz der Parteiidentität, nach dem zumindest auch die Hauptpartei widerbeklagt sein muss, tritt zurück, weil dem Beklagten kein Nachteil daraus erwachsen soll, dass er von einem Prozessstandschafter in Anspruch genommen wird, sofern seine Widerklage gegen den materiellen Rechtsinhaber dieselbe Forderung betrifft, die durch die Aufrechnung schon Gegenstand der Klage ist. In diesen Fällen ist die Entscheidung in ein und demselben Rechtsstreit prozessökonomisch und zur Vermeidung sich widersprechender Entscheidungen geboten.

> Die Widerklage ist auch begründet. Wie aus den obigen Ausführungen zum Erfolg der Aufrechnung folgt, steht dem Beklagten der Anspruch auch in der gegen den Widerbeklagten geltend gemachten Höhe zu …
>
> Auch eine Benachteiligung der ABC-Bank ist nicht zu erkennen …

7. Die petitorischen Widerklagen

Petitorische Widerklagen sind Widerklagen, in denen der wegen verbotener Eigenmacht auf Wiedereinräumung des Besitzes verklagte Beklagte widerklagend die Feststellung begehrt, dass dem Kläger kein Recht zum Besitz an der Sache zusteht und gegebenenfalls auch noch – je nach Fallgestaltung – dass er, der Beklagte, Eigentümer der Sache ist, um die der Streit geht.

Der Aufbau der Entscheidungsgründe hängt wegen des analog anzuwendenden § 864 II BGB davon ab, ob der Beklagte mit seiner Widerklage Erfolg hat oder nicht.

Bei **erfolglosen petitorischen Widerklagen** bauen Sie die Entscheidungsgründe wie bei anderen Klagen mit Widerklagen auch auf, dh, Sie handeln zunächst die Klage und danach die Widerklage ab.

Bei **erfolgreichen petitorischen Widerklagen** haben die Entscheidungsgründe einen besonderen Aufbau, der zwingend aus dem Spannungsverhältnis von § 863 BGB und § 864 II BGB analog folgt. Eine – isoliert betrachtet – begründete, auf verbotene Eigenmacht gem. § 861 I BGB gestützte Klage wird nämlich analog § 864 II BGB durch den Erfolg einer auf das fehlende Besitzrecht des Beklagten gestützten Widerklage unbegründet, weil der Anspruch des Klägers aus § 861 I BGB dann erlischt. Deshalb beginnen Sie bei erfolgreichen petitorischen Widerklagen nach dem Voranstellen des Ergebnisses, der Zulässigkeit der Klage und der Erläuterung der ungewöhnlichen Reihenfolge mit der Zulässigkeit und Begründetheit der Widerklage, weil Sie bei dem »normalen« Aufbau die Begründetheit der Widerklage inzident im Rahmen der Begründetheit der Klage darlegen müssten.

Der Streit um das Vorliegen einer unerlaubten Handlung ist bei einem Erfolg der Widerklage unerheblich, weil der klägerische Anspruch entweder analog § 864 II BGB erloschen oder nie entstanden ist. Sie schreiben nach den Ausführungen zur Begründetheit der Widerklage:

> Aus dem Vorstehenden folgt, dass die Klage unbegründet ist, weil der Anspruch des Klägers entweder nie bestanden hat oder analog § 864 II BGB erloschen ist.

Hier das Aufbauschema der Entscheidungsgründe einer erfolgreichen petitorischen Widerklage:

- Pauschales Voranstellen des Ergebnisses von Klage und Widerklage
- Ausführungen zur Zulässigkeit der Klage
- Erläuterung des Einflusses von § 864 II BGB analog auf die Begründetheit der Klage (Bei Begründetheit der Widerklage erlischt der Klageanspruch.)
- Ausführungen zur Zulässigkeit der Widerklage (s. oben, zusätzlich § 863 BGB ansprechen)
- Ausführungen zur Begründetheit der Widerklage aus einer Anspruchsgrundlage
- Konsequenz: Unbegründetheit der Klage (ein Satz reicht!)
- Prozessuale Nebenentscheidungen, gegebenenfalls mit Rechtsbehelfsbelehrung

Fall: Der Beklagte hat dem Kläger eine Sache verkauft und geliefert. Wegen Zahlungsverzuges erklärt der Beklagte den Rücktritt und verlangt die Sache heraus. Der Kläger weigert sich. Der Beklagte nimmt die Sache dem Kläger gegen dessen Willen bei Nacht und Nebel weg. Der Kläger verlangt – gestützt auf § 861 I BGB – die Sache heraus. Er bestreitet den vom Beklagten behaupteten Eigentumsvorbehalt. Daraufhin beantragt der Beklagte zu Recht widerklagend, sein Eigentum und das fehlende Besitzrecht des Klägers festzustellen.

Erörtern: Die allgemeinen Zulässigkeitsvoraussetzungen einer Widerklage.
Die Besonderheiten der petitorischen Widerklage.

Formulierungsvorschlag:

Die zulässige Klage ist unbegründet, weil die Widerklage zulässig und begründet ist.

(Es folgen zunächst je nach Fallkonstellation die gebotenen Ausführungen zu Zulässigkeit der Klage.)

Da Klage und Widerklage zur Entscheidung reif sind, folgt aus der Begründetheit der Widerklage die Unbegründetheit der Klage. Dies ergibt sich aus der analogen Anwendung von § 864 II BGB. Diese Vorschrift regelt, dass ein auf verbotene Eigenmacht gestützter Anspruch erlischt, wenn durch rechtskräftiges Urteil festgestellt wird, dass dem Täter ein Recht an der Sache zusteht, vermöge dessen er die Herstellung eines seiner Handlungsweise entsprechenden Besitzstandes verlangen kann.

Wenn sich aber – wie vorliegend – der Beklagte noch nicht auf ein rechtskräftiges Urteil berufen kann, seine entscheidungsreife Widerklage aber begründet ist, müsste der Kläger bei Zuerkennen von Klage- und Widerklageanspruch, sobald er seinen titulierten Anspruch aus § 861 I BGB durchsetzen wollte, die Sache sofort wieder an den Beklagten herausgeben.

Da der Gesetzgeber gerade dieses sinnlose Hin und Her durch § 864 II BGB ausschließen wollte, der vorliegende vergleichbare Fall aber vom Wortlaut der Norm nicht erfasst wird, liegt erkennbar eine planwidrige Regelungslücke vor, die nur durch eine analoge Anwendung der Vorschrift sachgerecht geschlossen werden kann.

Die Widerklage ist zulässig. Die besondere Voraussetzung der Konnexität gem. § 33 ZPO liegt vor, weil der Streit der Parteien um Rechte an derselben Sache geht.

Die sachliche Zuständigkeit des angerufenen Gerichts folgt aus ..., die örtliche aus ...

(Anmerkung: Wenn schon allgemeine Zuständigkeitsvorschriften wie §§ 12, 13 ZPO greifen, müssen Sie diese zitieren, andernfalls § 33 ZPO.)

Das gem. § 256 I ZPO für begründete Feststellungsklagen erforderliche rechtliche Interesse besteht, weil der Beklagte durch den Erfolg seiner Feststellungsklage den Klageanspruch zu Fall bringen kann.

Auch § 863 BGB steht der Zulässigkeit der Widerklage nicht entgegen. Der Sinn und Zweck dieser Vorschrift, dem Kläger eine möglichst zügige Durchsetzung seines auf verbotene Eigenmacht gestützten Anspruchs zu ermöglichen, wird grundsätzlich nicht durch eine petitorische Widerklage vereitelt. Ist diese entscheidungsreif, gebietet der Rechtsgedanke von § 864 II BGB ihre Zulässigkeit, andernfalls ist dem Kläger mit einem klagezusprechenden Teilurteil geholfen.

Die Widerklage ist auch begründet. Der Kläger ist Eigentümer der Sache ...

(Im Anschluss an die Ausführungen zur Begründetheit der Widerklage folgt

- bei einer offensichtlich vorliegenden verbotenen Eigenmacht des Beklagten:)
  Die Klage ist unbegründet, weil der auf verbotene Eigenmacht gestützte Anspruch des Klägers – wie oben dargestellt – wegen des Erfolges der Widerklage in analoger Anwendung von § 864 II BGB erloschen ist ...

- bei zweifelhafter oder streitiger verbotener Eigenmacht des Beklagten:)
  Es kann dahinstehen, ob der Kläger mit seinen Behauptungen zur verbotenen Eigenmacht des Beklagten Recht hat, seine Klage ist in jedem Fall unbegründet, weil ein möglicher auf verbotene Eigenmacht gestützter Anspruch – wie oben dargestellt – in jedem Fall wegen des Erfolges der Widerklage in analoger Anwendung von § 864 II BGB erloschen ist ...

Die prozessualen Nebenentscheidungen beruhen auf §§ ...

8. Zwischenfeststellungswiderklage gem. § 256 II ZPO

Fall: Der Kläger macht aus einem Vertrag Ansprüche geltend und kündigt weitere Ansprüche an. Der Beklagte beantragt widerklagend festzustellen, dass kein Vertrag zustande gekommen sei.

Erörtern: Gegebenenfalls örtliche Zuständigkeit für die Widerklage gem. § 33 ZPO. Feststellungsinteresse gem. § 256 II ZPO. Parteiidentität.

Beachte: Eine Zwischenfeststellungswiderklage ist zulässig, wenn das zu klärende Rechtsverhältnis vorgreiflich für die Hauptklage ist und in seiner Bedeutung über diese hinausgeht.

Formulierungsvorschlag:

Die Klage ist zulässig … (Nach den Ausführungen zur Zulässigkeit und Begründetheit der Klage:)
Die vom Beklagten erhobene Widerklage ist ebenfalls zulässig. Das angerufene Gericht ist auch zur Entscheidung über die Widerklage örtlich zuständig. Dies folgt aus § 33 ZPO, der für konnexe Widerklagen den Gerichtsstand des Gerichts der Klage bestimmt. Konnexität liegt vor, wenn … (s. oben)
Nach § 256 II ZPO kann der Beklagte widerklagend die Feststellung eines im Laufe des Verfahrens streitig gewordenen Rechtsverhältnisses beantragen, von dessen Bestehen die Entscheidung des Rechtsstreits abhängt. Eine derartige Zwischenfeststellungswiderklage ist immer dann zulässig, wenn das Rechtsverhältnis, dessen Klärung der Beklagte begehrt, vorgreiflich für die Hauptklage ist und in seiner Bedeutung über deren Ergebnisse hinausgeht. Diese Voraussetzungen sind vorliegend gegeben. Das Bestehen eines Vertrages ist für die Klage von Bedeutung. Das Begehren des Beklagten, feststellen zu lassen, dass kein Vertrag zustande gekommen sei, geht über das des Klägers, der noch weitere Ansprüche aus dem streitigen Vertrag angekündigt hat, hinaus.

Die Darstellung der Kombination von Aufrechnung und Widerklage finden Sie oben unter II. bei Aufrechnung.

Die Übersicht zum Festigen Ihres Präsenzwissens zum Thema Widerklage finden Sie unter A.45.

Viel Erfolg im Examen!

Die Autoren